Martin Arz

die ISARVORSTADT

Gärtnerplatz-, Glockenbach- & Schlachthofviertel

Mit Beiträgen von Ann E. Hacker

HIRSCHKÄFER verlag

Impressum

Konzept, Gestaltung, Redaktion und Satz: Martin Arz

Autoren: Martin Arz und Ann E. Hacker

Druck: Foag und Lemkau, München
Printed in Germany

ISBN 978-3-940839-00-8

Besuchen Sie uns im Internet:
www.hirschkäfer-verlag.de

die ISARVORSTADT

historisch

lebenswert

kulturell

sozial

arbeitsam

legendär

gezählt und gelistet

Die Isarvorstadt – was für ein Viertel: Eine Diva! Aber eine mit schmutzigen Füßen. Grüne Naherholungsoase für gestresste Städter bis ins 19. Jh. hinein, klappernde Mühlen, erfrischende Badeanstalten an kühlen Bächen, dazwischen Gärtnereien und Gartenwirtschaften, belebtes Hafenviertel, Kleingewerbegebiet und Industriestandort, gleichzeitig Armeleute- und Arbeitersiedlung, Geburtsort der Münchner Löwen, Heimstatt von Deutschland größtem Varietétheater und Rotlichtbezirk, dann Judenviertel, Zufluchtsort für Schwule, Haltestelle für sozial Gestrandete, Studenten- und Künstlerquartier und nicht erst heute Immobilienspekulationsobjekt. Wohl kaum ein anderes Münchner Stadtviertel hat eine so vielfältige, vielschichtige Vergangenheit, so eine schillernde Gegenwart und so eine offene Zukunft wie der Bezirk, der sich aus Gärtnerplatz-, Glockenbach- und Schlachthofviertel zusammensetzt.

Die Isarvorstadt ist hip, deutschlandweit angesagt wie sonst nur Berlin Mitte oder das Hamburger Schanzenviertel. Doch dieser Boom setzte erst vor wenigen Jahren ein. Was vorher war, was das Viertel und seine Bewohner geprägt hat, ist Hauptthema dieses Buches. Es ist kein Szeneguide, der schnelllebige Gastronomie- und Erlebnisshop-Experimente aufgreift – die Nachtschwärmer ziehen ohnehin in Scharen durch die Straßen mit ihrer pulsierenden Club- und Kneipenvielfalt. Es ist kein Stadtteilführer, der Touristen zu Sehenswürdigkeiten leitet. Und Touristen sieht man, seit die Medien die Isarvorstadt entdeckt haben, verstärkt durch das Viertel irren. Dabei hat die Isarvorstadt im Gegensatz zu anderen Münchner Bezirken kaum etwas zu bieten, was auf den ersten Blick eine Sehenswürdigkeit wäre – mal abgesehen vom Deutschen Museum. Die Isarvorstadt protzt nicht mit Denkmälern oder architektonischen Highlights, hat keine großen Söhne oder Töchter – nur berühmte Gäste wie Albert Einstein oder Freddie Mercury. Aber sie hat trotzdem eine äußerst bewegte Geschichte. Mehr noch: Sie hat einen unvergleichlichen Reiz, der sich manchem vielleicht erst erschließt, wenn er mehr über die Isarvorstadt weiß.

Hier setzt das Buch an. Historisches findet ebenso Berücksichtigung wie Aktuelles. Vergangenes und Verlorenes steht neben Verborgenem und Verführerischem. Offizielle Institutionen und lebende Legenden werden porträtiert. Blättern, schmökern, Bilder angucken – das Buch soll so viel Spaß machen wie die Isarvorstadt.

Martin Arz
München im Herbst 2007

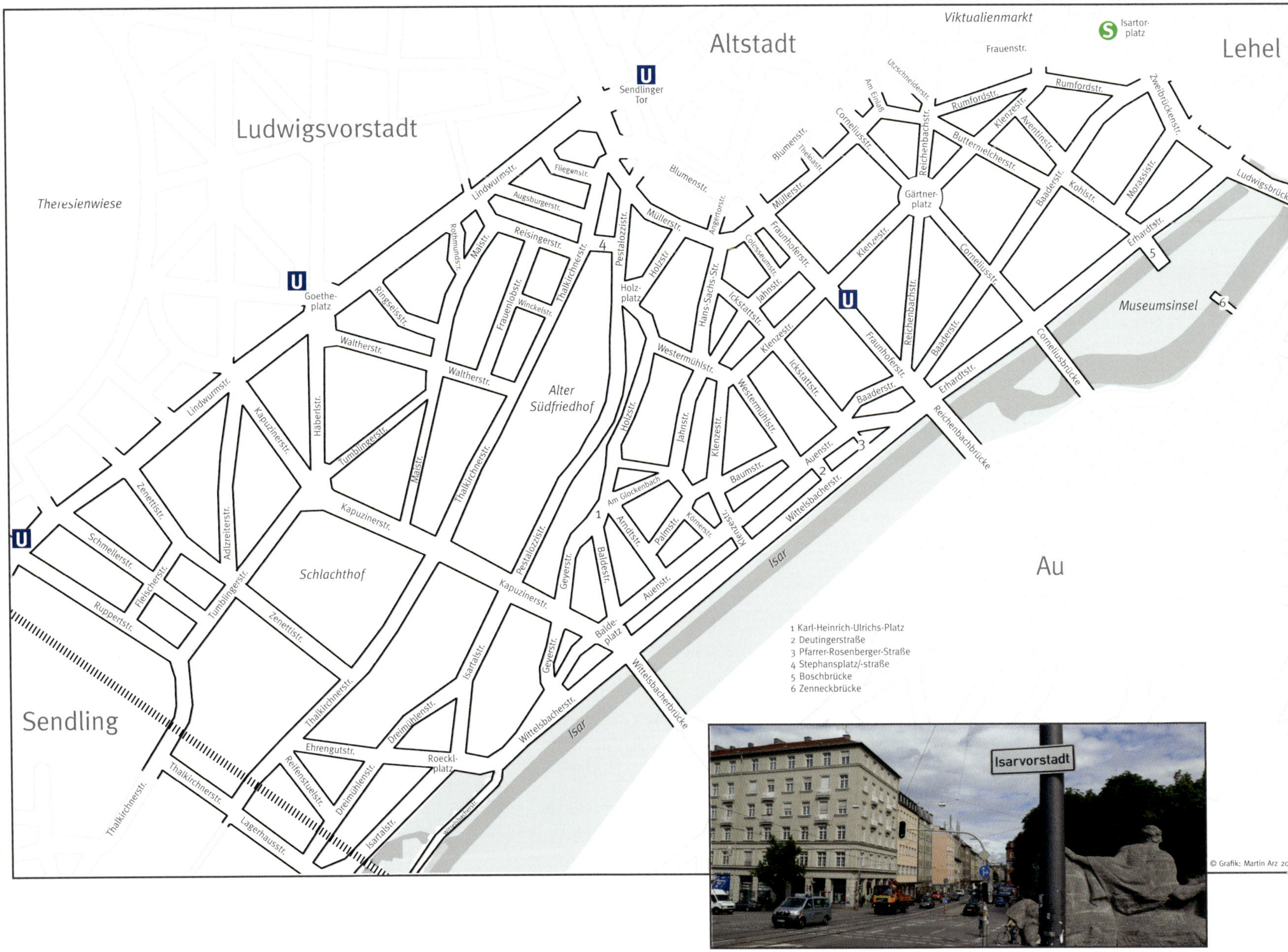

Rechte Seite: Idyllische Gärten, kleine Häuschen, dazwischen ein Bach – was der anonyme Künstler um 1800 festgehalten hat, ist heute die Gegend um die Müllerstraße mit Blick Richtung Süden auf die Obere Bleiche und den Westermühlbach.

die ISARVORSTADT
historisch

Alles hat seine Grenzen ...

... auch die Isarvorstadt. Der Verwaltungsbezirk Isarvorstadt, der mit dem Gärtnerplatz-, dem Glockenbach- und dem Schlachthofviertel einen der interessantesten Münchner Stadtteile bildet, hat nach außen eine harte Schale mit verkehrsumtosten Ausfallstraßen und neben einer offiziellen auch eine gefühlte Grenze. Doch innen, im weichen Kern, bietet er geschichtsträchtiges Areal – wenn auch erst auf den zweiten Blick.

Text: Martin Arz

Was zuviel ist, ist zuviel – dachte sich der Münchner Stadtrat 1992 und befand, dass 41 Stadtbezirke einfach übertrieben seien. In einer Reform wurden kleinere Bezirke zu 24 größeren Einheiten zusammengelegt, die im Wesentlichen den heutigen Bezirken entsprechen. Seit 1996 sind es 25 Bezirke, denn Laim musste sich nach heftigen Protesten der Westendler von der Schwanthalerhöhe lösen.

Bis 1992 gab es auf dem Gebiet der heutigen Isarvorstadt die Bezirke 10 bis 12: Isarvorstadt/Schlachthofviertel, Isarvorstadt/Glockenbachviertel und Isarvorstadt/Deutsches Museum. Seitdem sind diese drei Viertel mit der nördlich benachbarten Ludwigsvorstadt zusammengefasst als Stadtbezirk 2 »Ludwigsvorstadt-Isarvorstadt«.

Dabei trennt eine scharfe Grenze Ludwigs- und Isarvorstadt: die stark befahrene Lindwurmstraße zwischen Sendlinger Tor im Nordosten und Ruppertstraße im Südwesten. Kurz hinter der Ruppertstraße verläuft der Bahndamm, der die südliche Grenze zwischen Isarvorstadt und Sendling bildet. Im Süden überquert die das Stadtviertel begrenzende Braunauer Eisenbahnbrücke die Isar und ihre Auen. Die bei Sonnenanbetern, Sportlern und Spaziergängern beliebten Isarauen auf der rechten Seite des Flusses bilden denn auch die südöstliche und östliche Grenze der Isarvorstadt. Isarabwärts führt der Grenzweg beim Deutschen Museum über die Ludwigsbrücke zurück auf die linke Isarseite. Eigentlich endet das Viertel dann offiziell im Norden auf einem Zickzack-Kurs von der Zweibrücken- über die Rumford- und Müllerstraße bis zum Sendlinger Tor. Doch gerade in diesem Bereich werden wir die verwaltungstechnischen Grenzen gelegentlich überschreiten und die gefühlte Grenze wählen, denn letztlich grenzt der Altstadtring (Blumen- und Frauenstraße) die Isarvorstadt viel deutlicher und massiver ein. Dafür lassen wir das Müllersche Volksbad und den Gasteig, die früher einmal zur Isarvorstadt gehörten, außer Acht.

Die einzelnen Isarvorstadt-Viertel werden im Wesentlichen durch zwei Hauptverkehrsadern unterteilt. Die Fraunhoferstraße trennt Gärtnerplatz- und Glockenbachviertel, die Kapuzinerstraße sowie der Alte Südliche Friedhof Glockenbach- und Schlachthofviertel.

Geschichtsträchtiger Boden

Das Gebiet der heutigen Isarvorstadt bietet kaum erhaltene, touristisch interessante Sehenswürdigkeiten, dennoch hat das Areal eine lange und bewegte Geschichte, die eng mit den einst zahlreichen Stadtbächen verbunden war. Der Bezirk entfaltete sich erst verhältnismäßig spät. Ein Grund dafür: Seit dem Vierherzogstreit (1397 bis 1403) blieb das Angertor vier Jahrhunderte lang verschlossen. Der direkte Zugang von der Altstadt zur Isarvorstadt fehlte, man musste den Umweg über das Sendlinger Tor oder den Einlaß gehen. Erst mit der Entfestigung der Stadt München, mit dem Niederreißen der maroden Stadtmauern

Gasthaus am Bach: Die beliebte Ausflugswirtschaft Pechgarten (links im Bild, heute Palm-/Ecke Körnerstraße) malte Carl Friedrich Heinzmann 1826. Im Vordergrund fließt der Pesenbach, hinten erkennt man die Mittlere Pulvermühle.

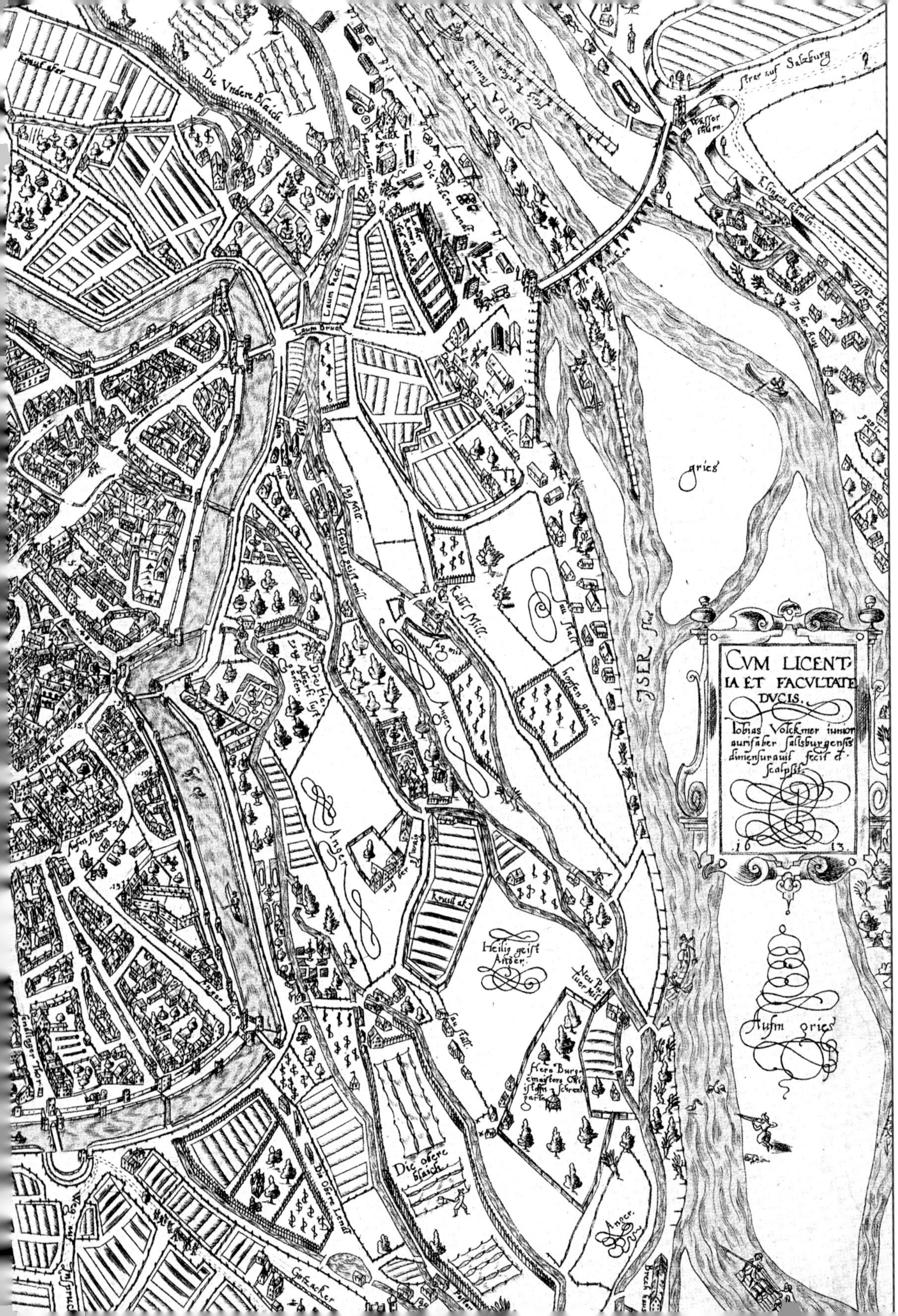

Ausschnitt aus dem München-Plan von Tobias Volckmer von 1613. Die Isarvorstadt ist noch sehr dünn besiedelt, die Isar und die Bäche bestimmen die Landschaft.

Ausschnitt aus dem Plan von München und Umgebung aus dem Jahr 1812. Noch immer gibt es kaum Gebäude in der Isarvorstadt und die Isar ist voller Inseln.

kam die Zeit der Isarvorstadt. Zu Beginn des 19. Jh. wirkten die wenigen kleinen Häusergruppen rund um die Holzstraße, an der Geyerstraße, bei den Sauställen (Erhardtstraße) oder im Pechwinkel (Palmstraße) auf den Stadtkarten noch wie verlorene Flecken. Hier eine Mühle, da eine Fabrik, dort Sauställe.

Im Jahr 1819 zählte die Isarvorstadt 183 Häuser und 19 staatliche oder städtische Gebäude mit 782 Feuerstellen (bei 10.400 für ganz München). Rund 2.300 Menschen lebten hier, davon waren 56 Protestanten, 5 Reformierte und 14 Juden. 124 Pferde, 9 Ochsen und 245 Kühe – mehr Großvieh konnten sich die Isarvorstädter nicht leisten. Wegen der vielen Bäche hatten sich vor allem Müller, Gärtner, Milchmänner, Wäscher, Bleicher, Zimmerleute, Floßmeister, Pferdehändler und Tagelöhner angesiedelt. Sie lebten oft in bescheidensten Behausungen, Armut und Not beherrschten den Alltag. Die Milchmänner siedelten bevorzugt bei den Schweineställen – seit 1475 durften in der Stadt keine Schweine mehr gehalten werden – und an der Oberen Lände, die Gärtner am Einlaß, bei der Pestalozzistraße und entlang der Baaderstraße bis zum Pechwinkel.

Die Soldaten kommen

Anfang des 18. Jh. entdeckte das Militär die Isarvorstadt für sich. So gab es an der Nordseite der Zweibrückenstraße den Militärgalgen. 1703 ließ Kurfürst Max Emanuel das uralte Brechhaus zwischen Baum- und

Kleinstädtische Straßenzüge: Im Jahr 1905 wirkten Teile der Erhardtstraße (Hausnummern 19–25) noch sehr ländlich (o. l.). Ebenso die Gaststätte Maibaum und die benachbarten Anwesen (Maistraße 23–27) im Jahr 1907 (o. r.).

Unter Niveau: Das Haus Palmstraße 11 (u.) gehörte noch zur Restbebauung des alten Pechwinkels und lag im Jahr 1907 unter dem Straßenniveau. Links daneben das Gasthaus zur Palme.

Schlössl am Östlichen Stadtgrabenbach: Wenn man 1860 am Einlaß stand und Richtung Stadt blickte, sah man nicht die Schrannenhalle, sondern das Ertlschlössl inmitten eines romantischen Gartens auf einer Insel.

Auenstraße für seine kranken Soldaten beschlagnahmen. Das Brech- oder Pesthaus, damals zwischen zwei Bächen gelegen, diente München seit Jahrhunderten als Isolierungsstation für Schwerkranke. Ein weiteres Brechhaus befand sich in der Magazinstraße (heute Erhardtstraße). 1775 ließ Kurfürst Maximilian III. den Grundstein zu einem neuen Militärlazarett an der Müllerstraße legen. Es verfügte über 29 Krankensäle und eine Kapelle der Hl. Thekla – daher hat die später gegenüber entstandene Theklastraße ihren Namen. Nach 1876 diente das Gebäude dem Landwehrbezirkskommando, danach kam das Neue Realgymnasium bzw. Luitpoldgymnasium. Heute befindet sich an dieser Stelle das ehemalige Heizkraftwerk. Ihre Toten beerdigten die Soldaten auf einer Sektion im Alten Südlichen Friedhof.

Auf der Kohleninsel (heute Museumsinsel) entstand Anfang des 18. Jh. die Kurfürstliche Isarkaserne, die 418 Ulanen samt ihren Rössern Platz bot. Gegenüber am anderen Isarufer befand sich an der Zweibrückenstraße ein Garten der Englischen Fräulein. Dort errichtete Baumeister Franz von Thurn ab 1811 die Schwere-Reiter-Kaserne. Zwei Jahre später zog das 1. Chevauleger-Regiment als erste Besatzung in die Kaserne ein. 1854 ließ König Maximilian II. an der Kohlstraße seinen Soldaten eine Reitschule erbauen. Heute stehen hier die Patentämter. Das Militär wurde auch ein Wirtschaftsfaktor und wichtiger Arbeitgeber: Von 1847 bis 1866 rauchten an der Geyerstraße die Essen der Artilleriewerkstätten, zwischen Klenzeschule und dem Postamt an der Fraunhoferstraße arbeiteten die Ouvrierkompagnien, die Festungsmaterial herstellten. Drei Pulvermühlen versorgten die Soldaten mit Schießpulver. Auf den in einer dieser Mühlen beschäftigten einfältigen Knecht Christoph ging der in Alt-München beliebte Pulversteffel-Tanz zurück: Die Kapelle unterbrach bei diesem Tanz mitten im Stück die Musik und die Tanzenden riefen: »Pulversteffel kommt, Pulversteffel ist schon da!«, worauf weitergetanzt wurde. Ursprünglich hatten die Tänzer ihren

Schlössl für einen Arzt: Der Hofchirurg Dominikus Geyer ließ sich im 18. Jh. am Pesenbach einen prächtigen Landsitz bauen (anonymer Künstler).

Tanz unterbrochen, wenn der wahrscheinlich geistig zurückgebliebene Steffel den Saal betreten hatte, um ihn zu verhöhnen und zu triezen. Später tanzte man den Pulversteffel ihm zu Ehren, denn der Steffel entdeckte eine drohende Explosion in der Mühle und rettete durch seine Warnung zahlreiche Menschenleben.

Von Lustgärten und Pechwinkeln

Im 18. Jh. entdeckten einige wohlhabende Städter ihre Liebe zur Natur – und die Auenlandschaft der Isarvorstadt bot reichlich Natur. So ließen sie sich Schlösschen errichten. Am Pesenbach bewohnte der Hofchirurg Dominikus Geyer ein schmuckes Anwesen inmitten eines großzügigen Gartens (heute in etwa bei der Hong-Kong-Bar), hinter der Schmerzhaften Kapelle des Klosters St. Anton (Kapuzinerstraße) stand das Ruffinischlössl. Und bevor das Postamt in der Fraunhoferstraße entstand, gab es hier das Jagdschlössl. An der Blumenstraße befand sich das Leopoldschlössl. Für das Stadtvolk, das ein wenig frische Luft schnappen, und dabei mitunter einer trockenen Kehle vorbeugen wollte, gab es etliche Gärten in der Isarvorstadt: Herzog Alberti Lustgarten (zwischen Klenze- und Frauenstraße), Claude-Clair-Garten (Nähe Corneliusstraße), Buttermelchergarten (Buttermelcherstraße), Wollgarten (Ecke Baum-/Auenstraße) und den berühmten Lackenwirt (Holzstraße), wo sich nach 1871 z. B. der »Club der Norddeutschen« traf.

Von frischer Luft war im Pechwinkel ursprünglich wohl nicht viel zu spüren. Das Gebiet an der Palmstraße – sie heißt auf alten Stadtplänen noch Pechwinkel – verdankte seinen Namen den »weit draußen« vor der Stadt arbeitenden Pechsiedern. Später erinnerte die Wirtschaft zum Pechgarten (dann: Körnergarten) an den alten Namen. Im 14. Jh. übten hier die Stachelschützen (Armbrustschützen), 1391 ließ der Rat der Stadt deren Schießplatz erneuern. Der Fabrikweg, er entspricht etwa dem heutigen Verlauf der Jahnstraße, führte von der Fraunhoferstraße mitten hinein in den Pechwinkel. An ihm lag zwischen Pesthaus und Peststadl ein städtisches Gebäude, das 1787 von Stefan Kirchmayr zur Schule vor dem Sendlinger Tor gemacht wurde. 60 Kinder fasste der Unterrichtsraum offiziell – rund 100 quetschten sich täglich hinein. Die Schule gab es bis 1843, danach versuchten die bayerischen Seidenraupenzüchter, die entlang der Isar Maulbeerbäume angepflanzt hatten, das Gebäude zu übernehmen. Doch das Militär kam ihnen zuvor. An der Stelle der 1889 eingerissenen Schule entstand zwei Jahre später die Rekonvaleszentenanstalt (Baumstraße 17).

Jede Art von Leibesübungen

Eine Vorreiterrolle für München in Sachen Körperertüchtigung übernahm die Isarvorstadt: Am 17. Juli 1848 trafen sich an der Müllerstraße hinter dem Gasthof Zu den drei Linden die ersten Turnfreunde. Schon zwei Jahre später ließ die Obrigkeit den Betrieb einstellen, denn Turnvater Jahn galt, obwohl seit 1842 in Preußen offiziell rehabilitiert, weiterhin als Revoluzzer der schlimmsten Sorte und freiwillige Leibesübungen schienen mehr als verdächtig. Erst am 17. Mai 1860 gründete sich der Sportverein neu und bezog seinen Sportplatz auf dem Gelände der damals noch nicht existenten Hans-Sachs-Straße. 1889 zog der TSV 1860 an die Auenstraße um. Also stammen die Löwen, stammt der Giesinger Traditionsverein 1860 München somit aus dem Glockenbachviertel.

Theaterbetriebe, wie das volkstümliche Schweigertheater in der Müllerstraße, später das berühmt-berüchtigte Kils Kolosseum, das Weinmüllersche Sommertheater in der Gaststätte Adelmann, Papa Schmids Marionettentheater und natürlich auch das Münchner Aktien-Volkstheater (heute Gärtnerplatztheater) zogen schon seit dem späten 18. Jh. die Amüsierwilligen in die Isarvorstadt. Für noch mehr Amüsement sorg-

Die Löwen sind Isarorstädter: Das Gelände des TSV 1860 München an der Auenstraße 19 im Jahre 1899. Im Hintergrund sieht man die Isar, weil die Wittelsbacherstraße noch nicht bebaut war.

Isarvorstadt-Gärtnerei: Die Gärtnerei Koch, Pestalozzistraße 40, befand sich direkt am Alten Südlichen Friedhof. Die Aufnahme stammt von 1908.

ten dann die zahlreichen Bordelle, die sich im Viertel etablierten – was nicht zum guten Ruf der Gegend beitrug. Genauso wenig wie die Ansiedlung von Schlacht- und Viehhof, der bei bestimmten Wetterlagen mit seinem Geruch noch heute ganzen Straßenzügen das Atmen schwer macht. Immerhin brachte der Schlachthof eine Menge zusätzlicher Arbeitsplätze. Weil es viel Arbeit gab, vor allem auch in der Textil- und Lederindustrie, zogen Ende des 19. Jh. zahlreiche Juden aus Galizien in die Isarvorstadt. Das Viertel wurde – und blieb es bis heute – das Münchner Judenviertel. Unrühmlicherweise begann im gleichen Viertel der Aufstieg der NSDAP. Und auch der NPD-Landesverband Bayern sitzt seit 1968 mitten in der Isarvorstadt (Holzstraße 49).

Die Industrie brachte dem Viertel Ende des 19. Jh. auch eine der Münchner Urstraßenbahnen. Der von einem Pferd gezogene Waggon fuhr vom Odeonsplatz über die Hans-Sachs-Straße und die Jahnstraße zur Endhaltestelle Baumstraße, wo er wendete. Wegen ihrer reichhaltigen Industrie gehörte die Isarvorstadt dann zu den Zielen der alliierten Bomben, die München während des Zweiten Weltkriegs verwüsteten. Der Bezirk Isarvorstadt/Glockenbachviertel verlor 226 Gebäude mit 3.135 Wohnungen. Von den Kriegsnarben haben sich viele Ecken des Viertels nie wieder erholt. Traurige, gesichtslose Bausünden aus der Nachkriegszeit finden sich überall zwischen den oft ihres Stucks beraubten Gründerzeitfassaden.

Die Isarvorstadt heute

Angesichts dieser relativ kurzen Geschichte hat die Isarvorstadt eine rasante Entwicklung hinter sich. Die einst dünn besiedelte grüne Auenlandschaft vor den Toren der Stadt gehört heute praktisch zur Innenstadt. Seit der Nachkriegszeit bis in die 1990er hinein von offizieller Seite konsequent stiefmütterlichst behandelt, entwickelte sich die Gegend zum Eldorado der alternativen Szene, Künstler und Schwulen. Die machten sie dann hip und angesagt.

Der Stadtbezirk Ludwigsvorstadt-Isarvorstadt umfasst nun 438,72 ha, 43.945 Einwohner leben hier, das sind 100/ha, damit zählt der Bezirk 2 mit Schwabing-West, Au-Haidhausen und Schwanthalerhöhe zu den am dichtesten besiedelten Münchner Stadtteilen. Dennoch sind die Bevölkerungszahlen seit Jahren rückläufig: von 49.096 im Jahr 1987 auf 43.954 im Jahr 2005. Da hilft auch die extrem hohe Geburtenrate wenig: 12,1 Geburten auf 1.000 Einwohner machen das Viertel zum Babyboomerbezirk. Aufgrund seiner Geschichte als Gewerbegebiet, als Kleine-Leute-, Arbeiter- und Studentenviertel hatte die Isarvorstadt bislang eine sehr gemischte Bevölkerungsstruktur mit einem recht hohen Anteil an sozial Schwachen. Das ändert sich zwar seit einigen Jahren rapide, doch besonders die zahlreichen Obdachlosen gehören nach wie vor zum Viertelbild – nicht zuletzt wegen der vielen sozialen Einrichtungen, die es in der Isarvorstadt gibt. Mit einer Arbeitslosenquote von 6,5 % liegt Ludwigsvorstadt-Isarvorstadt heute knapp unter dem Münchner Durchschnitt und obwohl nur 0,8 % aller Sozialwohnungen

Die Isarvorstadt LITERARISCH

»Mir 'nei in' Haufa und 's dresch'n o'g'fangt, bis sie si' verzog'n ham und wir als Siega so lang auf da Straß' g'schrian ham, bis da Schandarm kemma is. Oft ham ma nach so einer Schlacht a Siegesfeia veranstalt't. Da ham ma an Gart'n vom Lohnkutscha Kern in da Auenstraß' mit Girland'n ziert. Das Festgetränk der Siega war – a Schebbs. Unsere Müatta war'n aa dabei. Dö war'n manchmal selba mitranand in's Raffa kemma, weil a jede an schneidigst'n Buam hat hab'n woll'n. So san ma aufg'wachs'n, wir Vorstadtla!«
Aus *Aus'm Pechwinkel* von Georg Bauer, München, 1921

Wirtshaus im Grünen: Der Buttermelchergarten war ein beliebtes Ausflugsziel für die Städter. Auf dem Aquarell, das August Seidl 1853 malte, erkennt man zudem im Hintergrund die Herz-Jesu-Kirche des Klosters der Niederbronner Schwestern, die Michael Reifenstuel erbaute.

Historisches:

1 Glockengießerei
2 Leopoldschlössl
3 Angermühle (Obere Stadtmühle)
4 Militärlazarett/Luitpoldgymnasium
5 Eichthal-Anger
6 Heiliggeistmühle (und Hainmühle)
7 Wirnhierbad
8 Königliche Reitschule
9 Bei den Sauställen
10 Untere Kaiblmühle
11 Mahlmühle
12 Gesundheitsbad
13 Westermühle
14 Obere Bleiche
15 Jagdschlössl/Milly-Kerzenfabrik
16 Untere Pulvermühle
17 Zimmerei Reifenstuel/Pössenbacher
18 Isarvorstadtschule und Peststadl
19 Brechhaus (Pesthaus)
20 Gipsmühle
21 Brunnhaus Obere Lände
22 Artilleriewerkstätten und Mittlere Pulvermühle
23 Pechwinkel und Pechgarten
24 Geyerschlössl
25 Ruffinischlössl
26 Krüppelanstalt
27 Obere Pulvermühle
28 Obere Kaiblmühle
29 Brudermühle

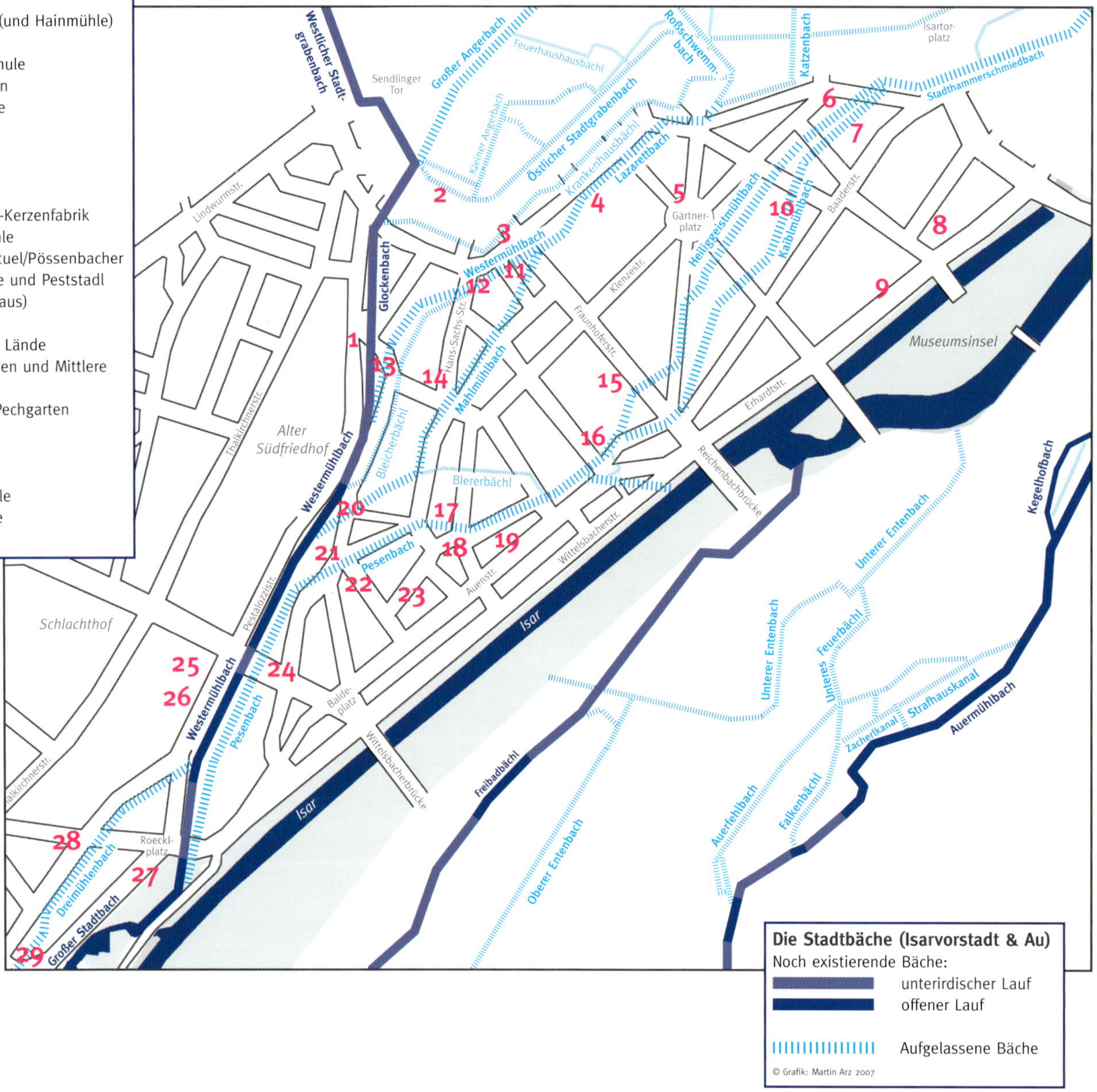

Wirtshaus mit Schuss: Der Postgarten, Zweibrückenstraße 8, stammte von 1787, als der Bierwirt Franz Xaver Kregl das Wirtshaus er-aute. Neun Jahre später schlug eine Kanonen-ugel in das Haus, fortan blieb die Kugel in der Mauer (im Lorbeerkranz über dem mittleren Fenster) und eine In-chrift bekundete: »Nach Beschießung des Roten Tores durch Marschall Condé am 8. September 1796 hier gefunden.« Seinen Namen verdankte das Gasthaus dem Postmeister und Pächter osef Hester. 1903 wurde das Haus abgerissen und neu erbaut. Seit den 1970ern ist McDonald's der Wirt im Haus.

hier liegen, leben überdurchschnittlich viele Menschen unterhalb der Armutsgrenze (135 pro 1.000 Einwohner, München-Durchschnitt: 131 pro 1.000).

Da München nach Frankfurt a. M. die deutsche Großstadt mit der zweithöchsten Ausländerrate ist (23,2 %) – die vorgeblichen Multikulti-Mustermetropolen Hamburg oder Berlin folgen mit überdeutlichem Abstand mit 14,2 % und 13,8 % auf den Plätzen 8 und 9 –, verwundert es nicht, dass der Stadtbezirk 2 einen hohen Anteil Bewohner mit fremden Pass beherbergt: 29,5 %. Damit ist die Ludwigsvorstadt-Isarvorstadt nach Milbertshofen-Am Hart und Schwanthalerhöhe auf Platz 3 der ausländerstärksten Viertel Münchens. Im Vergleich dazu leben im momentan neben der Isarvorstadt angesagtesten deutschen Viertel Berlin Mitte 28,4 % Menschen anderer Nationalitäten, ein Prozentsatz, der Berlin Mitte deutlich zum ausländerstärksten Verwaltungsbezirk der Hauptstadt macht (alle Zahlen, sofern nicht anders angegeben, aus den Statistischen Jahrbüchern 2006). Mehr Zahlen und Fakten zum Stadtbezirk Ludwigsvorstadt-Isarvorstadt auf S. 212. ●

Auf einen Blick: DER BEZIRKSAUSSCHUSS 2

- Der im März 2002 gewählte Bezirksausschuss 2 besteht aus 25 Mitgliedern folgender Fraktionen: SPD (9), CSU (7), Bündnis 90/Die Grünen (6) und Rosa Liste (3).
- Vorsitzender ist Alexander Miklosy (Rosa Liste), dessen Wahl einer politischen Sensation zu verdanken ist: Er wurde mit den Stimmen der Rosa Liste, der Grünen und (ja es ist kein Schreibfehler) der CSU gewählt.

Alles fließt

München verdankte seinen Aufstieg zur Weltstadt auch den Bächen der Isarvorstadt, die hier einst ein blühendes Gewerbegebiet mit Energie und Brauchwasser versorgten. Heute ist von den zahllosen Wasserarmen kaum noch etwas sicht- oder spürbar.

Text: Martin Arz

Der Baum war geschmückt, die Plätzchen gebacken, die Geschenke verpackt – für das ältere Ehepaar, das in der Rumfordstraße 45 Parterre lebte, alles sah nach einem gemütlichen Weihnachtsabend aus. Niemand rechnete damit, dass der im wahrsten Sinne des Wortes ins Wasser fallen sollte. Denn in der Nacht des 23. Dezembers 1953 wachte das Ehepaar umgeben von den Trümmern seiner Wohnungseinrichtung im tosenden Wasser auf. Der Fußboden der Wohnung hatte nachgeben. Das Paar konnte sich glücklicherweise kaum verletzt aus dem Stadthammerschmiedbach retten, der unter dem Haus floss und die Überbauungskonstruktion zersetzt hatte.

Nasses Erwachen: 1953 stürzte die Parterrewohnung in der Rumfordstraße 45 in den Stadthammerschmiedbach.

Dieser Unfall brachte den Isarvorstädtern deutlich ins Bewusstsein, auf welch lebendigem Grund und Boden sie wohnten, auch wenn davon kaum noch etwas sichtbar war. Denn bereits nach dem Zweiten Weltkrieg gab es kaum noch überirdische Bachläufe im Viertel, das einst vom Wasser geprägt war.

Manche sprachen romantisierend vom »Venedig des Nordens« – und meinten damit weder Hamburg noch Amsterdam noch Stockholm, die heute gerne so genannt werden, sondern München –, so viele Bäche gehörten einst zum Bild der bayrischen Hauptstadt. Bäche, gespeist von der Isar, der München überhaupt erst seine Existenz verdankt. Schließlich wurde *Villa Munichen* 1158 gegründet, nachdem Heinrich der Löwe, Herzog von Bayern und Sachsen, die Brücke des Bischofs von Freising bei Oberföhring zerstört hatte, um durch Brückenzoll am lukrativen Salzhandel zu profitieren. Nahe einem alten Kloster auf dem Petersbergl ließ Heinrich eine Brücke über die Isarinseln (bei der heutigen Ludwigsbrücke) bauen. Die zugehörige Siedlung blieb freilich erhöht auf den Hochufern in respektvoller Distanz zum reißenden Fluss und zu seinen wilden Nebenarmen. Es empfahl sich nicht, nahe der Isar zu bauen. Zu oft und zu unberechenbar führte sie Hochwasser und änderte mitunter ihren Lauf. Die Isar mäanderte stark verästelt durch eine Auenlandschaft mit zahllosen Inseln aus Geröllaufschüttungen, noch auf Karten des 19. Jh. kann man diese urwüchsige Landschaft erkennen.

Bis ins Jahr 1907 zweigte links der Isar in Höhe Thalkirchen der Große Stadtbach ab. Er teilte sich an der Ecke Dreimühlen- und Isartalstraße in den Westermühl- und den Pesenbach. Auch diese beiden Haupt-

eine Kirche: An der Oberen Lände, heute Geyerstraße,
gten einst die Flöße an. Das Brunnhaus mit der Optik
ner Kapelle verteilte das Wasser an die Haushalte der
egend. Im Hintergrund sieht man die Mauer des Alten
üdlichen Friedhofs und die Spitze der Schmerzhaften
apelle. Aquarell von M. Kuhm, ca. 1870.

bäche zergliederten sich in mehrere kleine Arme. Das Westermühlbachsystem strömte durch die Altstadt, weshalb man es die Inneren Bäche nannte. Die Äußeren Bäche des Pesenbachsystems durchflossen den Bereich vor der Stadtmauer. Der dritte große Hauptbach, der Dreimühlenbach, zweigte schon weiter isaraufwärts ab und blieb von den Systemen unabhängig. Auch er speiste später den Großen Stadtgrabenbach. Die Bäche auf der anderen Isarseite, vor allem der Auer Mühlbach und der Entenbach, gelten historisch gesehen nicht als Münchner Stadtbäche – denn die einst unabhängige Stadt Au wurde erst 1854 nach München eingemeindet.

Es klappern die Mühlen ...

Um die Hochwasserprobleme in den Griff zu bekommen und gleichzeitig die Leistungskapazität des Wassers zu nutzen, begann man bereits im 12. Jh. die Verästelungen der Isar zu kontrollierbaren Kanälen und Stadtbächen umzugestalten. Fließendes Wasser stellte in der vorindustriellen Zeit die wichtigste Energiequelle dar und Wassermühlen waren die multifunktionalen Kraftwerke jener Tage. Die älteste, 957 schriftlich erwähnte Mühle im Stadtgebiet des heutigen München ist die Schrafnagelmühle am Auer Mühlbach (heute: Lohstraße 46) in Untergiesing. Für das 14. Jh. sind bereits 16 Mühlen in München nachgewiesen, viele davon Getreidemühlen, aber auch Walkmühlen und Lohstampfen, die »Lohe« (Eichenrinde) zerstampften, mit der man Leder gerbte. 1345 entstand die erste Sägemühle, die dem Heiliggeistspital unterstellte Westermühle, die über drei Mühlräder für Getreide verfügte, ein Rad für eine Säge und ein Stampfrad.

Schnörkelige Fassade, harter Kern: das städtische Eichamt in der Augsburgerstraße.

Mit der Nutzung von Mühlen verstärkten sich die Verbauungsmaßnahmen, denn damit eine Mühle effektiv und ruhig laufen kann, benötigt sie einen stetigen und regelmäßigen Wasserzufluss. Man begradigte einzelne Abschnitte, errichtete Beschlächte (Uferbefestigungen mit Pfeilern und Bohlen), baute Wehre, Dämme und Wuhren (Kanäle). Doch trotz aller Bemühungen schwemmte die Isar regelmäßig Geröllmassen in das Gebiet der heutigen Isarvorstadt. Die Gegend vor Isartor und Sendlinger Tor nannte man daher in Anspielung auf das Geröll »Grieß«, es galt als kaum besiedelbar und die Mühlenbetreiber lebten mit ihren Familien in ständiger Gefahr, Isaropfer zu werden. Die Mühlen befanden sich übrigens, sofern sie nicht an Klöster gestiftet worden waren, im Besitz der bayrischen Herzöge. Die Stadt München brauchte herzogliche Zustimmung, um dringend benötigte eigene Mühlen an den Stadtbächen zu errichten. 1462 gestand der Herzog München vor dem Isartor zwei »Mühlschläge« zu, große Grundstücke, die frühindustriell genutzt werden konnten: das Obere und das Untere Lehel – letztlich die Geburtstunde von Isarvorstadt (Oberes Lehel) sowie St. Anna-Vorstadt und Lehel (Unteres Lehel). Lehel (für alle Nicht-Münchner: Es wird Lächl ausgesprochen) kommt ebenfalls von Lohe und bezeichnet auch sumpfiges Buschgelände. In der Isarvorstadt hatte die Stadt bereits 1420 eine Walk- und Schleifmühle errichtet, 45 Jahre später die städtische Obere Bleiche (im Unterschied zur Unteren Bleiche am Englischen Garten) zwischen Westermühl- und Mahlmühlbach.

Die Isarvorstadt soll die Stadt verteidigen

In dieser Zeit erhielt München auch seine neue Stadtbefestigung, und um die Stadt noch besser zu beschützen, zog man entlang der Mauern tiefe, breite Kanäle –

Kaum wiederzuerkennen: Vor dem Sendlinger Tor floss 1810, als der anonyme Künstler das Gemälde fertigte, noch der Westliche Stadtgrabenbach.

gespeist vom Glockenbach flossen nun der Westliche und der Östliche Stadtgrabenbach um München herum (in etwa der Verlauf des Altstadtrings). Weiher bildeten sich vor der Stadtmauer, die Stadt erkannte deren wirtschaftliches Potenzial und nutzte sie kurzerhand zur Fischzucht. Die 1331 an einem parallel zum Westermühlbach verlaufenden Bach errichtete Obere Stadtmühle (Angermühle) musste im 17. Jh. neuen Stadtbefestigungsarbeiten weichen, denn bedingt durch den Ausbruch des Dreißigjährigen Kriegs 1618 ließ Kurfürst Maximilian I. München erneut umfassend befestigen. Bäche wurden umgeleitet, zugeschüttet oder neu gegraben. Die Bewässerung der Gräben und damit eine wichtige Schutzfunktion der Stadt übernahm nun die Isarvorstadt mit geballter Bachkraft von Glocken-, Lazarett- Heiliggeistmühl- und Kaiblmühlbach. Neu entstand das Krankenhausbächl, das an der heutigen Kreuzung Müller-/Pestalozzistraße aus dem Glockenbach abgeleitet wurde.

Die Festungsarbeiten bedrohten das ganze Viertel. Nebenbäche des Westermühl-, Lazarett- und Heliggeistmühlbachs sowie Wasserläufe vor dem Isartor wurden verlegt oder aufgelassen, womit auch Betriebe wie die Heiliggeist-, die Hain-, die Anger- und die Stelzmühle abgerissen werden mussten. Nur Schmieden und Sägemühlen, wie die Klingenschmiede an der

Oberen Bleiche und die Obere Bleiche selbst blieben erhalten. Wohnhäuser, Wirtschaftsgebäude und sogar die Mauern und Gebäude des Alten Südlichen Friedhofs ließ man schleifen, um den anrückenden Schweden keine Deckung zu bieten – was die Schweden übrigens herzlich wenig beeindruckte, sie besetzten München 1632 trotzdem und pressten ein immenses Schutzgeld, damit sie die Stadt nicht zerstörten. Nach Abzug der Schweden bekam der bayrische Kurfürst ein Problem mit wütenden Isarvorstädtern und anderen Bachnutzern aus dem Lehel und der St. Anna-Vorstadt. Sie forderten Entschädigungen. Letztlich ging aber nicht nur die Witwe Sabine von Ahamb, einstige Müllerin der Angermühle, die 1640 bei Hofe die ihr zustehenden jährlichen 200 Gulden einforderte, leer aus.

Die zunehmende Nutzung der Bäche führte zu weiteren Beschlächten, Aus- und Umbauten, neuen Wehren und Schleusen – und zu Streit um das Wasser. Eichmarken sollten helfen, den Wasserstand für die Mühlen gleichmäßig zu halten, denn an der »Aich« konnte man die Höhe der zugeteilten Wassermenge ablesen. Schon 1486 erhielt die Heiliggeistmühle (damals noch Griesmühle) ihre Eiche. Zudem versuchte die Stadt über die Jahrhunderte das Isarbett näher an die Stadt zu zwingen, gab Tausende von Gulden aus für den Hochwasserschutz und um den Stadtbächen mehr Wasser zuzuführen »zu allerlei Notdurft und Zierden«. Manche Bautätigkeit ging ins Auge, denn oft drang die Isar zu stark in die Bäche und gefährdete so die Mühlen. Und die Stadt musste nicht alleine die konstanten Reparaturkosten tragen. Die ansässigen Müller und die Stadt teilten sich ab 1567 den Aufwand. Für Müller galten ohnehin andere Rechtsvorschriften. So setzte das alte Münchner Stadtrechtsbuch in Artikel 78 fest, dass Diebstahl an Mühlengut wie Kirchenraub zu bestrafen sei. War das Diebesgut mehr als 12 Silberpfennige wert, wartete der Henker.

Trink- und Abwasserprobleme

Abgesehen vom streng geregelten Mühlenbau durften alle Bürger die Bäche nutzen und benutzen: Sie lieferten Brauchwasser für Haushalte und Gewerbe, bewässerten Gärtnereien und Fischzuchtbetriebe und boten jederzeit genügend Löschwasser bei Bränden. Gleichzeitig nutzten die Münchner ihre Bäche als praktisches Abwassersystem. Viele Häuser errichteten ihre Abtritte direkt über einem Bach. Die Abwässer sollten über Jahrhunderte ein Problem bleiben. Die Trinkwasserversorgung regelte die Stadt im Mittelalter übrigens nicht über die Bäche, sondern durch Grundwasserbrunnen, denn bereits damals ahnte man etwas vom Zusammenhang zwischen verseuchtem Wasser und Epidemien. Damals fürchtete man aber vor allem die üblen Gerüche, die »Miasmen«, die als Auslöser schrecklicher Krankheiten wie Pest und Typhus galten. München war ein regelrechtes Typhusnest. In reinem, fließendem Wasser hingegen sah man einen Gesundbrunnen. Daher richtete die Stadt 1573 ihr Brechhaus, ein Isolierungshaus in Seuchenzeiten, auf einer Halbinsel zwischen Pesenbach und Isar ein.

Im 15. Jh. blickte München neidvoll in die modernen Metropolen Nürnberg und Augsburg, denn dort hatte sich schon längst der neueste Trend des Leitungswassers durchgesetzt. 1471 war es dann soweit: Von den Thalkirchner Quellen führte eine Fernwasserleitung direkt in die Stadt. Damit schlug die Geburtsstunde der Brunnhäuser, denn der natürliche Druck reichte nicht, um das Leitungswasser in der ganzen Stadt zu verteilen. Ein Brunnhaus bestand aus einem Wasserrad, einer Kurbelwelle und den Pumpen. So wurde Wasser in Bleiröhren angesaugt, in einen Wasserturm gedrückt und von dort über Bleileitungen an die Abnehmer verteilt. Die Stadtbäche trieben nun zusätzlich Brunnhauswasserräder an, die Wehrtürme der Stadtmauer dienten als Wassertürme. Das Brunnhaus am Glockenbach wurde um 1617, das an der Oberen

Die Isarvorstadt LITERARISCH

Der Philosoph und Publizist Theodor Lessing erinnert sich in seinen Lebensaufzeichnungen *Einmal und nie wieder* (posthum veröffentlicht, Gütersloh, o. J.) an sein Studentenleben als möblierter Herr bei der alten Frau Rauh in der Müllerstraße 17, wo er 1895 bis 1900 lebte:
»Es war die lauteste Wohnung, die ich je bewohnt habe. Nach hinten hinaus lagen ›die Blumensäle‹, nach vorne ›Kils Kolosseum‹, so hießen die beiden Varietétheater Münchens. Mein Bett stand in einer Brandung von Geräuschen. Jeden Morgen fluchte ich: ›Ich ziehe aus! Ich habe nicht geschlafen!‹ (...) Mitten durch die belebte Müllerstraße floss der Müllerbach*. Zwischen dem Gasthaus ›Blaue Traube‹, wo ich mittagaß (die zwei Kellnerinnen hießen ›teres major‹ und ›teres minor‹ oder Elefäntle und Bohnestang) und dem Artistenlokal ›Olymp‹, wo ich mit vielen Schnurranten Freundschaft schloss, lag unter freiem Himmel ein Bassin, genannt das Müllerbad*; darin badeten wir am schönen Morgen.«

** gemeint sind natürlich Westermühlbach und Gesundheitsbad*

Wasserversorger: Der Wasserturm des Brunnhauses vor dem Sendlinger Tor stand an dem Ort, an dem sich Glockenbach und Großer Angerbach trennten. Die Darstellung eines unbekannten Künstlers stammt vermutlich aus der Mitte des 19. Jh.

Industriestandort seit Jahrhunderten: die Westermühle an der Holzstraße um 1910.

Lände 1707 erbaut. Sie unterstanden der Aufsicht des Brunnenmeisters. Der erste Brunnenmeister, Hans Gasteiger, konnte 1621 in seine Dienstwohnung am Sendlinger Tor ziehen. Doch die Brunnhäuser erwiesen sich als extrem störanfällig, da ihre Leistungskraft von den Stadtbächen abhing. Mit jedem Hochwasser kamen Sand und Geröll und die Münchner entsorgten allen Verboten zum Trotz jeglichen Müll über die Stadtbäche. Regelmäßige Bachauskehrungen gehörten daher zum Jahresablauf, was aber jedesmal einen totalen Stillstand der Wasserzufuhr für Tage oder sogar Wochen bedeutete. Nur das Brunnhaus an der Oberen Lände nahe des Alten Südfriedhofs lieferte während der Bachauskehr noch Wasser. Die Auskehr der Äußeren Bäche gehörte grundsätzlich zum Aufgabenbereich der Gewerbetreibenden, auch hier beteiligte sich die Stadt hälftig an den Kosten.

Im Winter bedrohte Eis die Funktionstüchtigkeit der Brunnhäuser. Wenn die Bäche einfroren, stellte die Stadt Tagelöhner ein, die die Pumpen per Hand bedienten. Wenn jedoch die Bäche zufroren, standen auch die Mühlen still. Eine Katastrophe für den Wirtschaftsstandort Isarvorstadt, die es öfter gegeben haben muss, wenn es die Stadt versäumt hatte, beginnende Eisbildung zu erkennen und zu verhindern. Im Winter hatten auch alle Bürger, die zu privaten Zwecken ein Mühlrad in die Bäche gehängt hatten, ihre Räder zu entfernen. Über die Bäche gebaute Schuppen oder Hütten förderten ebenfalls die Eisbildung und die Stadt sprach bis ins 20. Jh. regelmäßig Verbote aus, die man offenbar ebenso regelmäßig ignorierte.

Die Industrie entdeckt die Isarvorstadt

Ende des 18. Jh. und vor allem im 19. Jh. rollte das Zeitalter der Industrialisierung über Europa, innovative Unternehmen siedelten sich auch in München an. 1770 errichtete man eine Tabakmühle vor dem

Partie an der Staubstraße: Der Stich eines anonymen Künstlers von 1829 zeigt die heutige Isartalstraße, damals Staubstraße. Von links fließt der Große Stadtbach in die Stelle, an der sich Westermühlbach und Pesenbach trennen. Neben der linken Brücke, die über den Großen Stadtbach führt, befindet sich der Arzmillerhof, auf der gegenüberliegenden Seite liegt am Pesenbach der Kupferhammer.

Sendlinger Tor, die das bisher in mühsamer Handarbeit erfolgte Zerreiben von Tabakblättern übernahm. Eine elf Jahre später zwischen Sendlinger Tor und Einlaß gebaute Ledermanufaktur besaß einen Lohstampf, eine Lederwalke und sogar ein Brunnhaus. Ebenfalls nahe dem Einlaß, am Roßschwemmbach, übernahm Joseph von Utzschneider 1802 ein Gelände, auf dem einst ein städtische Kupferhammer stand und auf dem der Karmeliter-Orden einen Garten betrieb. Hier gründete Utzschneider seine Ledermanufaktur. Sechs Jahre später baute er direkt daneben gemeinsam mit Georg von Reichenbach und Josef von Fraunhofer das Optische Institut auf, das bald ganz Europa mit optischen Instrumenten beliefern sollte. Zum Betrieb der Glasschneiderei durfte Utzschneider 1830 einen nach ihm benannten Kanal anlegen.

Um den weiteren Ausbau des Industriestandorts München zu forcieren, ließ die Stadt 1851 die Kapazitäten der Bäche prüfen. Es stellte sich heraus, dass die Stadtbäche am Rande ihrer Leistungsfähigkeit Räder jeglicher Art antrieben: Mahl-, Säge-, Gewürz- und Ölmühlen, Säge- und Hammerwerke, Walken und Lohstampfen. Man zählte 140 Triebwerke mit insgesamt 280 Rädern bzw. 2162 PS. Dazu erklärte die Armee das Gebiet rund um ihre Werkstätten am Pesenbach für Sperrgebiet. Es half selbst dem Militär nichts: Mit dem Industriezeitalter boomte das Glockenbachviertel. Große Fabriken siedelten sich an. 1871 etablierte sich die Handschuhfabrik Roeckl am Westermühlbach mit einem eigenen Werkkanal. 1866 entstand am Pesenbach aus dem kleinen Zimmereibetrieb Pössenbacher eine Möbelfabrik, die bald die benachbarte Firma Reifenstuel schluckte. 1877 nahm die Elektrofirma Alois Zettler die Arbeit auf. Auf die Wasserkraft baute auch die kleine Brillenschleiferei Rodenstock, die von der Kolosseumstraße 1886 an den Westermühlbach zog und zum Weltkonzern aufstieg. 1911 zog es die Zahnradfabrik Hurth an den Westermühlbach in die Holzstraße.

Wie gut das Gewerbegebiet vor dem Sendlinger Tor erschlossen war, zeigt, dass bis 1896 der Westermühlbach mit Flößen befahren werden konnte, die dann bei der Oberen Lände (Geyerstraße/Karl-Hein-

Partie an der Baumstraße: Der Pesenbach floss 1925 noch offen zwischen Jahn- und Baumstraße. Links am Eckhaus befindet sich die Gaststätte Rumpler, rechts hinter dem Holzschuppen die Möbelfabrik Pössenbacher.

rich-Ulrichs-Platz) gelagert wurden. Diese Lände war eine Kopflände, da sie keinen direkten Abfluss zu Isar hatte. Genau diese Flöße stellten längst ein Problem dar. Da sich München immer weiter nach Süden ausdehnte, klagten die Flößer über die zunehmend beengten Verhältnisse und die Stadt warf den Flößern Behinderung und Beschädigung des Beschlächts vor. Die Untere Lände direkt an der Isar (Steinsdorfstraße gegenüber Museumsinsel, damals Kohleninsel) schien keine Alternative. Für die Flöße sollte eine neue Zentrallände her – außerhalb der Stadt, isaraufwärts. Die Zentrallände für Flöße bei Maria Einsiedel entlastete die Obere Lände an der Geyerstraße nicht nur – sie machte sie überflüssig.

München wird entfestigt

Mit der beginnenden Industrialisierung ging im späten 18. Jh. die Entfestigung Münchens einher. Die Stadtwälle und Mauern waren ohnehin an vielen Stellen längst eingestürzt und die Wassergräben hatten sich in stinkende Sümpfe verwandelt. Von den ehemaligen Bewässerungszuflüssen blieben der Glockenbach und die Stadtgrabenbäche erhalten. Am Einlaß entstand der Utzschneider-Weiher mit einem romantischen Inselchen, auf dem das Ertlschlösschen stand. Ebenfalls am Einlaß, auf der Roßschwemme, befand sich die Erziehungsanstalt für »Müßiggänger« und »arbeitsunwillige« Arme. Die Feuchtigkeit der Bachlage führte jedoch zu gehäuftem Auftreten von Lungen- und Darmkrankheiten. Zudem erwies sich der Roßschwemmbach als denkbar praktischer und einfacher Fluchthelfer.

Nach der Entfestigung ging die Stadt an den Kanalausbau. In den 1870er Jahren verfügten die Isarvorstädter über ein weitaus besseres Kanalsystem als die Altmünchner, da es reichlich Wasser aus den Bächen durchspülte und die Abflüsse direkt in den Lazarett- und den Heiliggeistmühlbach geleitet wurden. Schritt für Schritt konnten nun kleinere Bäche und Kanäle, die bisher als Abwasserkanal gedient hatten, aufgelassen werden. 1896 traf es das Krankenhausbächl, das erst 1812 mit neuem Beschlächt seiner Funktion als Ver- und Entsorger des Städtischen Krankenhauses zugeführt worden war.

Längst nicht mehr Schritt halten mit dem Wachstum Münchens konnten die Brunnhäuser, von denen die leistungsfähigsten und zuverlässigsten in der Isarvorstadt standen: am Glockenbach und an der Oberen Lände. 1848 beschrieb ein Reisender das Münchner Leitungswasser als »eine kleine Menagerie von Würmern und Amphibien aller Art.« Als neue Trinkwasserversorgung erschloss sich München das Mangfallgebiet. Die Brunnhäuser verloren ihre Aufgabe und waren um 1890 fast alle abgerissen. Einzig das Pettenkoferbrunnhaus versorgte weiterhin den Schlacht- und Viehhof.

Bachfreuden

Inzwischen hatte man noch eine ganz andere Qualität der Bäche erkannt, denn Mitte des 19. Jh. erblühte eine neue Badekultur. Entgegen der heute üblichen Meinung, dass man nach dem Mittelalter das Baden völlig verpönte, war die Badekultur in München nie ganz ausgestorben. Besonders untere Schichten frönten dem öffentlichen (und nackten) Isar- oder Bachbaden, allerdings weniger zum Vergnügen, als vielmehr zur Reinigung. Die um Sitte und Moral bedachte Obrigkeit sah sich gezwungen, Bäder zu fördern, in denen nach Geschlechtern getrennt gebadet wurde. Von den drei Münchner Badeanstalten des 18. Jh. lagen zwei in der Isarvorstadt: Seit 1782 Xaver Gumperts Gesundheitsbad (Hans-Sachs-/Müllerstraße) und ab 1799 das Wirnhierbad am Kaiblmühlbach in der Badstraße (später Baaderstraße). Das Gesundheitsbad, das der Wundarzt Anton Eisenrieder 1797 von Gumpert übernahm, beherbergte 17 Badezimmer, von denen sich acht im Winter beheizen ließen. Zur Zimmerausstattung gehörten eine hölzerne Wanne, ein Bett, Spiegel, Stiefelauszieher sowie ein frischer Bademantel, ein Hand- und ein Wannentuch. Dazu lockten verschiedene Seifen, Kräuter- oder Mineralbadezusätze. Verließ der Gast das Badezimmer, leerten Dienstboten die Wanne durch einen Abwasserkanal. Wer wollte, konnte zudem im eiskalten »Glockenbächl« (in Wahr-

Die Isarvorstadt LITERARISCH

»Es war schon nach der Polizeistunde, und in stummer Ruh lag nun die Holzstraße neben der belebteren Müllerstraße. Hier irgendwo würde das Mistvieh wahrscheinlich herumlaufen, überlegte der Herr Reithofer, und er überlegte logisch. Er hatte es schon eine ganze Weile krampfhaft gesucht, und nun gings bereits auf halb zwei. Endlich stand es drüben an der Ecke. Es unterhielt sich gerade mit einem Chauffeur, der sehr stark auf Frauen wirkte.«
Aus *Der ewige Spießer* von Ödön von Horvath, Frankfurt, 2001

Schwimmen ist gesund: Das Gesundheitsbad an der Müller-/Ecke Hans-Sachs-Straße nutzte den Westermühlbach und zog Wasserratten aus allen Schichten an, die Darstellung stammt von 1889.

heit der Westermühlbach) schwimmen. Hierfür standen zehn Einzelkabinen und eine Massenumkleide zur Verfügung. Eine lindenbeschattete Terrasse lud zum Entspannen bei Bier oder Kaffee. Eine Woche Badekur kostete damals drei bis fünf Gulden. Gumpert richtete am Bach außerdem eine Schwimmschule für Knaben ein, wo man eingeschnallt in Gurtmaschinen das Schwimmen lernen konnte. Daneben bot er bei den Pferdestallungen ein Armenbadezimmer mit vier Wannen, das vom Armeninstitut regelmäßig mit Gästen belegt wurde. Im Wirnhierbad fand der anspruchsvolle Badegast 14 Zimmer mit kupfernen Wannen für heiße Bäder und 11 Abteilungen für kalte Bäder.

1832 zählte München sechs Bäder, darunter drei Isarvorstädter: Zum Gesundheitsbad (das je nach Betreiber seinen Namen änderte) und dem Wirnhierbad kam das Bad von Quirin Promolis in der Müllerstraße (vormals Mändelsches Bad), das auch ein Schwitzbad bot. 1867 warb die neueröffnete Lindenmannsche Badeanstalt (Müllerstraße 29), das erste »in Bayern eingerichtete Römisch-Irische Bad« zu sein. Das Giselabad in der Müllerstraße 2–4 bot medizinische Wannenbäder, das Institut Salus in der Müllerstraße 45 Medizin- und Lichtbäder. Das berühmte Gesundheitsbad wurde 1896 gemeinsam mit der Oberen Lände geschlossen und musste dem Neubau der Hans-Sachs-Straße weichen.

Tod im Bach und Bachtod

Die Urbanisierung der Isarvorstadt brachte noch ein ganz anderes Problem: Zunehmend stürzten Menschen in die Bäche und ertranken, die Todesfälle, besonders im Westermühlbach, häuften sich. Nun mussten Geländer, Warntafeln und Rettungsleinen an Ufern und Brücken angebracht werden. Mit der zunehmenden Überbauung der Bäche wurde es nötig, Gitter vor dem überwölbten Bachlauf anzubringen, da sonst keine Rettung möglich war. Die Bäche störten auch die Stadtentwicklung. Die Isarvorstadt zählte nun zur Innenstadt. Baugrund war selten und teuer. Die Stadt verkaufte immer mehr Bauherren die Bachoberfläche und erlaubte, diese zu überbauen. Die Bachbettsohle blieb in Besitz der Stadt. Auch die Stadt überbaute mehr und mehr. Der Roßschwemmbach musste 1845 dem Viktualienmarkt weichen. Das Aufkommen des Automobils beschleunigte den Bachtod. Die Straßenüberbauungen und Brücken waren auf Pferde und Kutschen ausgerichtet, nicht auf schwere Lkw. 1911 lagen schließlich Pläne zur kompletten Auflassung aller Stadtbäche vor, u. a. auch, weil München schon seit 1893 mit einer Untergrundbahn liebäugelte – was als undurchführbar galt, solange die Bäche störten. Die Auflassungspläne wurden letztlich nie umgesetzt, doch Bach um Bach wurde eingefüllt. Es traf

Isarwerk III an der Isartalstraße: Noch heute produzieren die Stadtbäche in dem zwischen 1920 und 1923 fertiggestellten Kraftwerk Energie für München.

Bach und Baaderstraße: Wo sich der Pesenbach in Heiliggeistmühl- und Kaiblmühlbach aufteilte, begann die Baaderstraße. Ganz hinten am Bach erkennt man die Rückseite der Milly-Kerzenfabrik.

vor allem die Bäche, die nicht dem neuesten Zweck dienen konnten: der Stromgewinnung. Immer mehr Turbinen zogen Energie aus dem Wasser, die meisten betrieb die Stadt München selbst. Noch in den 1930er Jahren zählte man 43 stromproduzierende Anlagen an den Stadtbächen.

In den 1930er Jahren und während des Zweiten Weltkriegs stoppten die Behörden die Bachauflassung aus »wehrtechnischen Gründen«. Die Bäche sollten als Löschwasser- und Stromlieferant dienen sowie über die letzten fünf Getreidemühlen die Nahrungsversorgung sicherstellen. Ein Irrglaube, wie die ersten Bombenangriffe zeigten. Die Keller, in die sich die Menschen geflüchtet hatten, liefen voll Wasser, viele ertranken qualvoll. Verschüttete Bachläufe sorgten für Überschwemmungen und Mühlen wurden zerstört. Nach dem Krieg hatten die Bäche nichts mehr von dem zu bieten, wodurch überhaupt erst städtisches Leben in München entstehen konnte: Man brauchte sie weder zur Trinkwasserversorgung, noch zur Kanalisation und schon gar nicht mehr als Energiequelle. Nicht nur tragische Unfälle, wie 1953 in der Rumfordstraße 45, forcierten die Auflassungen. Man argumentierte, dass die Bäche auch kriminelle Machenschaften förderten, so z. B. das Verschwinden lassen von Tatwaffen oder Leichen – ein deutliches Zeichen, welchen miserablen Leumund die Isarvorstadt mit ihren Rotlichtbezirken in den Nachkriegsjahren genoss. Auch der Umweltschutz gewann zunehmend an Bedeutung, denn über Hinterhöfe und Kellerzugänge entsorgten nicht wenige Öl und giftige Abfallprodukte. Und dann der Verkehr! München hatte in den Nachkriegsjahren eine vernünftige Verkehrsplanung verschlafen und sah sich dem täglichen Totalzusammenbruch des innerstädtischen Verkehrs gegenüber. Also verdrängte man die einzigartige Möglichkeit, München ein noch mediterraneres Antlitz zu geben, indem man die Bäche stadtgestalterisch einbezog. Im Gegenteil, der Entschluss stand fest: Endgültig weg mit plätschernden Bächen oder einstürzenden Brücken!

Ab 1965 machte man Ernst. In der Isarvorstadt traf die Stilllegung erst Pesen-, Heiliggeistmühl-, Kaiblmühl- und Stadthammerbach, dann auch den Lazarettbach. Da dieser aber das Kühlwasser für das Heizkraftwerk in der Müllerstraße lieferte, musste vom Westermühlbach eine Leitung für das Zu- und Abwasser gelegt werden. Die Tatsache, dass München die Olympischen Spiele 1972 austragen sollte, beschleunigte den Bachtod rasant. Denn für den U-Bahnbau wollte man sich fortan nicht mehr vom Wasser behindern lassen. Bis auf einen winzigen Rest hörten die Münchner Stadtbäche auf zu existieren. Den Großen Stadtbach, Urmutter der Bachäste, schnitt man beinahe komplett ab. An der Braunauer Eisanbahnbrücke, da, wo im Süden die Isarvorstadt beginnt, darf er zur Durchspülung des Westlichen Stadtgrabenbachs noch 5 m^3/s abgeben, ansonsten muss er gleich wieder zurück in die Isar. 1976 fand die Schlussbegehung in den trockenen Bachbetten statt – Ende einer jahrhundertelangen Symbiose von Mensch und Wasser.

Heute fließt in der Isarvorstadt nur noch der Westermühlbach teilweise offen, er mündet in der Holzstraße in den unterirdischen Glockenbach, der wiederum am Sendlinger Tor in den Westlichen Stadtgrabenbach fließt, dort parallel zur Sonnenstraße (Herzog-Heinrich-Straße etc.) einmal die Altstadt umrundet, und dann vor der Staatskanzlei am Englischen Garten als Köglmühlbach erneut das Tageslicht erblickt.

Krokodilstränen

Nun erst meldeten sich die Bedauerer. 1980 forderte das Münchner Forum, ein Diskussionsforum für Fragen der Stadtplanung, die Wiederbelebung der Stadtbäche, um einen Stadtraum mit »ungekünstelter Originalität und unaufdringlicher Vielfalt« zu gestalten. Ein Hauptprojekt bezog sich auf den noch im Betrieb befindlichen Westlichen Stadtgrabenbach. Er sollte vom Sendlinger Tor an geöffnet werden und parallel zur Sonnenstraße für mehr Grün und Lebensqualität sorgen. Auch die Öffnung der Strecke Westermühl-, Lazarett-, Katzenbach erwog man. Doch die Pläne scheiterten und scheitern weiterhin an knappen Kassen und vor allem an schwierigen Besitzverhältnissen, denn die Stadt hat zwischenzeitlich auch viele Bachbetten an die jeweiligen Hausbesitzer verkauft. Auch sind die Bachbetten teilweise mit Beton eingefüllt. Von der Idee, die Isarvorstadt in ein romantisches Mini-Venedig zu verwandeln, sind die Städteplaner jedenfalls meilenweit entfernt. ●

Der Bachputzer: Die 1995 in Betrieb genommene automatische Rechenanlage säubert den Westermühlbach kurz vor seinem Eintritt in den überwölbten Bereich (Holzstraße) von Fremdkörpern. Der hydraulische Räumer startet bei Kontakt automatisch und fördert Fremdgegenstände in eine Abfallgrube. Ein einziges Mal verfing sich eine Leiche in der Anlage. Der Tod des älteren Mannes wurde nie geklärt.

Europas größte Hafenstadt

Einst gehörten sie zur Isar und zu den Stadtbächen wie die Frauenkirche zu München: Flößer, Floße und die Trift. Jahrhundertelang sorgten sie für wirtschaftlichen Aufschwung und machten München sogar zum größten Floßhafen Europas.

Text: Martin Arz

Ein paar Baumstämme zusammengebunden – fertig ist das Floß. Ganz so einfach war es freilich nicht. Es gehörte schon etwas mehr zur Flößerei, die auf der Isar seit dem Ende des 13. Jh. aufblühte. Die mutigen Flößer ritten wie Jockeys auf dem wilden Wasser, ihre kostbare Fracht musste schließlich komplett, wohlbehalten und trocken ankommen. Die verzweigten Stadtbäche der Isarvorstadt gehörten ganz selbstverständlich zu ihrem Revier. Oft zum Schaden der Beschlächte (Uferbefestigungen). Bereits um 1300 bedrohte die Stadt jeden mit empfindlichen Geldstrafen, der mit Flößen die Mühlbäche befahren wollte, um Schäden an den Wuhren zu verhindern. Man richtete die Obere Lände ein (Geyerstraße), in die man durch den großen Stadtbach einfahren konnte. Dort landete hauptsächlich das Holz, das von den ansässigen Müllern, Zimmerern und Brauern weiterverarbeitet wurde. An der Steinsdorfstraße, gleich an der Ludwigsbrücke, gab es die Untere Lände und eine weitere Lände gegenüber auf den Sandbänken der

Flößer auf der Isar: Flö[...] versorgten München jahrhundertelang mit allen möglichen Güter[...]

Stammlager: Die Floßlände auf der Kohleninsel, wie sie ein anonymer Künstler im 19. Jh. malte.

Kohleninsel (heute Museumsinsel). Den stadtseitigen Isararm baute man schon im 18. Jh. konsequent aus, um ein strömungsfreies Hafenbecken zu erreichen.

Für München als Handelsort war die floßbare Isar von entscheidender Bedeutung. Waren aus dem Alpenraum und aus Norditalien beförderte man so über München immer weiter die Flüsse abwärts bis nach Regensburg, Passau, Wien oder Budapest. Um die Isarflößerei zu fördern, sicherte Kaiser Ludwig der Bayer 1315 allen Kaufleuten, die München ansteuerten, Geleit und Königsfrieden zu. Und die Kaufleute kamen. 1405 lieferten die ersten Flöße Kalkstein aus dem Karwendelgebirge für die Münchner Kalköfen. Ab 1470 transportierte man das Holz für den Bau der Frauenkirche über die Isar, 147 Flöße mit 2.100 Baumstämmen sollen es gewesen sein. Siebzehn Jahre später zählte man 3.312 Flöße, die innerhalb von zwölf Monaten Grünwald passiert hatten. Je nach Anzahl der nebeneinanderliegenden Baumstämme nannte man die Flöße Achter, Zwölfer, Sechzehner, Achtzehner und Vierundzwanziger. Normalerweise war ein Floß 12 bis 24 m lang.

Mit dem Linienfloß nach Wien

1581 konnte man in der ersten Zunftordnung der Münchner Floßmeister lesen: »*Die Floßleutt, welche Leutt, Guetter aufnehmen umb ain Lohn, die sollen mit selbs aignen Personen solche fueren an die Ort, da sie hingehören.*« Daraus lässt sich ablesen, dass auch die Personenbeförderung schon früh eine große Rolle spielte. Ab 1623 gab es sogar eine Art Linienverkehr mit den »Ordinari«-Flößen. Einmal wöchentlich konnte man sich z. B. auf dem Ordinari München–Wien einbuchen. Gegen einen Aufpreis von zwei Gulden konnte man sich ein trockenes Plätzchen in der auf der Floßmitte errichteten Ordinari-Hütte mieten – ein Schnäppchen im Vergleich zur Postkutschenreise, denn die dauerte nicht nur länger, sondern kostete sieben Gulden, dazu kamen noch Kost und Logis bei den Postwirten entlang der Strecke.

Neben Baumaterial zählten auch Lebensmittel zu den Haupthandelsgütern, Lebendvieh wurde ebenso transportiert wie Bier aus Bad Tölz, das sich größter Beliebtheit erfreute, war es doch trotz der Transport-

Beliebter Treff: In der Gastwirtschaft Grüner Baum gegenüber der Kohleninsel trafen sich nicht nur die Flößer, auch König Ludwig I. soll hier gerne Gast gewesen sein. Das Gemälde von Joseph Stephan entstand ca. 1760.

kosten deutlich billiger als die Münchner Konkurrenz. In Kriegszeiten, vor allem während der Türkenkriege, brachten Flößer Waffen, Soldaten und Lebensmittel bis vor Wien. Frauen durften übrigens keine Flöße lenken, auch wenn dies öfter vorkam. 1841 sah sich die bayrische Regierung dazu veranlasst, »auf die Unzulässigkeit der Verwendung lediger Weibspersonen zur Lenkung der Flöße hiermit aufmerksam zu machen.« Schließlich galten die »weiblichen Individuen« als weder des Floßfahrens kundig noch als »hinlänglich rüstig«. Zudem sah der Staat die Sittlichkeit durch die Lebensweise der Flößer – besonders in den Nachtherbergen – »sehr gefährdet«.

Europas größter Floßhafen

Die Flößerei erreichte um 1870 ihren absoluten Höhepunkt in München. Die Kohleninsel galt als größter Floßhafen Europas, bis zu 12.000 Flöße legten jährlich an. In den engen Stadtbächen vor der Oberen Lände reihte sich Baumstamm an Baumstamm. Da kollidierte so mancher zudem mit den Stämmen, die im Rahmen der Trift auf der Isar trieben. Längst war die Holztrift ein Quell permanenter Ärgernis. Seit Jahrhunderten ließen die Holzhändler die Baumstämme einfach die Isar abwärts treiben, wo sie in München aus dem Fluss gefischt wurden. Dazu hatte man beim Mariannenplatz im Lehel einen eigenen Triftkanal gebaut. Der Schaden, den die losen Baumstämme an Beschlächt und Ufern anrichteten, führte dazu, dass man 1870 den Trift komplett einstellte. Den Todesstoß versetzte dem Trift die Eisenbahn, mit der man das Holz schneller und zuverlässiger in die Stadt transportieren konnte. Die Eisenbahn brachte auch den Flößern das Ende. Die neue Zentrallände, die die Stadt Ende des 19. Jh. bei Maria Einsiedel zur Entlastung der Oberen und der Unteren Lände bauen ließ, war letztlich schon bei ihrem Bau überflüssig. Per Bahn ging alles flotter und billiger. Das letzte Floß fuhr 1904 von München nach Wien. Geblieben ist bis heute das Ausflugsvergnügen, das die Isarflöße bieten. Abgelegt wird in Wolfratshausen, gelandet bei Maria Einsiedel. Heute ist die Isar der einzige mitteleuropäische Fluss, auf dem noch Personen per Floß befördert werden. ●

Zurück zur Natur

Münchens Lebensader, die Isar, dominierte mit ihrer Unberechenbarkeit lange den Lebensrhythmus der Menschen. Bis man sie schließlich gezähmt und in ein unattraktives Kanalbett gezwängt hatte. Ende des 20. Jh. setzte das Umdenken ein und nun wird die Isarvorstadt bald eine »wilde« Isar zurückbekommen.

Text: Martin Arz

Lange galt sie als die »Reißende«, doch von der Deutung, dass die Isar ihren Namen der Zusammensetzung der keltischen Worte von *ys* (schnell, reißend) und *ura* (Wasser, Fluss) verdankt, hat sich die Etymologie längst verabschiedet. Vielmehr soll es sich bei der Isar schlicht und einfach um ein fließendes Wasser handeln – vom indogermanischen *es* oder *is*, einem Wort, von dem sich viele europäische Gewässernamen ableiten (Isère, Isel, Ijsel, Eisack). So ist die Reißende »nur« eine Fließende, was ihre Bedeutung keineswegs schmälert.

Die Isar entspringt im Karwendel bei Scharnitz in 1.160 m Höhe und mündet nach 295 km in die Donau. Dabei legt sie einen Höhenunterschied von 848 m zurück. Ursprünglich war sie ein typischer voralpiner Wildfluss – unberechenbar in seinem Fließverhalten, abhängig von Niederschlägen und Schneeschmelze. Sie besaß stark schwankende Abflüsse, lagerte ständig ihr Flussbett um und führte große Mengen Kies und Geröll mit sich. Ihre Hochwasser waren gefürchtet – auch und gerade im Stadtgebiet München. Lange verhinderte die unberechenbare Isar, dass sich die Stadt

Gezähmte Isar: Noch strömt der Fluss ab der Wittelsbacherbrücke in einem strengen Kunstbett.

Wilde Isar: Bis in die heutige Zeit beschert die Isar München immer wieder katastrophale Hochwässer, zuletzt 2005. Oben der Blick von der Reichenbachbrücke auf Corneliusbrücke, Europäisches Patentamt und Museumsinsel beim Hochwasser 1999.

nach Süden und Südosten hin ausdehnte. Noch im 19. Jh. floss die Isar wie ein Wildfluss durch München mit weitverzweigten Flussarmen und zahlreichen Kiesinseln. Sie speiste die zahlreichen Stadtbäche, die zum Teil ursprünglich ebenfalls Isararme waren. An diesen Bächen hatten die Menschen schon sehr früh begonnen, durch Wehre, Deiche und Schleusen regulierend einzugreifen. Die Bäche und Kanäle beherrschten sie größtenteils – nicht aber den Mutterfluss. Die Isar ließ nach Lust und Laune ihre Brücken einstürzen. Bei einem verheerenden Hochwasser 1899 zerstörte sie gleich drei Brücken auf einen Schlag. Dabei hatte man bereits Mitte des 19. Jh. dem Fluss den Kampf angesagt und mit dem systematischen Ausbau des Flussbetts begonnen. Man verpasste der Isar ein festes Korsett von 50 m Breite, bestehend aus einem kanalartigen Mittelwasserbett, das alle 200 m mit harten Sohlschwellen und Abstürzen versehen wurde. 145 m breite Hochwasserwiesen und Hochwasserdeiche sollten Hochwasser aus den niedrig gelegenen Stadtteilen, wie der Isarvorstadt, halten. Mit der Nutzung des Isarwassers zur Energiegewinnung in den drei Kraftwerken Anfang des 20. Jh. und den damit verbundenen Baumaßnahmen ging der Wildflusscharakter endgültig und unwiederbringlich verloren.

Durch die Maßnahmen und vor allem durch den Bau des Sylvensteinspeichers 1959 zur Aufbesserung der Mindestwasserführung und des Hochwasserschutzes hat die Isar ihre Fließgeschwindigkeit, ihr Strömungsmuster und ihren Temperaturhaushalt verändert – nicht zum Vorteil von Flora und Fauna. Einen letzten Hauch der ursprünglichen Isar kann man noch am Flaucher und am Deutschen Museum in der Kleinen Isar erkennen.

Das Umdenken beginnt

Genutzt hat all das Bauen nicht viel, wie die Hochwasser von 1999 und 2005 zeigten. Außerdem hat sich München den Zugang zum Fluss regelrecht abgeschnitten, statt ihn ins Stadtbild zu integrieren. Doch es ist Besserung in Sicht. 1995 taten sich der Freistaat und die Stadt zur Arbeitsgruppe Isar-Plan zusammen, um die Isar auf den 8 km zwischen Großhesselohe und Deutschem Museum neu und naturnah zu gestalten. Bis 2004 erfolgte die Renaturierung bis zur Braunauer Eisenbahnbrücke an der Grenze der Isarvorstadt. Das Flussbett wurde ausgeweitet, Kiesufer und flache, wasserumspielte Rampen aus Blocksteinen geben der Isar nun ein naturnahes und interessantes Bild. Für den innerstädtischen Bereich in der Isarvorstadt wurde ein Wettbewerb ausgeschrieben. Bislang nutzten nicht nur die Isarvorstädter die Hochwasserwiesen zum Spazierengehen, Radfahren, Sonnenbaden und Ballspielen – und im Winter zum Skilanglaufen. Diese Nutzungsmöglichkeiten sollten erhalten bleiben, gleichzeitig mehr Natur und wirkungsvoller Hochwasserschutz verwirklicht werden. Die Bagger rollen seit einigen Monaten. Zwischen Braunauer Eisenbahnbrücke und Wittelsbacherbrücke sind flache Ufer und Kiesbänke entstanden. In den nächsten Jahren wird die Strecke bis zur Corneliusbrücke folgen. Dennoch wird die Seite zur Wittelsbacherstraße wohl weiterhin als hohe Kante erhalten bleiben, da die stark befahrene Uferstraße nicht anders geschützt werden kann.

Die Aussaat von Wildpflanzen, die aus dem Naturschutzgebiet Garchinger Heide stammen, bringt Artenreichtum in die Isarvorstadt. Auch die 1976 im Isardelta wieder angesiedelten Biber haben es bereits bis nach München geschafft. Einer lebte jahrelang direkt am Deutschen Museum. ●

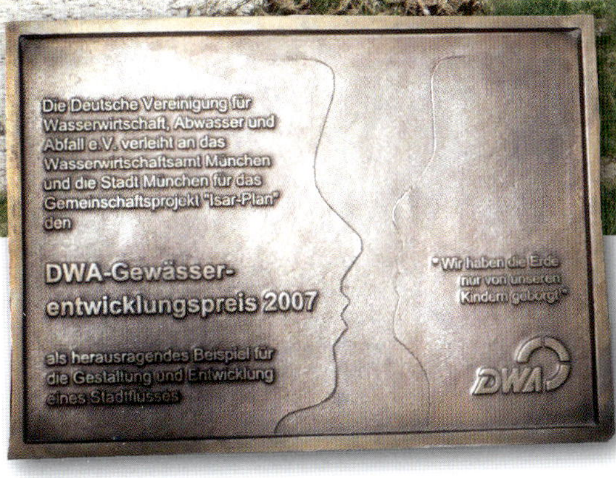

Preiswürdige Idylle: Mit der Renaturierung ist auch wieder relaxter Badespaß in der Isarvorstadt möglich. Deshalb wurde die Renaturierung 2007 mit dem DWA-Gewässerentwicklungspreis ausgezeichnet. Diese Bronzeplakette, montiert auf einen Findling in der Isarau neben der Wittelsbacherbrücke, weist darauf hin.

bei Carl Hohfelder in München

Einsturz der steinernen Isarbrücke zu München

im Jahre 1813 am 13 September Abends nach ½ 7 Uhr

Die Isar war zu einer fürchterlichen Höhe gestiegen und brauste. Alles mit sich fortreissend dahin. Auf der Brücke standen eine große Menge Menschen dicht gedrängt und glaubten den Einsturz des sogenannten Kaiserwirthshauses erwarten zu können, dessen Grundmauern das wilde Wasser bereits zu unterwühlen begann. Da fuhr ein Brauwagen herüber dessen Fuhrknecht die Leute warnte indem er versicherte das Wanken der Brücke bemerkt zu haben, allein man achtete nicht darauf! Welch ein Schrecken! – plötzlich stürzte ein Joch ein, dan ein zweites u. drittes! gegen 200 Menschen stürzten in die tobenden Wellen. Ueber 100 Personen fanden den Tod, u. die übrigen wurden mehr oder weniger beschädigt, doch gerettet. Ein großes Unglück! Gott bewahre uns in seiner unendlichen Gnade!

Einsturz der Isarbrücke: Am 13. September 1813, um 18.30 Uhr, zerstörte das Hochwasser die Vorgängerin der Ludwigsbrücke und riss viele Menschen in den Tod.

Wenn Brücken wandern …

Eine einzige Brücke über die reißende Isar stand am Anfang der Münchner Geschichte. Längst wurden viele daraus, auch im Gebiet der Isarvorstadt. Die Brücken entpuppten sich dabei als nicht besonders standfest, eine ging sogar mal auf Wanderschaft.

Text: Martin Arz

»Schauts auf, da Tod kummt!«, soll der Legende nach eine Totengräberfrau, die mit ihrem Schubkarren ein Kruzifix über die steinerne Isarbrücke rollte, den Gaffenden scherzhaft zugerufen haben. Alle lachten, dann kam er wirklich mit voller Wucht – der Tod. Das Hochwasser des Jahres 1813 hatte zahlreiche Schaulustige auf die Brücke (heute Ludwigsbrücke) gelockt, alle wollten sehen, wie die Kaiserwirtschaft vom tosenden Wasser davongerissen wurde. Dann gab ein Pfeiler den Wassermassen nach, drei Bogen folgten und rissen rund 100 Menschen mit in den Tod. Es war einmal eine Brücke …

Es war einmal eine Brücke – so beginnt letztlich die Geschichte der Stadt München. Die Brücke, die war, stand bis 1158 bei Oberföhring und gehörte dem Bischof von Freising. Dieser profitierte von den Zöllen, die er für die Benutzung seiner Brücke einstrich, was der bayrische Herzog Heinrich der Löwe mit Neid zur Kenntnis nahm. Kurzerhand ließ Heinrich die bischöfliche Brücke zerstören und baute nahe dem alten Kloster am Petersbergl seine Brücke über mehrere Isarinseln. Der Urbrücke des Löwen folgten mehrere Holzkonstruktionen. Im Mittelalter war die Isarbrücke eine von Holzgerüsten getragene Pfahl- oder Jochbrücke, eine mannshohe Brüstung verhinderte zu beiden Seiten, dass man in den Fluss stürzte. Nicht erst 1813 zerstörten katastrophale Hochwasser den Brückenbau. Regelmäßig musste man die Brücke neu aufbauen: allein zwischen 1343 und 1495 stürzte die Konstruktion 15 Mal zusammen. Die habsburgischen Truppen, die München 1742 zwei Jahre lang besetzt hielten, ließen die Brücke bei ihrem Abzug sogar hinter sich niederbrennen. Zuvor zwang man die Münchner, die Brücke mit zehn Zentnern Pech für den Brand vorzubereiten – der Pechwinkel (heute Palmstraße) lag praktischer- bzw. unglücklicherweise gleich in der Nähe. Auf alten Stadtplänen aus

Brückenherr: 1180 stieg Otto I. der Rotkopf zum Herzog auf, damit begann die Herrschaft der Wittelsbacher über Bayern. Georg Wrba schuf das Otto-Standbild an der Wittelsbacherbrücke.

Schlechter Start: Noch während der Bauarbeiten stürzte die Corneliusbrücke 1902 ein.

der Mitte des 18. Jh. kann man noch heute erkennen, dass die Brücke über mehrere Wasserarme der Isar führte. Damals zählte man die Gegend um den Gasteig mit zur Isarvorstadt.

Neue Brücken en gros

Heute befindet sich in etwa an der Stelle der alten Isarbrücke die Ludwigsbrücke, die nur noch über eine Insel führt und die nördliche Grenze der Isarvorstadt bildet. Sie wurde 1828 auf Befehl Ludwigs I. errichtet. Die Katastrophe von 1813 spülte auch alle Pläne, vom Isartor einen Prachtboulevard über die Brücke zu errichten, endgültig in den Orkus. Die heutige Brücke stammt aus dem Jahr 1891 und wurde 1934/35 erneuert und überarbeitet. Sie hat eine Spannweite von 43 m und eine Gesamtlänge von 77 m. Nach schweren Schäden im Zweiten Weltkrieg wurde die Ludwigsbrücke 1948 wieder hergestellt. Die drei (ehemals vier) steinernen Pylonen mit Figuren, Feuerschalen und Gedenkschrifttafeln schuf der Bildhauer Syrius Eberle 1890 bis 1892.

Ein verheerendes Hochwasser 1899 führte dann dazu, dass die Stadt München all ihre Brücken überdachte und einen beschränkten Wettbewerb zum Neubau der Cornelius- und der Reichenbachbrücke auslobte. Aufgefordert wurden Stahl- und Massivbauunternehmen, die man deutlich wissen ließ, dass bei der architektonischen Ausschmückung größte Zurückhaltung zu üben sei. Die Firma Sager & Woerner, die 1901 ihr Angebot für die beiden Brücken einreichte, schlug gleich vor, in einem Aufwasch auch noch die Wittelsbacherbrücke neu zu bauen, quasi mit Mengenrabatt (zum Vorzugspaket gehörten zudem die Neubauten von Max-Joseph-, Maximilians- und Thalkirchner Brücke).

Die Tradition der Brückeneinstürze setzte sich nahtlos beim Bau der Corneliusbrücke am 26. August 1902 fort: Noch nicht eröffnet, stürzte sie teilweise ein und riss zwei Arbeiter in den Tod. Die Brücke nach Plänen des Architekten Friedrich von Thiersch wurde dennoch vollendet. Von der ursprünglich geplanten Gestaltung der Südspitze der Kohleninsel (Museumsinsel) wurde nur die Terrasse realisiert. Am 19. Juni

Es geht eine Brücke auf Reisen: Ganze 25 m wurde die Reichenbachbrücke am 4. Juni 1902 aus ihrer ursprünglichen Lage (o.) nach Süden verschoben.

Massenansturm: Als am 19. Juni 1910 das Denkmal König Ludwigs II. (li. der heute noch vorhandene Kopf) feierlich enthüllt wurde, kamen unzählige Münchner auf die Corneliusbrücke.

1910 strömten Tausende dorthin zur Einweihung des riesigen Denkmals für Bayerns Märchenkönig Ludwig II. Heute ist von der Ganzkörperfigur, die Ferdinand von Miller gegossen hat, nur noch der Kopf, der nachdenklich Richtung Süden blickt, erhalten. Auf der Terrasse haben in den Sommermonaten der vergangenen Jahre die Urbanauten mit großem Erfolg eine Strandbar installiert.

Die Wanderbrücke

Friedrich von Thiersch zeigte sich auch für den Neubau der Reichenbachbrücke verantwortlich. Sie verband als Holzkonstruktion seit 1842 die Fraunhoferstraße mit der Stadt Au auf der anderen Isarseite – damals eine billige Wohngegend für die Arbeiter der Isarvorstadt. Die einst von Friedrich von Gärtner geplante und von Reifenstuel erbaute Holzbrücke hatte allen Hochwassern getrotzt. Während des Neubaus sollte allerdings der Verkehr weiter rollen. Gleichzeitig sollte die alte Achse aus städtebaulichen Gründen beibehalten werden. Also musste die Holzbrücke wandern, um weiterhin als Behelfsbrücke zu dienen. Am 3. Juni 1902 versetzte man sie trotz ihrer 1,2 Mio. kg in einem beispiellosen Kraftakt innerhalb von 24 Stunden um stattliche 25 m Richtung Süden. Die Stadtchronik wusste zu berichten: »Um die 5. Abendstunde begann heute die eigentliche Arbeit der Fortbewegung und Verschiebung der Reichenbachbrücke. Unter jedem der zwölf Brückenjoche waren in sicherer Lage je drei starke Hebewinden angebracht, die bestimmt waren, die rollende Last durch kräftigen Hub nach oben zu verringern. Auf ein Pfeifensignal wurden zu gleicher Zeit alle Winden in Thätigkeit gesetzt, daß die alten, aber harten Balken der Brückenfahrbahn krachten. Dann ertönten von zwei Seiten Hupensignale und in gleichmäßigem, langsamem Zuge setzten sich die elf großen Winden auf der Brücke ein. Die starken Drahtseile wurden straff und zogen an den stabilen Rollen an, daß die rückwärtigen Drahtseilverankerungen sich tief in die Widerlagerbalken eingruben. Langsam, für das Auge kaum merkbar, kam die Brücke ins Rollen. Ein weiteres Signal, und die Winden stoppten. Die Brücke war um 6 cm aus der alten Lage gewichen.« Die heutige 24 m breite Reichenbachbrücke hat eine Länge von 140 m.

Die südlichste Brücke der Isarvorstadt für Autos und Menschen ist die Wittelsbacherbrücke, die den Baldeplatz mit Untergiesing verbindet. Sie wurde 1903 bis 1905 nach den Plänen des Thiersch-Schülers Theodor Fischer gebaut, nachdem die alte gusseiserne Brücke beim Hochwasser von 1899 beschädigt worden war, deren Eisenkonstruktion aus dem Jahr 1875 von dem Architekten August Voigt stammte. Das markante Reiterstandbild des Otto von Wittelsbach schuf Georg Wrba. Es erinnert an den Stammvater des bayrischen Adelsgeschlechts, das immerhin auch zwei deutsche Kaiser hervorbrachte. Die Bögen der Wittelsbacherbrücke haben die gleiche Form und Spannweite (44/28/27/26 m) wie die der Reichenbachbrücke, nur durch standardisierte Gerüste konnte die Firma Sager & Woerner überhaupt so günstig massive Brücken anbieten. Heute ist die Wittelsbacherbrücke bekannt wegen der Obdachlosen, die unter ihren Bögen leben.

Der Vollständigkeit halber seien noch die Boschbrücke erwähnt, die von der Erhardtstraße auf die Museumsinsel führt, sowie die Zenneckbrücke, die die Museumsinsel mit der Au verbindet. Beide wurden 1924/25 von August Blössner zur Eröffnung des Deutschen Museums erbaut. ●

Kaum wiederzuerkennen: Im Jahr 1900 stand noch die gusseiserne Wittelsbacherbrücke (li. die heutige Brücke), aus deren Teilen später die Braunauer Eisenbahnbrücke gebaut wurde.

Steinerne Trauer: Markante Grabstatuen wie diese weinenden Kinder über dem Grab der Eltern oder die betende Greisin am Grab eines Hausmeisters (rechte Seite) machen den Reiz des Alten Südfriedhofs aus.

Ruhe! Oase!

Vom Pestgottesacker für die Ärmsten zum Centralfriedhof nicht nur für Katholiken hin zur Grünen Lunge – der Alte Südfriedhof zwischen Thalkirchner- und Pestalozzistraße ist die älteste Grünanlage Münchens und eine der sehenswertesten.

Text: Martin Arz

Der Gestank nach Verwesung war unerträglich. Die Totengräber schufteten und schufteten, aber sie kamen einfach nicht nach – die Menschen starben wie die Fliegen, dahingerafft von der Pest. Zum wiederholten Mal wütete der schwarze Tod in München, der Pestraucher, der im Mittelturm des Sendlinger Tors lebte, wusste gar nicht mehr, wo er mit dem Ausräuchern anfangen und wo aufhören sollte. Längst konnten die alten Kirchenfriedhöfe innerhalb der Stadtmauern die Leichenberge nicht mehr aufnehmen. Der Magistrat musste schnell handeln. Also wählte man 1563 ein freies Feld vor dem Sendlinger Tor, an dem sich schon eine anonyme Begräbnisstätte für die Ärmsten der Armen befunden haben mag, und weihte das Gelände als *Äußeren Freithof*, auch der *Fertere Gotzacker* genannt. Fünfzehn Jahre später stiftete Herzog Albrecht V. dem Friedhof ein kleines, hölzernes Salvatorkirchlein. Durch geschickten Landkauf vergrößerte die Kirche den Friedhof. Doch es dauerte keine 100 Jahre, da ließ der Magistrat Kirche, Mesnerhaus, Totenkerker und Friedhofsmauer radikal schleifen. Der Dreißigjährige Krieg tobte und die Schweden standen vor der Stadt! Deren Truppen sollten sich nicht auf dem Freithof verschanzen können.

Es dauerte bis 1674, dann wurde die Stephanskirche als Ersatz für die Salvatorkirche feierlich geweiht. Das änderte allerdings nichts daran, dass der *Fertere Gotzacker* ein geschmähter Armenfriedhof blieb, auf dem sich niemand mit Rang und Namen beerdigen lassen wollte. Wie ein Schlag ins Gesicht kam es deshalb dem Münchner Adel und Bürgertum vor, als 1788 ein kurfürstliches Dekret jede Bestattung innerhalb der Stadtmauern streng verbot. Doch die Eingaben und Proteste nutzten nichts, alle Gräber im Stadtbereich wurden rigoros aufgehoben. Alte Grabbücher berichten, dass man die Gebeine »fuderweis« auf den *Äußeren Freithof* karrte und einfach in Massengräber schüttete. Aus abergläubischer Furcht vor der gesundheitsschädigenden Wirkung der Friedhofsluft ließen die Behörden auf den Gräbern später stark riechende Kräuter anpflanzen. 1774 rechnete das Intelligenzblatt seinen geschockten Lesern vor, dass jährlich 7.500 Zentner »faule Luft durch den Südwind aus dem Friedhof der Stadt zugetragen« würden.

Vom Armen- zum Centralfriedhof

1799 sah sich die Stadt gezwungen, dem Mesner der Stephanskirche zu verbieten, dass er seine Kühe und Ziegen weiterhin auf dem Gottesacker weidete.

Die Bestattungskapazitäten reichten in den Folgejahren nicht mehr aus. Langsam entwickelte sich der Alte Südfriedhof also zu dem Bestattungsort, auf dem auch zahlreiche Persönlichkeiten des öffentlichen Lebens gezwungenermaßen ihre letzte Ruhestätte fanden. Schon 1818 musste ein Soldatengräberfeld der Erweiterung nach Süden weichen, im selben Jahr fand offiziell der erste Protestant seine letzte Ruhestätte auf dem Friedhof, was dazu führte dass man fortan vom »Centralfriedhof« sprach –

Prächtiger Wildwuchs: Im Frühsommer, wenn die Stadtgärtnerei noch nicht alle Ecken gemäht hat, ist der Alte Südfriedhof ein Paradies für Romantiker.

dabei verdrängten die Stadtväter, dass bereits 1648 die lutherischen Schweden ihre bei Dachau gefallenen Soldaten auf dem eigentlich streng katholischen Gottesacker bestattet hatten. 1830 gestaltete Baurat Gustav Vorherr nach einer weiteren Vergrößerung den Abschluss des heutigen alten Teils mit Arkaden, Leichenhaus und Verwaltungsgebäude dem Zeitgeist entsprechend neu. Schon 14 Jahre später platzte der Friedhof erneut aus allen Nähten. 1844 ließ man den neuen, quadratischen Teil durch Friedrich von Gärtner im italienischen Stil anlegen. Doch die weitere Entlastung Centralfriedhofs war dringend nötig. Nach den Jahrhunderten konnte der Boden einfach keine Toten mehr aufnehmen. Die Entlastung folgte 1868 durch den Nördlichen Friedhof in der Maxvorstadt. Die Stadt verfügte kurz vor der Wende zum 20. Jh. eine stufenweise Auflassung des Alten Südfriedhofs. Was sich ziemlich hinzog, doch mitten im Zweiten Weltkrieg stellte man zum 1. Januar 1944 den Bestattungsbetrieb ein.

Auf einen Blick: DER ALTE SÜDFRIEDHOF

- **1563** Weihung des *Äußeren Freithof* als Pestfriedhof
- **1674** Weihe der Stephanskirche als Ersatz für die im Dreißigjährigen Krieg eingerissene Salvatorkirche
- **1788** Ein kurfürstliches Dekret untersagt jede Bestattung innerhalb der Stadtmauern, bestehende Gräber werden aufgelöst, die Gebeine in den *Äußeren Freithof* umbestattet
- **1818** Mit dem Weinhändler Johan Balthasar Michel wird der erste Protestant, der das Münchner Bürgerrecht verliehen bekam, hier bestattet; damit ist der *Äußeren Freithof* nun nicht mehr den Katholiken vorbehalten und wird zum Centralfriedhof
- **1844** Erweiterung nach Plänen von Friedrich von Gärtner
- **1898** Der Stadtrat beschließt, den Alten Südfriedhof langsam aufzulassen
- **1944** Der Bestattungsbetrieb wird endgültig eingestellt
- **2004** Da zahlreiche Denkmäler einsturzgefährdet sind, wird der Friedhof für zwei Jahre vorübergehend geschlossen und saniert

Auferstanden aus Ruinen

Der Zweite Weltkrieg hinterließ nicht nur in der Münchner Innenstadt ein Trümmerfeld, auch der Alte Südfriedhof war verwüstet. Noch heute lassen sich Kriegsschäden erkennen, wie z. B. am Grabmal von Johann Ulrich Himbsel. Die unzähligen kleinen Krater, die eine Maschinengewehrsalve im Denkmal hinterlassen hat, mahnen bis heute eindringlich vor der Sinnlosigkeit des Kriegs.

Doch abgesehen von solchen bewusst nicht renovierten Menetekeln gelang es der Stadt, das Trümmerfeld wieder in eine würdige Friedhofsanlage umzuwandeln. Schrittweise und behutsam restaurierte und renovierte man den Friedhof, wobei sich die Renovierung oft nur auf ein Erhalten des Status Quo beschränkte. Von den ursprünglich fast 21.000 Grabstätten lassen sich heute noch rund 5.000 erkennen. Viele von ihnen sind unspektakulär, unscheinbar – doch einige entpuppen sich bei genauerem Betrachten als echte Hingucker und gerade der morbide Charme des Verfalls macht den heutigen Charakter des Friedhofs aus. Leider beschleunigen »Souvenirjäger« den Verfall unnötig.

Genaues Hinsehen lohnt sich aber auch aus einem anderen Grund: Auf vielen Grabsteinen begegnet man

Ein Friedhof wird grün: Das Stephanskirchlein am Eingang zum Alten Südfriedhof heute – und in einem Stich von Johann Stridbeck d. J. von 1700.

Optimale City-Lage: Wer Glück hat, wohnt mit Sicht auf den Alten Südfriedhof.

Rest in pieces: Zeit, Wind, Wetter und zunehmend Vandalismus haben an den Grabmalen ihre Spuren hinterlassen.

guten alten Bekannten – zahlreichen Namensgebern für Münchner Straßen. Dazu gehören neben Künstlern wie den Kaulbachs, den Pilotys, Moritz Schwind und Carl Spitzweg auch diejenigen, die das Münchner Stadtbild entscheidend geprägt haben wie z. B. die Baumeister Ehrengut, Gärtner, Klenze, Muffat, Seidl und Zenetti.

Die älteste Grünfläche Münchens

Die Natur eroberte in den vergangenen Jahrzehnten den mittlerweile als »Landschaftsbestandteil« geschützten Friedhof – mit seinen 450 Jahren ist die grüne Lunge des Glockenbachviertels die älteste Grünfläche der Münchner Innenstadt. Weil sich die Natur weitgehend frei entfalten konnte, beherbergt der Alte Südfriedhof heute seltene und bedrohte Tier- und Pflanzenarten, ein Miniparadies mitten in einer Millionenmetropole. Die Isarvorstädter haben also die Qual der Wahl, wenn es um Naturtanken geht: Die zwei Schritte runter zur

Die Isarvorstadt LITERARISCH

»Nach Tisch irre ich durch die Sendlinger Straße, die mich wegen ihres mehr materiellen Äußeren besonders anzieht. Es ist entschieden die belebteste Straße Münchens. Die Priesterinnen machen hier schon am hellen Tage Proselyten. Unversehens befinde ich mich auf dem südlichen Kirchhof. Die großen Familiengräber berühren mich über die Maßen philiströs.«
Aus *Tagebüchern, Ein erotisches Leben* von Frank Wedekind, Frankfurt, 1986

Isar und ihren renaturierten Auen, oder doch die zwei Schritte hinüber in den Friedhof?

Spaziergänger, Jogger, Sonnenanbeter, Zeittotschläger, Bärlauchpflückerinnen, Eichhörnchenzähler sowie Bademantelträger und Infusionshalterschieber des benachbarten Krankenhauses tummeln sich hier. Dazu gesellen sich die im Viertel immanenten Obdachlosen und gelegentlich Junkies. Sie alle erlebten im April 2004 einen Schock: Sie standen vor verschlossenen Toren. Zahlreiche Grabmäler galten als einsturzgefährdet. Ab Oktober 2004 führte zumindest wieder ein Weg längs durch den Friedhof von der Stephanskirche bis zur Kapuzinerstraße. Nach Abschluss der Sanierungsarbeiten 2006 wurden die Sicherungszäune abgebaut und eine der schönsten Parkanlagen Münchens lädt wieder zum Seelebaumelnlassen ein. ●

Hier liegen sie ...

Sie haben nicht unbedingt die schönsten Grabmäler, und die meisten kennt man nur noch als Namensgeber Münchner Straßen, doch ein Besuch bei den berühmten Toten auf dem Alten Südfriedhof lohnt sich immer – und sei es nur, um andere schöne Epitaphe zu entdecken. ●

Joseph von **Utzschneider** Techniker, Volkswirtschaftler, Sanierer des Staatshaushaltes, Industrieller und zeitweise Zweiter Bürgermeister Münchens • 1763–1840

Josef von **Fraunhofer** Optiker, genialer Erfinder und Entdecker der dunklen Absorptionslinien im Sonnenspektrum • 1787–1826

Josef Anton von **Maffei** gründete im Englischen Garten eine kleine Eisenbahnfabrik, aus der ein Weltunternehmen wuchs • 1790–1870

Leo von **Klenze** Baukünstler und Konkurrent Gärnters, erneuerte Münchens Stadtbild klassizistisch, u a. mit der Glyptothek, der Alten Pinakothek, dem Monopteros und den Hofgartenarkaden • 1784–1864

Max Emanuel **Ainmiller** Vervollkommner der Glasmalerei, dessen Werke Kirchen in aller Welt zieren • 1807–1870

Philipp Franz von **Siebold** erforschte Japan für die Niederländische Ostindienkompanie und lehrte dort westliche Medizin • 1796–1866

Friedrich von **Gärtner** Baukünstler und Gegner Klenzes, dem München u. a. die Ludwigskirche, die Bayerische Staatsbibliothek, die Universität, das Isartor und die Feldherrnhalle verdankt, erneuerte München im romantischen Stil • 1792–1847

Justus von **Liebig** erfand u. a. Fleischextrakt, künstliche Säuglingsnahrung, Backpulver, Eisen-Nickel-Legierung und Phosphordünger • 1803–1873

Max von **Pettenkofer** richtete 1865 in München den weltweit ersten Lehrstuhl für Hygiene ein und initiierte die Kanalisation in München • 1818–1901

Ludwig von **Schwanthaler** entwarf u. a. die Bavaria auf der Theresienwiese • 1802–1848

Neun **Künstler** verbrannten elendig bei einer Faschingsfei[…] im Kolosseum, als eine Talgke[…] umfiel, während sie eine Eski[…] Gruppe darstellten. Sieben lie[…] hier • 17.02.1881

Georg von **Hauberrisser** entwarf die Architektur sowie die gesamte Innenausstattung einschließlich Büromöbel des neuen Münchner Rathauses • 1841–1922

Rosen für den Künstler: Das Grab Carl Spitzwegs wird bis heute mit Blumen geschmückt. Den Epitaph, der an ein Apothekerfläschchen erinnert, ziert eine Karikatur Spitzwegs.

Georg von **Reichenbach** technisches Genie, Erfinder von Präzisionsmessinstrumenten, dessen „mathematisch-mechanische Werke“ führend in der Feinmechanik waren • 1771–1826

Franz Xaver **Baader** Mediziner, der in England Bergbau studierte und später als Philosoph eine neue Glaubenslehre gründete, die versuchte, Natur, Geist, Glaube und Wissen zu vereinen • 1765–1841

Joseph **Pschorr** Bierbrauerlegende, der Hacker-Pschorr durch Hochzeit mit der Brauerstochter Therese Hacker gründete; Opa des Komponisten Richard Strauß • 1770–1841

Ferdinand von **Miller** goss die überlebensgroße Bavaria, für deren Kopf er allein 87.360 Kilo Erz verarbeitete • 1813–1887

Friedrich Ludwig von **Sckell** Gärtner, der in Deutschland den revolutionären Stil des »Englischen Gartens« einführte • 1750–1823

Johann Nepomuk von **Nußbaum** operierte bereits als Jugendlicher und gewann mit seinem *Leitfaden zur antiseptischen Wundbehandlung* internationales Ansehen • 1829–1890

Johann Ulrich **Himbsel** baute die Eisenbahnlinie München – Augsburg und sorgte für die ersten Ausflugsdampfer auf dem Starnberger See • 1787–1860

Arnold von **Zenetti** sorgte für den baulichen Aufschwung Münchens im 19. Jh., ließ den Schlachthof bauen und führte auf Initiative Pettenkofers die Kanalisation ein • 1824–1891

Opfer der **Sendlinger Mordweihnacht** Massengrab für die 1705 in Sendling gefallenen Oberländer Bauern, die sich gegen den Habsburger Kaiser Joseph I. erhoben hatten.

Johann Andreas **Schmeller** erforschte die bayerische Sprache und widmete ihr ein Wörterbuch • 1785–1852

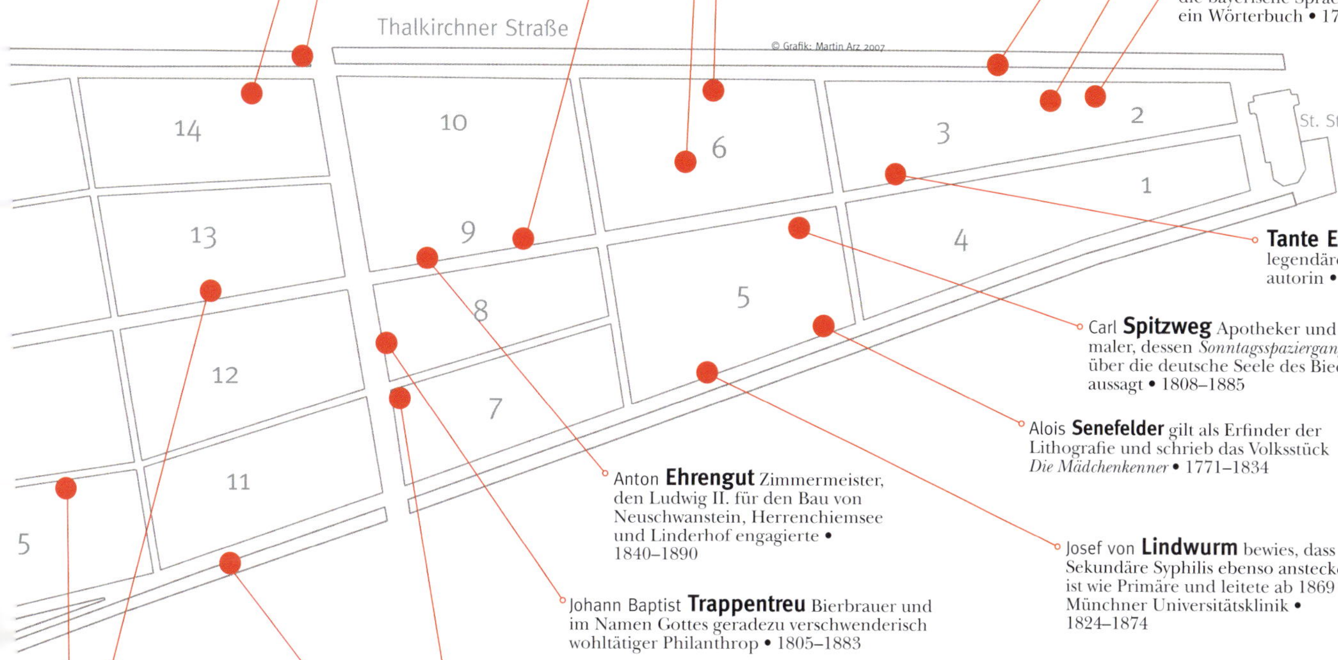

Tante Emmy (Emilia Giehrl) legendäre Jugend- und Volksautorin • 1837–1915

Carl **Spitzweg** Apotheker und Genremaler, dessen *Sonntagsspaziergang* alles über die deutsche Seele des Biedermeiers aussagt • 1808–1885

Alois **Senefelder** gilt als Erfinder der Lithografie und schrieb das Volksstück *Die Mädchenkenner* • 1771–1834

Anton **Ehrengut** Zimmermeister, den Ludwig II. für den Bau von Neuschwanstein, Herrenchiemsee und Linderhof engagierte • 1840–1890

Josef von **Lindwurm** bewies, dass Sekundäre Syphilis ebenso ansteckend ist wie Primäre und leitete ab 1869 die Münchner Universitätsklinik • 1824–1874

Johann Baptist **Trappentreu** Bierbrauer und im Namen Gottes geradezu verschwenderisch wohltätiger Philanthrop • 1805–1883

Carl von **Effner** entwarf die Gärten für Herrenchiemsee und Linderhof • 1831–1884

Franz Xaver **Gabelsberger** erfand die Deutsche Stenografie • 1789–1849

Johann Georg **Hiltensperger** Historienmaler, der für die Könige Ludwig I. und Maximilian II. Joseph arbeitete • 1806–1890

Wilhelm von **Kaulbach** Hofmaler Ludwigs I. malte für Friedrich Wilhelm IV. von Preußen das Treppenhauses im Neuen Museum Berlin aus • 1805–1874

Georg Simon **Ohm** entwickelte die nach ihm benannten Gesetze über den elektrischen Widerstand • 1789–1854

Büste für einen Großen: Liebigs Grab wird von einer Portraitbüste geschmückt – eine Ausnahme bei den Prominentengräbern.

Direkt vom Reißbrett

Immobilienspekulanten sind keine Spezies der Neuzeit. Mitte des 19. Jh. stampfte ein privater Unternehmer auf seinen brachliegenden Ländereien ein komplettes Viertel aus dem Boden – das Gärtnerplatzviertel.

Text: Martin Arz

Die Mieten steigen überproportional im Verhältnis zu anderen Preisen; Hausbesitzer wurden unverschämt und tyrannisch; Spekulanten haben schlechte Gebäude hochgezogen und unmoralisch hohe Gewinne gemacht; und Familien waren allen ausgeliefert: den Mieten, den Hausbesitzern und den Spekulanten.« Auch wenn es sich so anhört, als würde hier der Münchner Wohnungsmarkt der Gegenwart beschrieben – diese Anklage stammt aus dem Buch *Social Life in Munich* des Briten Eduard Wilberforce, geschrieben 1868. Wohnungsraum war schon damals ein begehrtes Gut in München. Die Isarvorstadt, einst der dünn besiedelte Heiliggeist-Anger zwischen der umfriedeten Altstadt und der wilden Isar, hatte sich bis zur Mitte des 19. Jh. zu einem regelrechten Industriegebiet gemausert und besaß enorme Anziehungskraft. Immer mehr Menschen fanden hier Arbeit – was sie nicht fanden, waren bezahlbare Wohnungen. Auf der anderen Isarseite lagen ihre oft erbärmlichen Wohnstätten. Die eigenständigen Dörfer Haidhausen, Giesing und besonders die Au, seit 1808 offiziell eine Stadt, genossen einen noch schlechteren Ruf als die Isarvorstadt. Dort lebten die billigen Lohnsklaven in niedrigen Herbergshäusern – nahe der Stadt, ohne die Rechte der Münchner Bürger zu genießen.

1854 änderte sich die Situation schlagartig: München schluckte Haidhausen, Giesing und Au. Der spärlich entwickelte Anger bildete plötzlich das Zentrum zwischen der Altstadt und den neuen Stadtvierteln. Die Grundstückspreise explodierten. Spekulanten sahen ihre große Zeit gekommen. Glücklich der, der bereits über große Flächen auf dem Anger verfügte – wie beispielsweise die Familie des Barons Karl von Eichthal, die schon Anfang des 19. Jh. einen Großteil des heutigen Gärtnerplatzviertels aufgekauft hatte. Die Eichthals entstammten einer alten jüdischen Bankiersfamilie aus Heidelberg, die ursprünglich Seligmann hieß. 1811 war Aron Elias Seligmann zum Katholizismus konvertiert, drei Jahre später hob König Max I. Joseph seinen Hofbankier in den Adelsstand. Arons Sohn Simon von Eichthal gehörte 1835 zu den Gründern der Bayrischen Hypotheken- und Wechselbank. Er hatte bereits 1830 einen Bebauungsplan für den Eichthal-Anger der königlichen Baukommission vorgelegt. Das Brachland sollte endlich wirtschaftlichen Gewinn abwerfen. In jenem Jahr war auch die Fraunhoferstraße fertig gestellt worden, als kerzengerade Ausfallstraße führte sie von der Stadt zur Isar. 1842 stand dann die hölzerne Reichenbachbrücke, nun konnten die Arbeiter direkt zu ihren Betrieben in der Isarvorstadt. Eichthals

Erbauer des Gärtnerplatzviertels: Der Geschäftsmann Karl v Eichthal engagierte si als privater Stadtentwickler und baute auf ner seiner grünen Wie das Gärtnerplatzviert (Lithografie nach eine Zeichnung von Ludwi von Montmorillon).

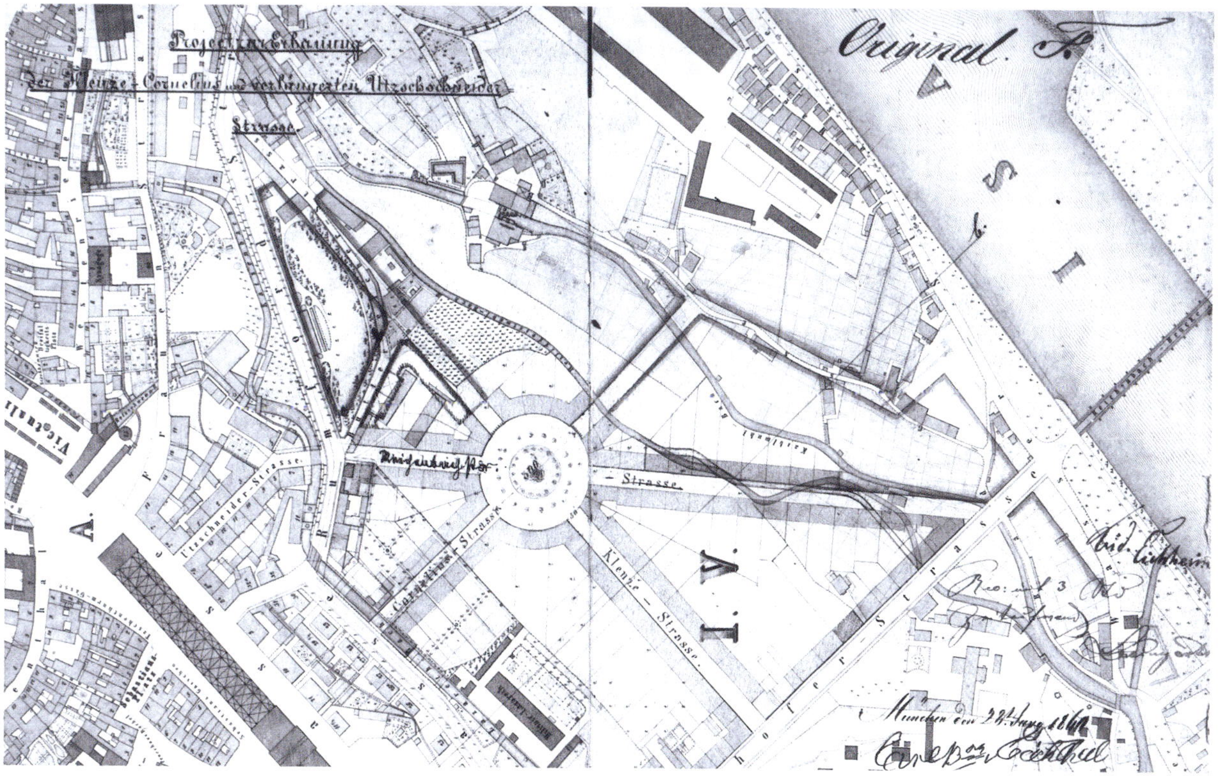

Neubaugebiet: Der Ausschnitt aus dem Bauplan von 1860 zeigt die ursprüngliche Straßenplanung. Erstmals heißt hier nun die verlängerte Utzschneiderstraße dank einer handschriftlichen Korrektur Reichenbachstraße. Die Baaderstraße ist beinahe nicht existent.

Bebauungsplan landete aber in der Schublade. Die Münchner bevorzugten die schicken Neubaugebiete Max- und Ludwigsvorstadt. Der Baron kümmerte sich lieber um den Ausbau von Eisenbahnstrecken, damit München zum süddeutschen Verkehrsknotenpunkt aufstieg.

Schicke Wohnungen für Besserverdiener

Simons Sohn Karl legte der Stadt am 5. Juli 1860 schließlich einen erweiterten Bebauungsplan vor. Nun sollte auch das Gebiet bis zur Reichenbachbrücke erschlossen werden, denn die Grundstückseigentümer an der geplanten Reichenbachstraße (damals noch Utzschneiderstraße) wollten am Bauboom mitverdienen. Auch die anderen Anrainer am Anger sprangen auf den Zug auf, immer neue Projekte wurden dem Magistrat vorgelegt. Eichthals Plan erfuhr eine Ergänzung nach der anderen. Zuletzt entsprach die Stadt dem Wunsch des Zimmermeisters Weltin, eine Dampfmühle an der Badgasse zu errichten und die Nebenstraßen zu bebauen. Nun wurde die Badgasse zur Baaderstraße ausgebaut und verlängert.

Inzwischen konnten Querelen um die Finanzierung der Kanalisation und Trockenlegung des Angers beigelegt werden. Die Stadt, die Simon von Eichthal noch die Kanalisierung der Bäche bezahlt hätte, forderte nun von Karl eine finanzielle Beteiligung. Der Baron willigte nach zähen Verhandlungen ein, die Stadt übernahm dafür die Regulierung und Befestigung der Isar. Der Isardamm wurde durch Aufschüttungen stark angehoben – heute laufen Wittelsbacher- und Erhardtstraße auf diesem Damm. Im Gegensatz zum wild wuchernden Rest der Isarvorstadt und den

Kneipenstraße: Vom Selig aus blickt man hinüber zum Nil, Hans-Sachs-Straße 2. Unter dieser Adresse lockte 1955 das Pariser Nachtleben in der Fernandel Bar.

planlos gewachsenen Ortschaften Haidhausen und Giesing entstand die Bebauung des Eichthal-Angers komplett am Reißbrett, eine sternförmige Anlage, überschaubar und formal eigenständig. Die Höhe der Häuser entsprach der Breite der Straßen. Die vorgeschriebene vier- bis fünfgeschossige Blockbebauung im spätklassizistischen Stil versprach eine hohe Rendite. Es sollte kein Armeleuteviertel entstehen, sondern eine Wohngegend für die Besserverdiener, und die wollten sich nicht mit den bereits existierenden, eher anrüchigen Volksbelustigungen begnügen. 1863 gründete sich daher die »Actiengesellschaft zur Finanzierung eines Volkstheaters«, für das schon ein Jahr später der Grundstein gelegt wurde: das Aktien-Volkstheater, später Gärtnerplatztheater, bildet seitdem das Kernstück des Viertels.

Karl von Eichthal ließ gleichzeitig ein weiteres Filetstück als Stadtquartier ausbauen: das Franzosenviertel in Haidhausen entstand auf seinen Ländereien. Die Fertigstellung seines Gärtnerplatzviertels in den 1890er Jahren erlebte der Baron nicht mehr, er starb 1880. Zwar liegt er auf dem Alten Südlichen Friedhof begraben, eine Straße benannte das Gärtnerplatzviertel dennoch nicht nach seinem Erbauer.

Zankapfel Gärtnerplatz

2006 schlugen die Emotionen hohe Wellen, als es hieß, der Gärtnerplatz solle neu gestaltet werden. Der einstige Schmuckplatz war längst völlig verkommen. Viele Bäume mussten wegen Pilzbefall gefällt werden, das runde Areal um den Brunnen war eine öde, von Trampelpfaden durchzogene Rasenfläche. An lauen Sommernächten tobte hier das Leben. Kaum waren die Worte »Neugestaltung« ausgesprochen, gründeten sich Bürgerinitiativen, um genau das zu verhindern. Man fürchtete Idyllenzementierung und Oma-Look mit Blümchen und Bänken. Mahnwachen wurden abgehalten. Seriöse Zeitungen bemühten gar Reiner Werner Fassbinder, der auf zertrampelte Rasenflächen gestanden hätte, eine wie auch immer geartete Neugestaltung »seines« Platzes nie und nimmer hingenommen hätte und momentan im Grab rotieren würde. Die Stadt ließ sich nicht beirren und konnte der Allgemeinheit im September 2006 eine traumhaft gestaltete, blühende Stadtoase übergeben. Längst tobt nachts wieder das Leben auf den Stufen des Theaters und der Grünfläche des Gärtnerplatzes.

Auf dem Gärtnerplatz befinden sich auch die Büsten der beiden großen Baumeister Friedrich von Gärtner und Leo von Klenze, die sich im wahren Leben spinnefeind waren. Die dazugehörigen Ganzkörperstatuen wurden im Zweiten Weltkrieg eingeschmolzen. Klenze galt danach als komplett verschollen. Die SZ und die AZ setzten gar ein Kopfgeld von 10.000 DM aus, und siehe da, Klenzes Kopf fand sich als Gipsmodel in einem städtischen Lager bei den Brunnenabdeckungen. Die Betreiber der Deutschen Eiche stifteten daraufhin 1998 das von Friedrich Brugger 1867 geschaffene Bildnis Klenzes dem Gärtnerplatz. Nun stehen sich die einstigen Kontrahenten Rücken an Rücken gegenüber.

Schöne Spätgeborene

Wie Eichthal wollte noch ein anderes Immobilienmagnat am Boom in der Isarvorstadt verdienen. Die Hans-Sachs-Straße, heute wohl die schönste Straße des Viertels, wenn nicht gar eine der schönsten Münchens, mit ihren größtenteils erhaltenen herrlichen Gründerzeitfassaden und seit 1981 unter Ensembleschutz, ist eine städteplanerische Spätgeburt. Sie verdankte ihr Entstehen einem Immobilienspekulanten namens Heinrich Lempuhl. Der kaufte alle unbebauten Grundstücke zwischen Westermühl-, Jahn-, Müller- und Holzstraße auf. Bislang hatten der Turnverein 1860 München und die Badeanstalt Ecke Müllerstraße das Gelände genutzt. Lempuhl wollte das, was Eichthal wollte und auch heutige Immobilienspekulanten immer noch wollen: ordentlich Reibach machen. Nachdem die Stadt endlich grünes Licht für die Erschließung und den Straßenbau gegeben hatte, verkaufte er das Gelände mit enormem Gewinn.

Acht Architekten bauten zwischen 1897 und 1900 die Hans-Sachs-Straße auf. Die Fassaden und Hauseingänge verraten heute noch, dass das Konzept sich von dem Glasscherbenviertel in den Straßen ringsumher deutlich abhob. Prunkvolle Hauseingänge, üppiger Neobarock und ein wenig früher Jugendstil bestimmten die Optik. Hoher Gewinn durch hohe Mieten hieß das Ziel, dafür boten die Wohnungen sogar eingebaute Bäder (damals eine Sensation und Luxus pur). Die Rechnung ging auf, eine Klientel, die das Glockenbachviertel bislang eher gemieden hatte, zog ein – gehobenes Bürgertum, Akademiker, Beamte.

Die Schöne: Die Fassaden in der Hans-Sachs-Straße gehören zu den schönsten in ganz München.

Freilich durften nach dem Zweiten Weltkrieg auch in der Hans-Sachs-Straße die Eigentümer unter Beweis stellen, dass sie von Anpassungsarchitektur nichts hielten und hinterließen grausame Wunden in der Prachtstraße. Mehr noch: In den 1960ern plante man, die Straße zugunsten einer vierspurigen Ausfallstraße von der Blumenstraße Richtung Kapuzinerstraße platt zu machen. Der in dieser Zeit entstandene Kolosseums-Neubau ist deshalb um einige Meter nach hinten versetzt. Gottseidank kam es nie zur Umsetzung des Plans. Nachdem sich die Straße in den 1980er Jahren noch völlig heruntergekommen und als kompletter Sanierungsfall präsentiert hatte, wurde in den letzten zehn Jahren kräftig investiert, renoviert und auch wieder spekuliert. Heute sind die Mieten oder Kaufpreise in der Hans-Sachs-Straße erneut schier unbezahlbar. Dennoch hat sich ein gewisser Charme erhalten. Als Urgestein aus längst vergangenen Zeiten hat der 7. Himmel (früher nur Second Hand, heute nur First Hand) überlebt. ●

Vom Frivolitätentempel zum Fremdkörper

Wer sich in München amüsieren wollte, ging in die Isarvorstadt, denn hier verkauften nicht nur viele Fräuleins ihren Körper, hier stand auch das Kolosseum. Von dem einstmals führenden Varietétheater Deutschlands sind heute nur noch Erinnerungen und der Name geblieben.

Text: Martin Arz

»Frauenzimmer, welche man zu den Prostituierten zu zählen pflegt«, so echauffierte sich Georg Kil, Pächter des berühmten Kolosseums, 1884 bei der Polizei, würden sein Etablissement täglich besuchen und »compromittieren«. »Dieselben benutzen diese Gelegenheit zum Aufsuchen und Engagieren von Herren zu Zwecken der Unzucht und teilen sogar Karten (…) mit Adresse an Herren aus. Nachdem in meinen Gastlocalitäten sich lediglich anständiges Publikum einfindet, so besteht die Gefahr, dass das Colosseum in schlimmen Rufe kömmt und mir in geschäftlichen Beziehungen bedeutender Nachteil erwächst.« Georg Kil wünschte, dass die Polizei den Huren, die Kil auf die Empore des Kolosseums verbannte, Lokalverbot erteilen sollte. Als Beweis diente ihm eine Visitenkarte, auf der ein Frl. Elsa ihre Sprechstunden tags von 8 bis 20 Uhr in der Reichenbachstraße 29 (2 Stiegen rechts) angibt – und »abends Colosseum«.

Nachts geht das Rotlicht an

Georg Kil hatte lange gewartet, um sich bei der Polizei zu beschweren. Längst schon war das Kolosseum, 1874 von Georgs Bruder, dem Baumeister Franz Kil, erbaut, in München als Amüsiertempel bekannt und beliebt. Nicht nur wenn es um Tanz und Bühnenshow ging. Die besseren Prostituierten nutzten seit Jahren die Empore für den Kundenfang. Kils Beschwerde zeigt deutlich, dass sich Teile der Isarvorstadt gegen Ende des 19. Jh. als Rotlichtbezirk etabliert hatten. 1891 gingen 29,1 % der polizeilich erfassten Prostituierten Münchens in den Stadtbezirken Schlachthof, Wittelsbacherstraße und Gärtnerplatz anschaffen, 1914 sogar 42,9 %, wobei die Wittelsbacherstraße mit 24,8 % den Nordfriedhof sowie die Sendlinger Straße im wahrsten Sinne des Wortes als bisherige Hauptverkehrsplätze ablöste. 16 Bordelle zählte man im Viertel um das Jahr 1900 herum, allein drei in der Baldestraße. Nur die Altstadt und die Maxvorstadt beherbergten mehr Freudenhäuser. Schon das erste Münchner Bordell, das 1437 eröffnete, lag an der Grenze zur Isarvorstadt im Angerviertel auf dem Gelände der heutigen Hauptfeuerwache.

Wie es nachts auf den Straßen um das Kolosseum herum aussah, ist durch Polizeiakten bekannt. Da boten Wäscherinnen, Tagelöhnerinnen und einfache Arbeiterinnen ihren Körper an, um in der teuren Stadt zu überleben. So wurde der Bäckergeselle Lorenz der Zuhälterei angeklagt, weil er die Dienstmagd Regina »auf ihren den Männerfang bezweckenden nächtlichen Gängen in der Sonnen-, Müller- und Fraunhoferstraße hier oftmals begleitete, sie auf das Herannahen der Polizeiorgane aufmerksam machte, auch, wenn sie in einem Hausgange mit einem Mann den Beischlaf vollzog, außerhalb der Häuser auf sie wartete, um ihr allenfalls bei Differenzen über den verlangten Lohn, hierfür Beistand zu leisten.« Das Lokal Klösterl in der Kapuzinerstraße diente registrierten wie nicht registrierten Huren bekanntermaßen als »Sprungstall«, wie es der Bezirksinspektor in seinem Bericht aus dem

Gigantischer Vergnügungspalast: Kils Kolosseum war Deutschlands führendes Varietétheater. Von der einstigen Pracht, die die Werbepostkarte von 1897 zeigt, ist beim heutigen Wohnhaus, das weiterhin als Kolosseum bekannt ist, kein Hauch mehr zu spüren.

Jahr 1900 an den Magistrat formulierte. Zur Erledigung des Geschäfts dienten neben Hausgängen auch die Anlagen der Kohleninsel (heute Museumsinsel) oder die Isarauen. Die 30-jährige Tagelöhnerin Magdalena sagte 1895 im Prozess gegen ihren Luden, den Maurer Xaver, vor Gericht aus: »Er befand sich hinter einem Holzstoß in der Erhardtstraße, während ich mich auf den Floßstämmen von dem Schlosser Josef K. benützen ließ. Da mir K. nur 50 Pfennig statt der versprochenen Mark gab, rief ich Xaver!« Der Zuhälter sorgte dafür, dass der volle Preis gezahlt wurde. Eine Mark war üblich. Die besseren Prostituierten, die sich ein Zimmer für die Arbeit leisten konnten, bekamen mehr. Die Witwe Maria M., die in ihrer Wohnung in der Klenzestraße drei Zimmer an Huren untervermietete, nahm beispielsweise von der Kellnerin Therese eine Mark pro Besucher als Miete.

Brennende Eskimos

Umgeben von diesem Sündenpfuhl gelang es also den Betreibern von Varietés wie Kils Kolosseum und den benachbarten Blumensälen an der Blumenstraße nicht so leicht, die hurenfreie Zone durchzusetzen. Zunehmend machten sich auch Tingeltangel-Betriebe breit. Kils Kolosseum entstand auf traditionsreichem Amüsiertempelboden. Vorher hatte hier an der Mül-

Die Isarvorstadt LITERARISCH

»In Kils Kolosseum hielten die Kunstakademiker ihr Faschingsfest ab, das eine heitere Reise um die Welt illustrierte. Alle wilden Völker waren da zu fidelen Sitten dressiert. Rings um den großen Saal, in dem sich viertausend vergnügte Menschen durch eine einzige Türe versammelt hatten, wimmelte es von lustig bevölkerten Wigwams, Kralen, Pfahlhäusern und Laubhütten. Nicht weit von dieser einzigen Tür – im Säulengang, der den Saal umzog – hatte die Bildhauerschule des Professors Max Wiednmann eine Eskimotruppe installiert, unter den niederen Dächern zweier Schneehöhlen, in denen Hofbräu als Tran verschluckt und Heringe auf rußenden Ölflämmchen gebraten wurden.«
So beginnt Ludwig Ganghofer Beschreibung der Feuertragödie im Kils Kolosseum in seiner Autobiographie *Lebenslauf eines Optimisten*, Stuttgart, 1909–1911

lerstraße das volkstümliche Schweigertheater im Gasthof Zu den drei Linden Gäste in Scharen angelockt, das Franz Kil 1870 übernommen hatte. Das Kolosseum, das 1874 seine Pforten öffnete, beeindruckte allein durch seine immensen Ausmaße. Zunächst plante Kil, hier nur Militärkapellen spielen zu lassen, doch bald setzte man auf Artistik und Varieté. Schnell galt Kils Kolosseum als Deutschlands führendes Varietétheater. Ob Gesangsdarbietungen, Artisten jeder Couleur, Tierdressuren und Clownerien – im Kolosseum, das sich sogar den Luxus eines eigenen, festangestellten Orchesters leistete, amüsierte man sich bestens. Dazu schenkte man selbstgebrautes Bier aus.

Als Eskimos gestorben: Die neun Kunststudenten die in Kils Kolosseum verbrannten.

Auch die Bälle waren legendär. Doch am 17. Februar 1881 kam es zu einer unvorstellbaren Tragödie. Eine rauschende Faschingsparty von Akademiestudenten stand unter dem Motto »Eine Reise um die Welt«. Die angehenden Künstler hatten sich als Exoten verkleidet. Die jungen Bildhauer der Meisterklasse des seinerzeit berühmten Skulpteurs Maximilian Widnmann bildete eine Eskimogruppe, man becherte »Tran« – in Wahrheit Bier – und briet Heringe auf offenen Ölflammen. Die Gesichter glänzten vor Fett, Werg und Watte imitierten Eisbärenfelle. Da fiel eine Talgkerze um und setzte das Kostüm eines Eskimos in Brand. Schnell schossen meterhohe Flammen in den Saal. Einige hielten die Löschversuche mit Champagner und Bier zunächst für eine spleenige Künstlernarretei, eine frühe Art der Performance. Es entwickelte sich in Sekundenschnelle eine Feuerhölle. Von den schwerstverletzten Künstlern, die man in die Klinik brachte, starben neun. Sieben von ihnen sind auf dem Alten Südfriedhof beigesetzt. Da eines der Todesopfer aus Berlin kam und der als »Preußenfresser« bekannte Publizist Johann Sigl auch Angesichts der Tragödie preußenfeindliche Witze in seinem Magazin Vaterland riss, beschlossen die Kunststudenten Rache. Sigl sollte von einem Künstler verprügelt werden. Das Los (Totenkopf mit Kreuz) bestimmte den Schläger. Es traf niemand geringeren als Lovis Corinth. Corinth schwang jedoch nie die Fäuste zu Ehren der verbrannten Kommilitonen. Der Plan wurde erst vertagt, dann abgeblasen.

Elefanten-Stampede

Als sei nichts gewesen, ging der Amüsierbetrieb in den folgenden Jahren weiter. Franz Kil stieg aber 18 83 aus. Nun wechselten die Pächter. Als 1888 plötzlich vier Elefanten durch die Isarvorstadt trabten und in einem Hinterhof in der Baumstraße Unterschlupf suchten, ging sofort das Gerücht um, sie seien aus einer Tiernummer des Kolosseums ausgebrochen. In Wahrheit waren sie bei der Jahrhundertparade zu Ehren Ludwigs I. in der Ludwigstraße in Panik geraten und quer durch München gerannt.

Nach dem Ersten Weltkrieg veranstaltete das Kolosseum spektakuläre Ring- und Boxkämpfe. 1927 übernahmen neue Pächter das Theater, nannten es fortan »Vergnügungspalast Groß-München« und bauten es aufwändig um. Der Hauptsaal fasste nun bis zu 3.000 Personen, die Bühne wurde so modernisiert, dass die Auftritte der Künstler nahtlos ineinander übergehen

Partyzone: Im großen Saal des Kolosseums, hier im Jahr 1903, fanden legendäre Faschingsfeiern statt.

konnten. Schnell zeigte sich, dass man sich heillos übernommen hatte, schon nach einem halben Jahr musste man Konkurs anmelden. Nun musste das Bier den Umsatz bringen. Populäre Musikgruppen spielten auf, wenn sich die Münchner Gesellschaft zum Tanzen und Trinken traf. Auch Karl Valentin schätzte lange Jahre das Kolosseum, das ihm immer wieder zu glänzenden Auftritten verhalf. Seine *Raubritter von München* erlebten 150 Aufführungen. 1934 warb das Kolosseum für seinen Hausball verbunden mit dem 60-jährigen Jubiläum: »Die Münchner Lieblinge Karl Valentin und Lisl Karlstadt haben ihr bestimmtes Erscheinen u. Auftreten zugesagt.« Während der Nazizeit schrumpfte der Varietébetrieb weiter. Die Zeit von den zwei Rassos und ihrer todesmutigen Balancenummer, von Winnetou und Charlie mit ihren indianischen Kampfspielen oder Enrica Rastelli, der schönen Schulreiterin, waren vorbei.

Es blieb nur ein Name

1944 trafen Bomben den Vergnügungspalast schwer, doch schon zwei Jahre später tanzte man sich hier die Depression der Nachkriegszeit von der Seele. 1961 kam dann das Aus. Ein gigantisches Varietétheater mitten in der Stadt – was für eine Verschwendung von teurem Baugrund. Das Theater wurde niedergerissen und zwei Jahre später die städteplanerische Ohrfeige hochgezogen, die nach Plänen des Architekten Dr. Ernst Weicht entstand und heute das Bild prägt. Seitdem gilt der Spruch: »Der schönste Platz in der Hans-Sachs-Straße ist das Kolosseum – weil es der einzige Platz ist, von dem aus man es nicht sieht!« An die große Vergangenheit erinnert heute nur noch der Name. 280 Parteien beherbergt der Komplex, mit dem die Gegend zunächst verbronxte: Drogen und Gewalt, Selbstmörder und sogar ein Mord unter Pennern sorgten für Negativschlagzeilen. Heute hat sich das geändert, die Lage macht selbst eine Wohnung im Kolosseum attraktiv. Zur Ickstattstraße hin existierte weiterhin eine Gaststätte. Früher knüpfte das Stephan im Kolosseum noch an die alte Tradition an und bot Live-Tanzmusik. Danach kam das Sax, das sich seit 1996 als Treff etablieren konnte. Hier findet man die, die früher das Tagöll bzw. Zweistein in der Hans-Sachs-Straße (heute komplett umgebaut: Kranz) zum gemütlichen Nachbarschaftstreff gemacht hatten: Schwule und Lesben, Studenten und Schnösel. Großkopferte und Bierdimpfel, Zuagroaste und Münchner – kurz ein Querschnitt aus allen Schichten der Isarvorstadt. Und ums Eck, im X-Cess, hat sich eine der unkompliziertesten nächtlichen Absturzstellen Münchens etabliert. ●

Im Bauch von München

Erst nach dramatischen Seuchenepidemien mit unzähligen Toten sah die Stadt München ein, dass ein zentrales Schlachthaus mit hygienischen Verhältnissen nötig war, und baute in der Isarvorstadt den Schlacht- und Viehhof auf.

Text: Martin Arz

Geschlachtet wurde in München fast überall, zu Hause, im Stall, im Hinterhof. Metzger und Gastwirte schlachteten da, wo sie ihren Betrieb hatten. Die beiden öffentlichen Schlachthäuser, die am Färbergraben und am Viktualienmarkt standen, nutzten vornehmlich die »Bankmetzger«, die ihre Ware direkt am Viktualienmarkt verkauften. Die lebende Ware kaufte und verkaufte man in der Herrnstraße. Um die Tiere zum Viehmarkt zu bringen, trieb man sie einfach mitten durch die Stadt, was nicht nur ein massives Verkehrshindernis darstellte, die Straßen wurden zudem stark verunreinigt. Die Bürger der Stadt sahen sich in vielerlei Hinsicht belästigt. Dazu kamen neueste Erkenntnisse in der Hygieneforschung. Kranke Tiere sowie Schlachtabfälle und Abwässer, die immer noch über die Stadtbäche entsorgt wurden, bildeten eine ständige Gefahrenquelle.

Langsam dämmerte es auch dem größten Zweifler, dass die Cholera- und Typhusepidemien, die München regelmäßig beutelten, kein Zufall waren. 1866 hatte die Cholera besonders viele Todesopfer gefordert. Auch die Arbeit des Hygienikers Max von Pettenkofer trug dazu bei, dass man die Schaffung eines zentralen kommunalen Schlacht- und Viehhofs beschloss – am besten draußen vor der Stadt, in der Isarvorstadt zwischen Kapuzinerstraße und Bahngleisen. Die Standortvoraussetzungen waren optimal, die bestmögliche Verkehrsanbindung an Straße und Eisenbahn war gegeben. Auf dem nahen Südbahnhof, von dem man Gleise in den Schlachthof legte, konnte Vieh direkt angeliefert werden. Nach den Entwürfen von Stadtbaurat Arnold Zenetti wurde 1876 der Schlacht- und Viehhof München errichtet.

Ursprünglich standen 101.059 m² für den Schlachthof zur Verfügung, um aber Platz für Erweiterungen zu haben, wurde das Geländer auf 157.975 m² vergrößert. In den zwei Jahren Bauzeit entstanden: 3 Großviehschlachthallen, 2 Kälberschlachthallen, 1 Schwei-

Pose für die Ewigkeit: Zur Erinnerung an die Eröffnungsfeier des neuen Schlachthofs am 31. August 1878 entstand dieses offizielle Foto.

Vergangene Pracht: Die neugotische Ziegelarchitektur des Schlachthofs beherrschte lange den Kapuzinerplatz (Foto von 1890). Dieser Teil ist längst weggerissen, heute befindet sich hier die Agentur für Arbeit.

neschlachthalle, die Sanitätsanstalt, die Kuttelei, 2 Reservestallungen, 2 Markthallen für Großvieh, 1 Markthalle für lebende Kälber, geschlachtete Kälber und Schweine sowie die Gaststätte.

Raus aus der Stadt oder bleiben?

Bis zum Beginn des Zweiten Weltkriegs kamen ein Kühlhaus, ein Bank- und Bürogebäude sowie die Betriebswerkstätte hinzu. Bauarbeiten, die man sich hätte sparen können, denn nachdem ab 1943 die alliierten Luftangriffe heftiger wurden, fielen ca. 65 % der bebauten Fläche des Schlacht- und Viehhofs in Schutt und Asche. Der Betrieb ging trotzdem weiter. Nach dem Krieg baute die Stadt zuerst den Viehhof wieder auf, neben den Markthallen entstand auch eine Wagenwaschanlage mit Desinfektionsmöglichkeit, denn der Viehtransport verlagerte sich zunehmend von der Bahn auf die Straße. Neu hinzu kamen die Sanitätsanstalt (Seuchenschlachthof) und die bakteriologische Fleischuntersuchungsstelle.

Lange Jahre gab es hitzige Diskussionen, ob der Schlachthof überhaupt an der alten Stelle wieder aufgebaut werden solle. 1964 entschied sich der Stadtrat dafür und gegen eine Verlagerung an den Stadtrand. In den 1970er Jahren wurden u. a. die Rinderschlachthalle mit Fließbandsystem, eine Kuttelei, je ein Rinder- und Schweinekühlhaus, zwei Tiefbrunnen mit Wasseraufbereitungsanlage und ein Fleischmarktgebäude neu errichtet. Die Kälber-, Schaf- und Schweineschlachthalle wurde modernisiert. Durchschnittlich kamen in den 1970ern jährlich 195.000 Rinder, 38.000

Vergangene Zeiten: Wenn nach der Jahrhundertwende »Österreichermarkt« war, strömten die Viehhändler mit ihren Familien zum Münchner Schlacht- und Viehhof (o.). Heute wird nur noch eine kleiner Teil des einstigen Areals genutzt. Im ehemaligen Verwaltungsgebäude befindet sich ein nobler Feinkosttempel.

Kälber, 277.000 Schweine, 16.000 Schafe im Viehzentrum zum Verkauf, im Schlachthof kamen 115.000 Rinder, 37.000 Kälber, 261.000 Schweine und 16.000 Schafe unters Messer. Ende der 1980er, Anfang der 1990er Jahre brachte die Stadt die Schweine- und Großviehschlachtung auf den aktuellen Stand von Technik und Hygiene, der Fleischmarkt folgte 1995/96.

Längst ist der Schlacht- und Viehhof geschrumpft. Ein großes Areal an der Kapuzinerstraße, auf dem sich einst der Eingangsbereich befand, wich dem Neubau des Arbeitsamts. 1996 wurde die Direktion des städtische Veterinärwesens aufgelöst, der Betrieb Schlacht- und Viehhof, die Abteilung Amtlicher Tierarzt, die Aufgaben der Tierkörperbeseitigung und Speiseabfallentsorgung sowie die Kreisverwaltungs- und Kreisaufgaben bezüglich des Tierschutz- und Tierseuchengesetzes blieben als »Städtischer Schlacht- und Viehhof« zusammengefasst, das Veterinäramt wurde eine eigene Dienststelle.

Viecherei: In der alten Markthalle für Schafe und Schweine herrschte 1950, als diese Aufnahme entstand, reger Betrieb.

Auf einen Blick: DER SCHLACHTHOF

- **1876** Baubeginn für den Münchner Schlacht- und Viehhof
- **1943** Luftangriffe der Alliierten zerstören 65 % der Schlachthofanlagen
- **1964** Der Stadtrat beschließt, dass der Schlachthof im Viertel bleibt
- **1969** Inbetriebnahme der im Fließbandsystem arbeitenden Rinderschlachthalle
- **1978** Abschluss der Aus- und Umbauarbeiten, um den Schlachtbetrieb nach modernen Standards durchführen zu können
- **1987** Modernisierung der Schweineschlachtung
- **1990** Sanierung der Großviehschlachtung
- **1995** Sanierung des Fleischmarkts zur Sicherung der EU-Zulassung als Zerlegebetrieb für den innergemeinschaftlichen Handelsverkehr
- **1997** Verpachtung des Großviehmarkts an die Münchner Viehmarkt GmbH
- **2000** Vergabe des Großviehschlachtbereichs an die Münchner Schlachthof Betriebs GmbH
- **2005** Aus dem Städtischen Schlacht- und Viehhof München wird der Eigenbetrieb Schlachthof München
- **2006** Im Dezember findet der letzte Pferdemarkt in München statt
- **2007** Der Schlachthof München fusioniert mit der Großmarkthalle zum Eigenbetrieb Markthallen München. Schlachtfrequenz Großvieh: ca. 75.000/Jahr; Schweine und Ferkel: ca. 267.000/Jahr

Aus und vorbei: Der Münchner Pferdemarkt, der früher in einer eigenen Halle an der Schmellerstraße stattfand, verabschiedete sich Ende 2006 endgültig aus München.

Jeweils zum 1. April der Jahre 2000 und 2004 erfolgte die Privatisierung der Rinder- und der Schweineschlachtung. Mit dem Jahr 2005 endete die Geschichte des Städtischen Schlacht- und Viehhofs und die des Eigenbetriebs Schlachthof München begann.

Die Isarvorstadt LITERARISCH

»Im Schlachthofviertel haben wir einen todsicheren Hinweis auf den Beginn der kälteren Jahreszeit: Plötzlich stinkt es nicht mehr, weil der Kadavergeruch nicht mehr aus den Gullys hochgedrückt wird. Auf den vertrauten Gestank wird man lange warten müssen, er kommt erst als Frühlingsbote wieder.«
Aus *München Blues* von Max Bronski, München 2007

Ende des Pferdemarkts

Dezember 2006 fand eine weitere traditionsreiche Einrichtung des Schlachthofs ein jähes Ende: In diesem Monat fand der letzte Pferdemarkt mitten in München statt. Der Pferdemarkt zog sang- und klanglos nach Miesbach um, nachdem zunächst Ingolstadt als neuer Standort anvisiert war. Seit 1876 hatte es den von der Metzgerinnung veranstalteten Rossmarkt gegeben, früher sogar zweimal wöchentlich, als Pferde eine größere wirtschaftliche Bedeutung hatten, nicht nur als Nutztiere sondern auch als Fleischlieferanten. Damals gab es auch einen eigenen Pferdemarktplatz zwischen Ruppert- und Schmellerstraße. Und früher soll es zum Pferdemarkt auch noch einen richtigen kleinen Rummel gegeben haben. Da gab es Kamele und Elefanten – auch zu kaufen. Ein Elefant soll um die 20.000 Mark gekostet haben. Zuletzt fand der Pferdemarkt jeden ersten Samstag im Monat in der Großviehhalle statt. Doch diese Halle ist marode und steht zudem auf wertvollem Baugrund (noch dazu in der heiß begehrten Isarvorstadt!). Wobei wertvoll auch relativ ist, denn wenn der Schlachtbetrieb nebenan weitergeht, wird es auch in Zukunft immer wieder bei bestimmten Wetterlagen zu weiträumigen Geruchsbelästigungen kommen. Die Anwohner der umliegenden Straßen kennen nur zu gut den schweren süßlichen Geruch von Blut und frischem Fleisch.

Auch den Schlacht- und Viehhof gibt es heute nicht mehr wirklich. 2007 fusionierte er mit der benachbarten Großmarkthalle München zu dem gemeinsamen Eigenbetrieb namens »Markthallen München«. Heute beherbergt der Schlachthof viele branchenverwandte Handels- und Handwerksbetriebe mit multikulturellem Angebot. ●

Rechte Seite: Highlife beim CSD 1999 in der Müllerstraße.

die ISARVORSTADT
lebenswert

Hinter den Kulissen

Die Hofflohmärkte entwickelten sich im Glockenbachviertel zu einer festen Institution. Jedes Jahr nutzen Tausende die Gelegenheit, durch die Hinterhöfe zu bummeln und Schnäppchen, Raritäten oder Kuriosa zu ergattern.

Text: Martin Arz

Zugegeben, die Idee ist abgekupfert: Die Schwabinger sind die Vorreiter in Sachen Hinterhofflohmärkte. Davon haben sich Andrea und Erich Fischer aus der Palmstraße 7 inspirieren lassen. »Unser Glockenbachviertel mit seinen wunderbaren Hinterhöfen ist doch geradezu prädestiniert für Hofflohmärkte«, dachten sie sich. Zudem sind die Wege hier viel kürzer als im weitläufigen Schwabing. Die Fischers setzten kurzerhand ihren Plan in die Tat um. Sie suchten Unterstützung beim Bezirksausschuss 2, der anfangs nicht so recht zog. Doch nach einigem hin und her einigte man sich auf den letzten Samstag im Juni, traditionell der Tag, an dem abends das Bezirksausschussfest am Karl-Heinrich-Ulrichs-Platz stattfindet. Tagsüber Feilschen, abends Feiern.

Shoppen und schauen

2003 hieß es dann: Willkommen zum ersten Hinterhofflohmarkt im Glockenbachviertel. Damals organisierten die Fischers noch alles alleine und finanzierten die Werbung und Pressearbeit selbst. Gerade einmal 20 Hausgemeinschaften misteten ihre Keller und Dachböden aus, stellten Tapeziertische vor die Garagen, markierten ihr Haus mit bunten Luftballons und warteten auf Kundschaft. Die kam so reichlich, dass sich schon im zweiten Jahr die Teilnehmerzahl verdoppelte. Dann gab es kein Halten mehr. 2007 konnte man in 110 Hinterhöfen auf Schnäppchenjagd gehen.

Ente gut, alles gut: Ob in der Hans-Sachs-Straße (o.) oder Jahnstraße – überall gibts viel zu schauen.

Längst finden die Hofflohmärkte nicht mehr nur im Glockenbachviertel sondern in der ganzen Isarvorstadt statt. Und nicht nur Anwohner nutzen den Tag, immer mehr Besucher aus anderen Stadtteilen kommen und entdecken das Viertel hinter den Kulissen. Denn neben der Shoppingtour steht die Neugier im Vordergrund: Wann kommt man denn in die Höfe, die einem sonst versperrt bleiben.

Der Tag ist zum Fixpunkt im Jahresablauf der Isarvorstädter geworden. Den jeweiligen Termin gibt der Bezirksausschuss bekannt, dann werden Anmeldeformulare an alle Haushalte verteilt. Pro Hausgemeinschaft, die sich beteiligt, kostet die Teilnahme 10 €. 2007 organisierten die Fischers zum letzten Mal die Glockenbachflohmärkte. Zu groß war der Arbeitsaufwand geworden – außerdem droht ihnen die Kündigung der Wohnung. Das alte, aus dem Jahr 1907 stammende Haus in der Palmstraße soll abgerissen werden. Aber so ganz vom Flohmarkt kommen sie nicht los, sie planen 2008 den Export in die Au. Damit gibt es neben Schwabing, Maxvorstadt, Haidhausen und der Isarvorstadt den fünften Stadtteil, bei dem man hinter die Kulissen schauen kann. Übrigens: Die Hofflohmärkte im Glockenbachviertel werden mit neuen Organisatoren weitergehen. ●

Schnäppchenjagd: In den sonst so ruhigen Höfen von Palmstraße 12 (oben) und dem Atelierhaus Klenzestraße (unten) drängen sich zum Hofflohmarkt die Besucher.

Rappelvoll: Beim Klenzestraßenfest ist schon nachmittags kein Durchkommen mehr.

Alles Party!

Ist Sommer im Viertel, hält es kaum jemand in den eigenen vier Wänden aus. Zwischen Juni und September jagt ein Straßenfest das andere.

Text: Martin Arz

Obwohl es in früheren Jahren beispielsweise ein Zenettistraßenfest gegeben hat, ging der wahre Boom Anfang der 1990er los. 1990 erklärten der Bezirksauschuss und die anliegenden Geschäftsleute den Gärtnerplatz erstmals zur Partyzone. Und eine schönere Kulisse als die Theaterfassade kann man sich für ein Straßenfest in der Isarvorstadt wirklich kaum wünschen. Da mittlerweile das Staatstheater am Gärtnerplatz als Hauptveranstalter auftritt, bleibt es heute im Gegensatz zu vielen anderen Open-Air-Feten nicht nur beim Baggern und Saufen, es sind echte kulturelle Highlights auf der Bühne vor dem Theater geboten.

1991 wollte dann das Sub, das Schwulen Kommunikations- und Kulturzentrum in der Müllerstraße, seinen fünften Geburtstag besonders feiern und lud zum großen Fest in die Hans-Sachs-Straße. Aus der Jubelfeier entstand in wenigen Jahren eines der größten Münchner Straßenfeste – auf jeden Fall das berühmteste, das jährlich am dritten Samstag im August nicht nur schwule und lesbische Gäste aus aller Welt anzieht. Der Erfolg brachte aber Probleme, denn die Hans-Sachs-Straße platzte schon nach wenigen Jahren Partyzone aus allen Nähten. Im Jahr 2000 erhielt das Sub dann eine Sondergenehmigung der Stadt München, das Fest auch auf einen Teil der Ickstattstraße auszudehnen. Seitdem ist das Hans-Sachs-Straßenfest streng genommen kein Straßenfest mehr, denn das beschränkt sich laut Verordnung nur auf eine Straße. Doch anders wäre der jährliche Massenansturm von rund 10.000 Feierwütigen nicht mehr bewältigbar. Seit 2002 sorgen zusätzlich Absperrgitter dafür, dass sich das Fest nicht noch weiter ins Viertel ausdehnt. Zeitweise existierte neben dem schwulen Fest noch ein »normales« der Anwohnergemeinschaft in derselben Straße – mit mäßigem Erfolg. Ebenfalls sehr kurzlebig, denn einmalig, war ein Fraunhoferstraßenfest in den 90ern. Das Verkehrschaos wegen der Straßenbahnumleitung war wohl zu groß.

Kein Fest ohne die Gay Community

Das Hans-Sachs-Straßenfest ist zwar offiziell das homosexuelle Fest, doch auch bei allen anderen Straßenfesten im Viertel zeigt die Community Flagge. So

Erst mal ein Bier: Transen und schräge Vögel gehören zu jedem Straßenfest in der Isarvorstadt.

Bescheidene Anfänge: Beim 2. schwulen Hans-Sachs-Straßenfest 1992 (l.) gab es noch reichlich Platz. Das hat sich 2007 längst geändert (o.). Nicht ganz so gedrängt geht es beim Gärtnerplatzfest zu (ganz oben).

z. B. beim Glockenbachfest, der offiziellen Bezirksausschuss-Fete. Seit 1994 ist das Fest am Karl-Heinrich-Ulrichs-Platz fester Bestandteil des Viertellebens und findet traditionell am letzten Samstag im Juni statt. Neben dem hohen Anteil schwuler Besucher sind hier besonders viele Familien mit Kindern unterwegs, nicht zuletzt wegen des angrenzenden Spielplatzes Am Glockenbach.

Jugendlicheres Publikum trifft sich zum Klenzestraßenfest, das seit 1996 den Teil zwischen Fraunhoferstraße und Gärtnerplatz zur Partymeile macht. Das Fest hat seinen Ursprung in der Theaterklause, als die Wirte Tibor und Theo den 25. Geburtstag ihrer Kneipe feiern wollten. Die kleine Wirtschaft war für Nachbarn, Künstler, Schwule und Theaterleute eine Art zweites Wohnzimmer. Um die vielen Gäste zur Geburtstagsfeier unterbringen zu können, beschloss man, auf der Straße zu feiern. Kalt, aber sonnig soll es beim Geburtstagsfest gewesen sein. Die Metzgerei Schäfert von schräg gegenüber warf den Grill an und der Schreinermeister des Gärtnerplatztheaters rockte mit seiner Royal-Flash-Band. Das Klenzestraßenfest war geboren. Wenn man mal das Faschingstreiben am Faschingsdienstag auf der (mittlerweile deshalb gesperrten) Reichenbachstraße vor der Deutschen Eiche ausnimmt, ist das Klenzestraßenfest jedes Jahr das erste im Viertel.

Recht neu im Reigen ist das Angertorstraßenfest, das die Lesbenberatungsstelle LeTra organisiert. Erstmals hieß es 2006 »Get the party started« – nicht nur für Lesben. Schlusspunkt ist jeden Sommer das Pestalozzistraßenfest, das Anfang September zwischen Müllerstraße und Holzplatz stattfindet – ebenfalls ein Küken, denn es existiert erst seit 2004.

Streng genommen kein Straßenfest, aber Openair und immer stimmungsvoll, ist der Pink Christmas Markt, der sich seit wenigen Jahren am Stephansplatz etabliert hat. Er ist das Winterpendant zum jährlichen Sommermarkt des Stephansplatzes. Wie der Name schon verrät, richtet sich der wohl bunteste Weihnachtsmarkt der Stadt hauptsächlich an ein schwullesbisches Publikum. ●

Gut gemischt: Beim Glockenbachfest des Bezirksausschusses eiern Familien mit der Gay Community.

Treffpunkt *Schtibl*

Die Isarvorstadt mit ihren zahlreichen Gewerbebetrieben zog viele Flüchtlinge aus dem Osten an: Russische und polnische Juden, die den Progromen in ihrer Heimat entflohen waren. Rund um den Gärtnerplatz entstand Münchens Judenviertel – und blieb es auch über den Naziterror hinaus bis heute.

Text: Martin Arz

Ein richtiges *Schtetl* war die Isarvorstadt vor dem Zweiten Weltkrieg sicher nicht. Dazu lebten dann doch viel zu wenig Menschen jüdischen Glaubens in dem damals nicht besonders gut beleumundeten Gebiet zwischen Viktualienmarkt und Schlachthof. Dennoch spürte man das Jüdische, besonders wenn man am Sabbat durch die Straßen spazierte, viele geschlossene Geschäfte sah und die Männer vor oder nach dem Besuch der Synagoge auf Bänken saßen und disputierten. Jiddisch hörte man allerdings ebenso selten wie das g'scherte Vorstadt-Bairisch – Jiddisch pflegten nur noch die Alten, Bairisch sprachen nur die Kinder, wenn sie auf der Straße mit ihren christlichen Gefährten spielten. Zu Hause legten die meisten Wert auf gepflegtes Hochdeutsch. Optisch ließen sich die Juden von den alteingesessenen Münchnern in der Regel nicht unterscheiden. Damals trug jeder Mann einen Hut und den *Tallit* (Gebetsmantel) verbargen viele gläubige Juden unter dem Mantel – nicht aus Angst vor Repression, sondern weil sie sich optisch assimilieren wollten. Nur sehr wenige alte Juden liefen noch mit Kaftan, *Pejes* (Schläfenlocken) und Bart herum. An den *Pejes* konnte man in der Regel die orthodoxen Besucher aus Polen erkennen. Aus Polen, besser gesagt Galizien, stammten auch die meisten Isarvorstädter Juden, sogenannte Ostjuden, also Juden, die zwischen 1882 und dem Ersten Weltkrieg vor den Progromen in Osteuropa, besonders aus Galizien und Russland, in alle Welt geflüchtet waren. Galizien gehörte damals zur k.u.k.-Monarchie. Viele flohen nach Wien, die meisten gingen in die USA, aber etliche verschlug es auch nach München. Hier strandeten sie, oft völlig mittellos, in dem Handwerker- und Arbeiterviertel rund um den Gärtnerplatz zwischen Altstadt und Isar. Die einst im 19. Jh. aus Franken und Schwaben zugezogenen Juden stellten längst nur noch eine Minderheit dar.

Flüchtlinge aus dem Osten

Um 1880 herum lebten in ganz München rund 4.000 Juden. Wenige Jahre später gehörte auch ein kleiner Junge aus Ulm dazu, der einmal einer der bedeutendsten Naturwissenschaftler der Welt werden sollte: Albert Einstein. Seine Familie war nach München in die Isarvorstadt gezogen und lebte beim Onkel in der Adlzreiterstraße 14, wo dieser die Elektrotechnische Fabrik J. Einstein & Cie. betrieb. Einstein ging ab 1888 ans Luitpoldgymnasium in der Müllerstraße.

Nach den Verfolgungen im Osten stieg die Zahl innerhalb von 30 Jahren auf über 11.000 an. So siedelte sich beispielsweise die Familie Schindler 1903 aus Tyczyn in der Isarvorstadt an. Deren Sohn Abraham Schindler eröffnete vier Jahre später einen Laden für koschere Lebensmittel in der Buttermelcherstraße 14. Oder Israel und Hinde Hauser, die aus Galizien flohen, in der Blumenstraße ein Dach über dem Kopf fanden und später eine Schuh- sowie eine Strickwarenfabrik leiteten. Ebenso Markus Blechner mit seiner Frau Mina, die in der Klenzestraße 65 lebten und erfolgreich mit Schuhbedarfsartikeln handelten. Auch der Beginn des Ersten Weltkriegs löste eine neue Flücht-

Gelebte Normalität: Vor dem Naziterror gehörten jüdische Geschäfte zum alltäglichen Straßenbild der Isarvorstadt – wie hier der Bazar Löwenstein zwischen Tengelmann und Samenhandlung in der Reichenbachstraße 1c im Jahr 1905.

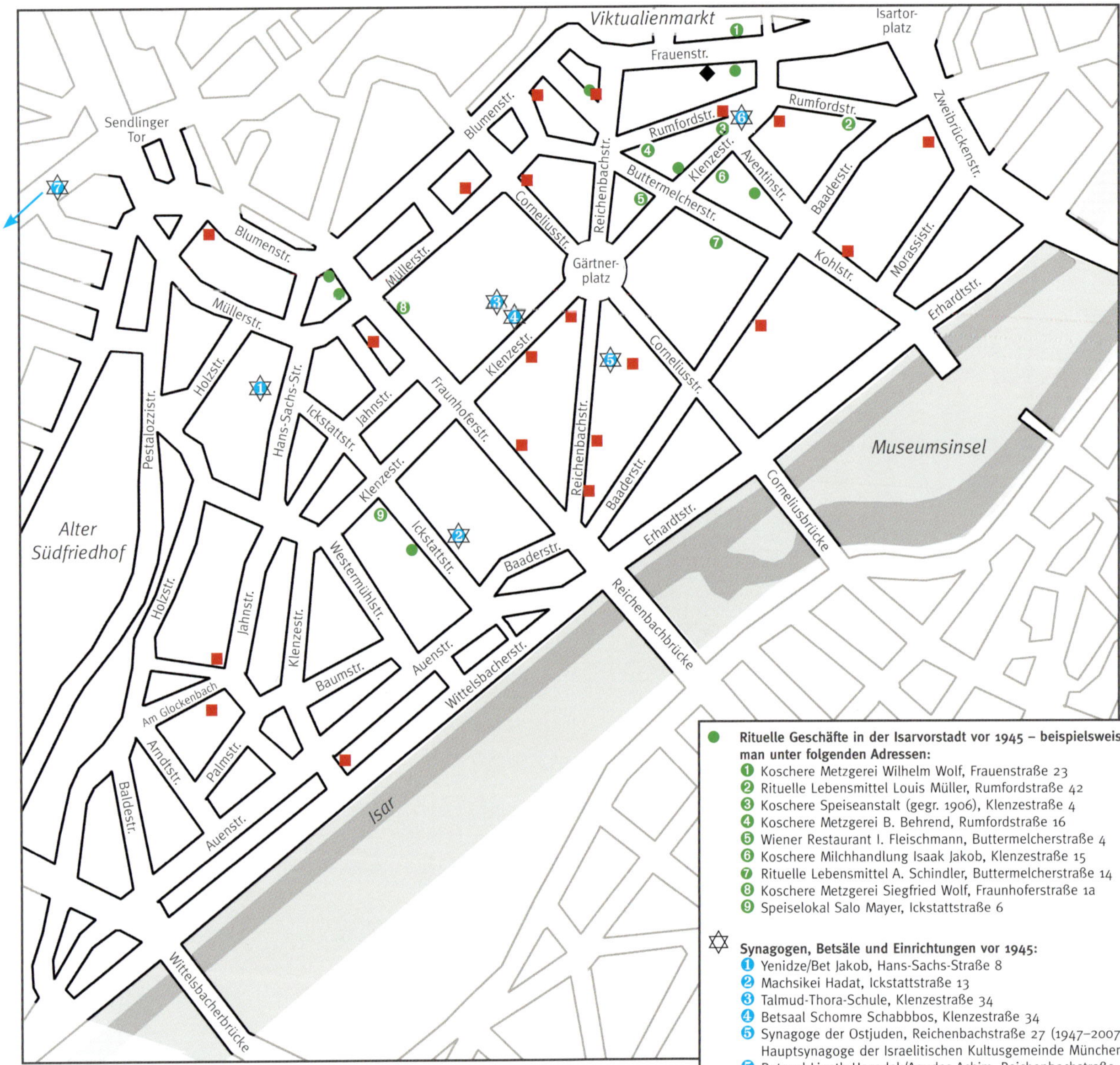

● **Rituelle Geschäfte in der Isarvorstadt vor 1945 – beispielsweise fand man unter folgenden Adressen:**

1. Koschere Metzgerei Wilhelm Wolf, Frauenstraße 23
2. Rituelle Lebensmittel Louis Müller, Rumfordstraße 42
3. Koschere Speiseanstalt (gegr. 1906), Klenzestraße 4
4. Koschere Metzgerei B. Behrend, Rumfordstraße 16
5. Wiener Restaurant I. Fleischmann, Buttermelcherstraße 4
6. Koschere Milchhandlung Isaak Jakob, Klenzestraße 15
7. Rituelle Lebensmittel A. Schindler, Buttermelcherstraße 14
8. Koschere Metzgerei Siegfried Wolf, Fraunhoferstraße 1a
9. Speiselokal Salo Mayer, Ickstattstraße 6

✡ **Synagogen, Betsäle und Einrichtungen vor 1945:**

1. Yenidze/Bet Jakob, Hans-Sachs-Straße 8
2. Machsikei Hadat, Ickstattstraße 13
3. Talmud-Thora-Schule, Klenzestraße 34
4. Betsaal Schomre Schabbbos, Klenzestraße 34
5. Synagoge der Ostjuden, Reichenbachstraße 27 (1947–2007 Hauptsynagoge der Israelitischen Kultusgemeinde München)
5. Betsaal Linath Hazadek/Agudas Achim, Reichenbachstraße 27
6. Rittersche Stiftung (Altenheim, Volksküche), Klenzestraße 4
7. Gemeindeverw. und Betsaal von 1938–1945, Lindwurmstraße 125

■ **Deportationshäuser, in denen jüdische Bürger 1941 und 1942 vor dem Abtransport in die Vernichtungslager eingesperrt wurden:**
Am Einlaß 1/2, Am Glockenbach 7/I Rgb., Baaderstraße 25, Blumenstraße 48, Corneliusstraße 1, Frauenstraße 24, Fraunhoferstraße 27, Jahnstraße 52, Klenzestraße 3, 4, 27 und 105, Kohlstraße 3a Rgb., Kolloseumstraße 1, Müllerstraße 14, Reichenbachstraße 6, 27, 39 und 45, Zweibrückenstraße 6
(*Hinweis*: z. T. existieren die Adressen heute nicht mehr)

Zu Tisch: Der Kindergarten des Israelitischen Vereins Frauenhilfe in der Baaderstraße 5, hier ein Foto von 1909, entstand aus der Privatinitiative von Elisabeth Kitzinger.

lingswelle von Ostjuden nach München aus. Danach verringerte sich die Zahl der jüdischen Einwohner langsam wieder, 1933 lebten weniger als 10.000 Juden in der bayrischen Metropole.

Bereits kurz nach Ende des Ersten Weltkriegs sollten viele bereuen, dass sie sich München als neue Heimat ausgesucht hatten. Denn am 21. Februar 1919 erschoss Anton Graf Arco auf offener Straße den ersten Ministerpräsidenten Bayerns, den jüdischstämmigen Sozialdemokraten Kurt Eisner, der ein Jahr zuvor den Freistaat Bayern ausgerufen hatte, nachdem die Wittelsbacher bei Nacht und Nebel ihre einstige Residenzstadt verlassen hatten. Das revolutionäre Treiben der »Freistaatler« beäugte das Bürgertum mit Missmut. Thomas Mann schrieb am 7. November 1918 in sein Tagebuch: »München, wie Bayern, regiert von jüdischen Literaten. Wie lange wird es sich das gefallen lassen?« Nicht lange wie der Mord zeigte. Danach versank München in Anarchie, die Räterepublik wurde ausgerufen, Freikorps marschierten ein – die Stadt geriet zum Schlachtfeld, der Regierung gelang es erst nach Monaten das Gemetzel zu stoppen. Völkische Kreise beschuldigten sofort die Juden, für das Chaos verantwortlich zu sein und streuten das Gerücht, dass alle Revolutionäre, alle Kommunisten Juden gewesen seien. Nun hieß es von offizieller Seite prompt: »Ausländer raus!« Das betraf vor allem auch die Ostjuden – unschuldige Menschen, die nie die deutsche Staatsbürgerschaft erworben hatten bzw. nicht erwerben konnten oder durften. So stand z. B. der 23-jährige

Simon Eichhorn, der im Ersten Weltkrieg mit mehreren Tapferkeitsorden, darunter dem Eisernen Kreuz, ausgezeichnet worden war, auf der Liste der »Elemente«, die gehen sollten. Oder auch Lea Derner, 64, die Zuflucht bei ihren Töchtern in München gefunden hatte, nachdem ihr Mann vor ihren Augen von den Kosaken bei der Besetzung von Czernowitz erstochen worden war. Sie zählten plötzlich zu den etwa 1.500 »unerwünschten Ausländern«. Dass sie letztlich bleiben konnten, verdankten sie dem entschiedenen Auftreten der offiziellen Vertreter der Jüdischen Gemeinschaft vor der bayrischen Regierung. Der damalige Polizeichef Ernst Pöhner formulierte es so: »Die Ostjuden sind und bleiben ein schädlicher Fremdkörper im deutschen Volke, die nicht der Allgemeinheit nützen …« Kein Wunder, dass dieser Ernst Pöhner seine Hand schützend über den Ausländer und damals fatalerweise noch als »österreichischen Krawallmacher« belächelten Adolf Hitler hielt.

Mittendrin marschiert die SA

Hitler selbst ließ sich im November 1921 mit seinen Gefolgsleuten ausgerechnet mitten im Herzen des Judenviertels nieder: Man mietete sich in den Nebenräumen des Gasthauses Cornelius in der Corneliusstraße 12 ein und baute hier die Parteizentrale auf. Den Gärtnerplatz nutzte die neu gegründete SA einfach als Exerzierplatz. Da die Opfer praktischerweise um die Ecke wohnten, oder einem auf der Straße begegneten, startete in der Isarvorstadt auch der Straßenterror der Nazis. Kurz vor Weihnachten 1922 überfielen Hitlers Männer z. B. die jüdische Volksküche in der Klenzestraße 4 mit Gummiknüppeln und schrieen nach Aussage von Augenzeugen: »Wann kommen

Blühende Industrie: Unternehmer wie der Lederfabrikant Jacob Mandelbaum sorgten für Arbeitsplätze in der Isarvorstadt und wirkten auf viele heimatvertriebene Ostjuden wie ein Magnet.

Brand bei Hertie: Die Kaufhauskette des jüdischen Unternehmers Hermann Tietz, aus der Hertie hervorging, unterhielt an der Rumford-/Ecke Reichenbachstraße eine Filiale. Am 12. Februar 1926 kam es zu einem Unglück, eine Explosion zerstörte einen Teil der Verkaufsräume und sorgte für großen Auftrieb auf der Straße.

die Juden zum Fressen?« Die Polizei spielte den Vorfall herunter und betonte, dass doch nichts dabei sei, wenn Nationalsozialisten eine Volksküche besuchten. Die meisten jüdischen Isarvorstädter kümmerten sich zunächst nicht groß um die NSDAP, Aufmärsche von Rechts und Links gehörten zum Alltag. Zwei Jahre später schien der Spuk eh vorbei, weil Hitler nach dem Scheitern seines Putsches in Haft kam und die Parteizentrale in der Corneliusstraße aufgelöst wurde.

1923 erschütterte eine neue Ausweisungswelle München, denn die katastrophale wirtschaftliche Lage hat deutschlandweit in einer Hyperinflation gegipfelt. Allein die Trambahn vom Stachus zum Marienplatz kostete 250 Mrd. Reichsmark. Wieder traf es Ausländer, vor allem Juden aus der Isarvorstadt. Die Begründung in den meisten Fällen lautete, dass »die Betroffenen in ärmlichen Verhältnissen eingewandert, nun aber reich seien, dass sie es also verstanden hätten, sich während der tiefsten Not des deutschen Volks zu bereichern.« Unter den derart Beschuldigten befanden sich auch Israel Hauser, seit 1911 in München und Miteigentümer der Schuhfabrik Union, die Kaufleute Markus und Bernhard Diamand aus der Blumenstraße 48 und der Rumfordstraße 10, der Großhändler David Eisenberg aus der Pestalozzistraße 46 und etwa 50 weitere Isarvorstädter. Zumindest von Israel Hauser ist bekannt, dass er sich mit allen Rechtsmitteln wehrte, bleiben konnte und schließlich in der Maxvorstadt eine Strickwarenfabrik aufbaute, zu deren Bestsellern Berchtesgadener Trachtenjacken gehörten. Freilich standen auf dem Firmenschild und den Briefpapieren fortan nur noch »I. Hauser« – »Israel« hätte Kunden

Ein neues Gotteshaus entsteht: 1931 fand die Grundsteinlegung zur neuen Synagoge in der Reichenbachstraße 27 statt. Rechts die Pläne des Architekten Gustav Meyerstein für den Grundriss des Neubaus.

abschrecken können. Übrigens gelang den Hausers, die zuletzt in der Müllerstraße 42 wohnten, die Flucht vor dem Holocaust nach Palästina.

Lauter Kleingewerbe

Wirtschaftlich so erfolgreich wie Israel Hauser oder auch der Lederwarenfabrikant Jehuda Engelhard, der in seinem Betrieb in der Klenzestraße 34 zeitweise 50 Angestellte beschäftigte – und die damals in Deutschland noch unbekannten Sandalen einführte –, waren allerdings die allerwenigsten Isarvorstädter Juden. Für das Jahr 1937 sind insgesamt 567 jüdische Gewerbebetriebe nachgewiesen (in diesem Jahr erhob die Stadt München »jüdische Gewerbelegitimiationskarten« und »Volkskennkarten«, daher sind die Zahlen heute bekannt). Dazu kommt noch eine unbekannte Anzahl von Ärzten, Rechtsanwälten und Künstlern sowie ein Heer von einfachen Arbeitern und Angestellten. Die meisten arbeiteten in einem der 89 jüdischen textilverarbeitenden Unternehmen des Viertels. Daneben existierten Kürschnereien, Schneidereien, Wäschereien, Geschäfte für Leder-, Papier- und Schmuckwaren, Möbel oder Schuhe. Häufig genug diente manchem Gewerbetreibenden die Wohnung zugleich als Arbeitsplatz und Lager. Typisch waren die vielen kleinen Läden wie das Textilgeschäft der Familie Landau in der Reichenbachstraße 20, der Schirmladen von Klara Bacharach in der Frauenstraße 21, oder das Hutgeschäft von Ida Hohenegger in der Corneliusstraße 13. Besonders viele arbeiteten als Provisionsvertreter, vor allem für die Textilindustrie. Doch auch Gelegenheitsarbeiter gehörten zum Straßenbild.

Die Nähe zum Schlachthof bedingte, dass es im Viertel zehn jüdische Metzger und Viehhändler gab wie etwa die Metzgerei Siegfried Wolf in der Fraunhoferstraße 1a. An bestimmten Tagen durften jüdische Metzger im Schlachthof Vieh rituell schächten. Diese Aufgabe übernahm der *Schochet* mit einem scharfen, schartenfreien Messer, dem *Challaf*. 1930 verbot die bayrische Regierung das Schächten, wodurch die drei koscheren Metzgereien des Viertels um ihre Existenz bangen mussten.

Im Privatleben engagierten sich die Isarvorstädter Juden in zahlreichen Vereinen, der Jüdische Kulturverein traf sich im Café Müller in der Hans-Sachs-Straße 8 oder im Café Königsbauer in der Müllerstraße 28, die Schachfreunde des Schachclub Lasker im Gasthaus Zum Storchen in der Klenzestraße 3. Der wichtigste Treffpunkt für die jungen Juden der Isarvorstadt blieb jedoch der Turn- und Sportverein Bar Kochba. Jeden Montag traf sich der Bar-Kochba-Stammtisch in der Gaststätte Fraunhofer. Für den regelmäßigen Lauf durch die Isarauen versammelte man sich am Roecklplatz. Und die Fußballer traten das eine oder andere Mal auch gegen die Löwen von 1860 an.

Bar Kochba gelang es zudem, die Gräben zwischen Liberalen und Orthodoxen noch stärker zu überbrü-

Fabrik-Palais: In einem ehemaligen Sommerschlösschen mitten in einem grünen Park an der Fraunhoferstraße 18 betrieb Dr. Paul Waßermann seine äußerst erfolgreiche Milly-Kerzen- und -Seifenfabrik. Heute steht hier die Post, die 1929–1931 nach Plänen des Architekten Robert Vorhoelzer gebaut wurde.

cken, als es die ersten Eskalationen des Antisemitismus Anfang der 1920er Jahre in München bereits getan hatten. Die liberalen deutschen »Westjuden« aus Schwabing und Bogenhausen und die orthodoxen »ausländischen« Ostjuden der Isarvorstadt kamen sich durch die Bedrohung von außen näher. Da sie nicht die deutsche Staatsbürgerschaft besaßen, durften Ostjuden nicht an den Wahlen der jüdischen Kultusgemeinde teilnehmen. Also hatte man 1918 den Ausschuss der Ostjuden unter der Führung Jakob Reichs gegründet, der sich vehement für eine Annäherung zur »westjüdisch« geprägten Kultusgemeinde einsetzte. Mit dem Erfolg, dass zehn Jahre später ostjüdische Gemeindemitglieder auch ohne deutsche Staatsbürgerschaft die gleichen Rechte bekamen.

Orthodoxes Leben

Auch wenn sie äußerlich kaum auffielen und die christlichen Nachbarn ganz selbstverständlich in ihren Geschäften einkauften, lebten viele Juden orthodox. Nicht wenige schlossen am Sabbat – ausgerechnet die umsatzstärksten Zeiten Freitagabend und Samstag – den Laden zu. Etliche der 14 jüdischen Lebensmittelgeschäfte boten koschere Waren an. Lange Jahre kontrollierte Rabbiner Heinrich Ehrentreu die Einhaltung der Religionsgesetze in den koscheren Geschäften der Isarvorstadt – wie in dem Milchladen von Leon Jakob in der Klenzestraße 15 oder im Kolonialwarengeschäft von Louis Müller in der Rumfordstraße 42. Die Münchner Biergartenkultur erwies sich ohnehin als optimal und machte München zum Anziehungsmagnet für viele Juden, denn zum einen ist Bier sowieso koscher und zum anderen darf man in den Biergarten sein eigenes Essen mitbringen – also auch koscheres. Für das Pessachfest hielten in ganz München sechs Läden Mazzes, das ungesäuerte dünne Brot, bereit. Fünf davon lagen in der Isarvorstadt, wie z. B. der von Betty Fiedler in der Westermühlstraße 21. Selbst koschere Kleidung (bei der Wolle und Leinen nicht gemischt sind) konnte man bei der Firma Wohlfeiler in der Baaderstraße 16 kaufen. Die Kinder schickte man in den 1904 gegründeten, zunächst in der Baaderstraße beheimateten Merzbacherschen Privatkindergarten. Seit 1919 gab es die Talmud-Thora-Schule im Rückgebäude der Klenzestraße 34, die im Gegensatz zu den traditionellen osteuropäischen Thora-Schulen auch Mädchen aufnahm. Und die 1924 gegründete Jüdische Volksschule lag in Fußweite in der Herzog-Rudolf-Straße im ebenfalls stark jüdisch geprägten nördlichen Nachbarviertel Lehel.

Die Isarvorstadt LITERARISCH

»Die Synagoge in der Reichenbachstraße erschien Sharon auf den ersten Blick wie ein Theater. Die Frauen auf der Empore sahen teilweise aus wie Fürstinnen in der Operette, so elegant, so wohlfrisiert waren sie. Der Geruch schwerer Parfums hing über Federn, Straß und Spitzen. Die Frauen tuschelten unablässig miteinander, selten, dass eine betete. (...) Sharon war aufgefallen, dass vor der Synagoge Polizeiautos standen, Beamte patrouillierten. Sie waren nicht älter als Sharon. Die Enkel der Täter beschützen die Enkel der Opfer, dachte Sharon.«
Aus *Diesseits des Mondes* von Asta Scheib, München, 1988

Das *Schtibl* – mehr als nur Betsaal

Strenggläubiges Leben stellte in der Isarvorstadt also kein Problem dar. Die frommen Ostjuden konnten sich ohnehin nicht mit den Sitten der liberalen deutschen Juden anfreunden. Schon seit dem 19. Jh. schwelte der Streit zwischen reformierten und konservativen Juden in München. Durch die vielen Ostjuden verschärfte er sich erneut. Die 1887 eingeweihte Hauptsynagoge in der Herzog-Max-Straße verspotteten die Isarvorstädter als »Orgelsynagoge«. Die Orgel, ganzer Stolz der reformierten Juden, bedeutete für Orthodoxe ein Frevel. Die Orthodoxen bauten daher ihre eigene Synagoge, die Ohel Jakob (Zelt Jakobs) in der Herzog-Rudolf-Straße. In der Isarvorstadt bildete sich eine Münchner Besonderheit heraus: das *Schtibl*, eine einfach eingerichtete Betstube im Wohnhaus. Hier traf man sich nicht nur, um aus der Thora zu lesen und zu beten. Die *Schtibln* wurden zum gesellschaftlichen Treffpunkt, wie beispielsweise das *Schtibl* des »Vereins russischer Tabakarbeiter zur gegenseitigen Hilfe Yenidze« im Rückgebäude der Hans-Sachs-Straße 8. Die Mitglieder des Vereins Schomrei Schabbat (Wächter des Sabbats) trafen sich in der Klenzestraße 34, die von Machsikei Hadat (Hüter der Religion) in der Ickstattstraße 13. Die Betvereine Linat Hazedek (Stätte des Rechts) und Agudat Achim (Bund der Brüder) erwarben 1921 gemeinsam das Haus Reichenbachstraße 27 von der Schwabinger Brauerei AG und nutzten das Rückgebäude als Betsaal.

Zu den herausragendsten Persönlichkeiten des damaligen Münchens zählte der 2. Vorsitzende des Betvereins Karl Wiesel. Wiesel gründete 1910 mit Isidor Fett das erste Filmatelier in Geiselgasteig und legte damit den Grundstein zu Münchens Weltruf als Filmmetropole. Ende der 1920er Jahre platzten die langen, schmalen Räume in der Reichenbachstraße 27, die die Gemeindemitglieder aus gutem Grund als »Kegelbahn« bezeichneten, aus allen Nähten. Man beschloss den Neubau einer Synagoge, die 850 Plätze bot und 1931 feierlich eingeweiht werden konnte.

Goldkehlchen: Der Chor der neuen Synagoge in der Reichenbachstraße posiert 1932 stolz dem Fotografen.

Die Ostjuden nannten ihre Synagoge jiddisch traditionell »Reichenbachschul«. Auch sie sollte in der Reichsprogromnacht 1938 in Flammen aufgehen – Flammen, die nur wegen der engen Bebauung gelöscht wurden, damit sie nicht auf die Nachbarhäuser übergreifen konnten.

Entjudung und Arisierung

Die Schändung der jüdischen Gebetshäuser und *Schtibln* war nur ein vorläufiger Gipfel in dem antisemitischen Terror der Nazidiktatur. Repressionen, Geschäftsboykotte, willkürliche Verhaftungen und körperliche Gewalt beherrschten schon seit der »Machtergreifung« Hitlers 1933 das jüdische Leben rings um den Gärtnerplatz. Firmen, wie der Oberbayrische Glühlampenvertrieb von Oskar Neumann in der Erhardtstraße, der die Reichsbahn und die Reichspost belieferte, verloren ihre Aufträge, da die NSDAP-Gauleitung forderte, »arische« Firmen zu bevorzugen. Doch trotz Verfolgung und Terror dachten die meisten jüdischen Geschäftsleute nicht an Aufgabe, bis 1938 die »Entjudung« und »Arisierung« einsetzte, dann untersagte eine neue Gewerbeordnung Juden eine Reihe von Berufen – auch den Hausiererhandel, der für viele Isarvorstädter die Existenzgrundlage bildete. Doch die kleinen, ärmlichen Läden und Gewerbe im Viertel waren für die Arisierung kaum interessant. Während sich in anderen Vierteln Nazibonzen die Rosinen wie die Kaufhäuser Hermann Tietz oder Uhlfelder herauspickten und gut gehende Betriebe übernahmen, gab es in der Isarvorstadt nur ganze vier Arisierungen. Der große Rest musste einfach schließen und die Einrichtung für einen Schleuderpreis verscherbeln. Ende 1938 galten 158 jüdische Gewerbe im Viertel als abgemeldet.

In der Reichsprogromnacht 1938 trug die Isarvorstadt besonders hohe Schäden davon. Kurz danach

Letzte Hoffnung Wohlfahrtstelle: Der Abriss ihrer Hauptsynagoge an der Herzog-Max-Straße beraubte die jüdische Gemeinde ihrer Verwaltungsgebäude. Sie musste in einen Hinterhof der Lindwurmstraße 125 umziehen, wo sie auch die Wohlfahrtstelle-Auswanderungsberatung einrichtete. Die Aufnahme entstand um 1938/39.

folgte der nächste Schlag: die Räumung jüdischer Wohnungen. Wer Deutschland nicht verlassen konnte oder wollte, kam in sogenannte Juden- oder Deportationshäuser. Die zwangsgeräumten Wohnungen konnten sich verdiente Nazischergen mit dem »Vorlagenschein für Judenwohnungen« des städtischen Wohnungsamts unter den Nagel reißen. Das jüdische Leben spielte sich nun in qualvoll engen Bahnen unter menschenunwürdigen Bedingungen ab. Juden hatten strenge Ausgangssperren einzuhalten, durften mit ihren gekürzten Lebensmittelkarten kein Lebensmittelgeschäft in der Isarvorstadt mehr betreten, Fleisch gab es ausschließlich in der Metzgerei Grünwald in der Rumfordstraße 44. Öffentliche Verkehrsmittel durften sie sowieso nicht benutzen. 1941 waren beinahe alle vollkommen abhängig von der Suppenküche der Jüdischen Gemeinde in der Klenzestraße 4. Die Israelitische Kultusgemeinde musste ihre Vereinsräume und den Betsaal in die Räume einer ehemaligen Tabakfabrik in der Lindwurmstraße 125 verlegen. Die beinahe zerstörten Synagogenräume in der Reichenbachstraße nutzte die Gemeinde fortan komplett an-

Kennort: München
Kennummer: A 01554
Gültig bis 20. Februar 1944
Name: Dr. med. Spanier
Vornamen: Julius Israel
Geburtstag: 18. April 1880
Geburtsort: München
Beruf: ohne
Unveränderliche Kennzeichen: Operationsnarbe am Unterleib
Veränderliche Kennzeichen: fehlen
Bemerkungen: Keine
A 104 (8. 38)
Rechter Zeigefinger
Linker Zeigefinger
Dr. Julius Israel Spanier
(Unterschrift des Kennkarteninhabers)
München, am 20. Februar 1939
Polizeipräsidium
(Unterschrift des ausfertigenden Beamten)

Volkskennkarte Dr. Julius Spanier: Der Münchner Kinderarzt, Jahrgang 1880, hatte eine Praxis in der Müllerstraße 20 und war Mitbegründer der Säuglingsfürsorge. Von 1939 bis 1942 stand das Israelitische Krankenhaus unter seiner Leitung, bevor er nach Theresienstadt deportiert wurde. Dr. Spanier überlebte und kehrte nach München zurück, wo er 1945 bis 1955 als Chefarzt im Säuglingskrankenheim, Lachnerstraße 1, tätig war. Nach dem Krieg leitete er sechs Jahre lang als Präsident die Israelitische Kultusgemeinde.

Kennort: München
Kennummer: A 01557
Gültig bis 24. Februar 1944
Name: Waßermann
Vornamen: Paul Israel
Geburtstag: 3. März 1887
Geburtsort: München
Beruf: Chemiker
Unveränderliche Kennzeichen: fehlen
Veränderliche Kennzeichen: fehlen
Bemerkungen: Keine
A 104 (8. 38)
Rechter Zeigefinger
Linker Zeigefinger
Dr. Paul Israel Waßermann
(Unterschrift des Kennkarteninhabers)
München, den 24. Februar 1939
Polizeipräsidium
(Unterschrift des ausfertigenden Beamten)
4382

Volkskennkarte Dr. Paul Waßermann: Der Münchner Chemiker und Handelsrichter, geboren 1887, wuchs in der Fraunhoferstraße 16 d auf und machte das Abitur auf dem Luitpoldgymnasium in der Müllerstraße. Waßermann war mit seiner Mutter Inhaber der Milly-Kerzen- und Seifenfabrik in der Fraunhoferstraße. Er gehörte zu denen, die 1941 nach Riga »evakuiert« wurden. Seitdem gilt er als tot.

ders: als Ausbildungswerkstätte für holz- und metallverarbeitende Berufe. Zudem bot man Sprachkurse für Auswanderungswillige. Bis 1941 hielt die Werkstatt den Ausbildungsbetrieb aufrecht.

Im selben Jahr baute man die »Judensiedlung Milbertshofen« an der Knorrstraße 148. Von dort, aus der »Heimanlage für Juden am Berg am Laim« und den zahlreichen Deportationshäusern der Isarvorstadt (Liste und Lage: siehe Plan S. 76) begann im November 1941 die Deportation in die Vernichtungslager. Die erste Massenmordwelle an deutschen Juden traf viele Isarvorstädter – darunter die Familie Kalter, die einen Lebensmittelgroßhandel in der Blumenstraße 42 betrieben hatten, mit ihrer erst zehn Monate alte Tochter Lilian.

Neues Leben in Ruinen

Im Bombenhagel des Zweiten Weltkriegs fiel auch die Synagoge in der Reichenbachstraße 27 in Schutt und Asche. Als die Amerikaner in München einmarschierten, lebten noch 84 Juden in der Stadt, die meist die Ehe mit Nichtjuden vor der Vernichtung gerettet hatte. Elf Isarvorstädter wurden aus Theresienstadt befreit. Aus Theresienstadt kehrten insgesamt 150 Juden nach München zurück, darunter Amalie Waßermann, die gemeinsam mit ihrem Sohn Paul die Milly-Kerzenfabrik in der Fraunhoferstraße 18 betrieben hatte. Auch vier Juden aus dem Gärtnerplatzviertel, die das KZ Buchenwald überlebt hatten, kamen wieder an die Isar.

Schon im Juli 1945 gründete sich die Gemeinde neu unter Vorsitz des Kinderarztes Julius Spanier. Aaron Ohrenstein wurde erster Rabbiner der Nachkriegszeit. Am 28. Mai 1947 weihte die Gemeinde die neu erbaute Synagoge in der Reichenbachstraße 27 ein. Kurz nach dem Krieg lebten wieder erstaunlich viele Juden in München, rund 2.800 sollen es 1946 gewesen sein. Denn ausgerechnet die einstige »Hauptstadt der Bewegung« wurde zum Zentrum für den *Sche'erit hapleta*, den »geretteten Rest«, offiziell Displaced Persons (DPs). Für zehntausende DPs, erneut kamen die allermeisten aus Osteuropa, stellte München die Durchgangsstation für ihre Emigration in die USA oder nach Palästina dar. Und nicht wenige blieben. In der Isarvorstadt diente das Deutsche Museum als Auffanglager. Überlebende kritzelten ihre Namen an die Wände der Korridore und suchten so ihre Verwandten. Dort richtete auch zunächst das Zentralkomitee seine Hilfsämter für DPs ein. Doch trotz der Synagoge in der Isarvorstadt zogen die Büros der Zentralkomitees bald nach Bogenhausen, wo rund um die Möhlstraße in der Nachkriegszeit ein so lebendiges jüdisches Treiben entstand, dass die Einheimischen die Tram dorthin »Palästina-Express« nannten. Die DPs, die blieben, prägten bald das Leben der Kultusgemeinde. Die uralten Gräben rissen erneut auf. Einige deutschstämmige Juden verachteten die Ostjuden als »unkultiviert« und »unaufgeklärt«, während diese die

Neuanfang in der Synagoge: Der amerikanische General Lucius Clay hält eine Ansprache anlässlich der Neueinweihung der Reichenbachschul am 20. Mai 1947.

deutschen Juden als »anbiedernd« und »unjüdisch« verhöhnten. Noch Anfang der 1970er Jahre stammten 92 % der jüdischen Münchner aus Osteuropa. In den 1970ern entstand auch das, was bis heute kennzeichnend für jüdische Einrichtungen ist: Durch die Kriege im Nahen Osten und Terroranschläge, wie 1972 bei den Olympischen Spielen in München auf israelische Sportler, stieg das Sicherheitsbedürfnis enorm. Polizeischutz gehört seitdem zu den meisten jüdischen Einrichtungen in München.

Zwei Münchner Gemeinden

Kaum 20 Jahre später sah sich die völlig unvorbereitete jüdische Gemeinde einer wahren Masseneinwanderung gegenüber. Mit dem Zusammenbruch der Sowjetunion zog es zahllose russische Juden an die Isar. 2005 lebten hier nun mit rund 10.000 Juden etwa so viele wie 1933. Die Tage der unzureichenden Räumlichkeiten der Hauptsynagoge in der Reichenbachstraße waren da ohnehin schon gezählt. 2003 war der Spatenstich für das neue Jüdische Kulturzentrum am Jakobsplatz erfolgt, für das Charlotte Knobloch, Vorsitzende der Jüdischen Gemeinde München und seit 2006 Präsidentin des Zentralrats der Juden in Deutschland, jahrelang gekämpft hatte. Nur ein Katzensprung und in Sichtweite vom Gärtnerplatz entfernt, wurde das neue Kulturzentrum drei Jahre später in Beisein von Bundespräsident Horst Köhler eröffnet.

Gleichzeitig blieb die Spaltung innerhalb der jüdischen Gemeinde bestehen. Die liberale Gemeinde, die nach dem Zweiten Weltkrieg lieber zum Militärrabbiner der US-Truppen als zum Gemeindegottesdienst ging, gründete 1995 Beth Shalom und suchte sich eigene Beträume. Nach 65 Jahren konnte 2003 die erste liberale Synagoge wieder eröffnen – im Schlachthofviertel an der Grenze zu Sendling in einem Hinterhof der Isartalstraße. Das Symbol der Rückkehr ist der Tora-Vorhang an der Westwand der Synagoge, der einst die von süddeutschen Flüchtlingen gegründete Synagoge Bet Hillel in New York schmückte. Rabbiner Beerwald, letzter Geistlichen der alten Münchner Hauptsynagoge, leitete Bet Hillel. Der verloren geglaubte Vorhang tauchte auf einem Berliner Flohmarkt auf, wo ihn Gemeinderabbiner Walter Rothschild zufällig entdeckte und rettete. Beth Shalom hat seit 2006 mit Dr. Tom Kucera einen eigenen festangestellten Rabbiner. Bisher scheiterten die Versuche von Beth Shalom sich mit der Jüdischen Kultusgemeinde zu einigen und in die leerstehende Synagoge in der Reichenbachstraße umzuziehen. ●

Anmerkung: Die Adresse von Machsikei Hadat in der Ickstattstraße hat je nach Quelle unterschiedliche Hausnummern (11, 13, 14 oder 15). In den Annoncen des Schtibls *im Jüdischen Echo steht eindeutig: Ickstattstraße 13.*

Trutzburg: Die alte Synagoge in der Reichenbachstraße bestach nie durch architektonische Raffinesse. Seit sie nicht mehr genutzt wird, bemüht sich die liberale jüdische Gemeinde darum, die Räume zu bekommen.

La vie en rose?

Rund um den Gärtnerplatz ist es so warm, dass im Winter kein Schnee liegen bleibt – der früher so beliebte, je nah Zitierendem diskriminierend oder stolz gemeinte Spruch bringt es auf den Punkt: die Isarvorstadt ist das schwule Bermudadreieck Münchens. Entscheidende Meilensteine der Schwulenbewegung ereigneten sich in der bayerischen Landeshauptstadt – im Positiven wie im Negativen.

Text: Martin Arz

Das hatte der Deutsche Juristentag noch nicht erlebt: Eigentlich war das Thema der Tagung vom 29. August 1867 die Vereinheitlichung des Rechts in allen deutschen Ländern im Zuge der deutschen Reichseinigung – und dann stand da dieser Anwalt Karl-Heinrich Ulrichs am Rednerpult des Münchner Odeontheaters (heute steht hier das Bayerische Innenministerium) und forderte, die Versammlung müsse sich unbedingt mit dem Thema Strafbarkeit der mannmännlichen Liebe befassen. Ulrichs nannte es Uranismus (den Begriff »Homosexualität« prägte erst zwei Jahre später der Schriftsteller Karl Maria Kertbeny, der 1859 in München ein »inniges Verhältnis« mit dem Maler Wilhelm von Kaulbach gehabt haben soll). Schwule Männer bezeichnete Ulrichs als Urninge – nach der Göttin Aphrodite Urania, die aus abgetrennten Körperteilen ihres Vaters Uranus entstand und die eingeschlechtliche Liebe repräsentierte. Ulrichs, bekennender Urning, ging von einer natürlichen, nicht krankhaften Veranlagung aus und forderte daher die Straflosigkeit homosexueller Handlungen! Die Rede ging in einem Tumult unter. Heute gilt Ulrichs Münchner Rede von 1867 als Beginn der deutschen Schwulenbewegung. Wenige Jahre zuvor hatte Ulrichs seine ersten Schriften zu *Forschungen über das Räthsel der mannmännlichen Liebe* veröffentlicht. Letztlich scheiterte Ulrichs mutiger Vorstoß. Zwar galt in einigen Länder die »Unzucht zwischen männlichen Personen« als nicht strafbar – auch das liberale bayrische Strafgesetzbuch von 1813 sah in Sex unter Männern keinerlei Verbrechen –, doch das rigide preußische Strafgesetzbuch, aus dessen § 152 dann der berüchtigte § 175 hervorging, setzte sich überall durch. »Jede auf widernatürliche Befriedigung des Geschlechtstriebs gerichtete unzüchtige Handlung zwischen Personen männlichen Geschlechts« galt in Bayern fortan als strafbar. Männersex wurde auf eine Stufe wie Sex mit Tieren gestellt.

Platzreif: Seit 1998 hat der Vorkämpfer der Schwulenbewegung, Karl-Heinrich Ulrichs, seinen eigenen Platz mitten im Glockenbachviertel.

Zum Anbeißen: Die
augummi-Lady bei der
SD-Parade 2007 in der
Fraunhoferstraße.

Nr. 1. AD BIBL. UNIVERS. MONAC. Juli-Nummer 1902. Preis 15 Pfg

Der Seelenforscher

Monats-Schrift für volksthümliche Seelenkunde.

Verantwortlicher Redacteur, Herausgeber, Drucker und Verleger: August Fleischmann, Steinsdorfstrasse 16, München.

Was ich will!

Seit Jahren ist es schon ein Bedürfniss, eine [...] thümliche Zeitschrift für Seelenkunde zu besitzen und wu[...] von der Herausgabe dieser Zeitschrift nur dadurch abge[...] dass Herr Schriftsteller ADOLF BRAND in Berlin die Zei[...] „DER EIGENE" herausgeben wollte und war das Ers[...] dieses Blattes zuerst für 1. April 1902 und dann für 1. J[...] angekündigt worden.

Auf diese Zeitung, für die ich in meinen Schriften Pr[...] machte, hatte ich bereits einige Abonnenten und habe [...] geglaubt, dass dieses Blatt die Interessen seelisch eige[...] veranlagter Menschen vertritt.

Leider ist das Blatt bis jetzt nicht erschienen un[...] nach meiner Ansicht besonders Schuld daran zu sein, [...] Blatt zu grossartig angelegt war.

Der ermordete Freundling.

Am 23. Juni 1902 erhielt ich von geschätzter Seite aus Prag folg[...]

Prag 2[...]

Sehr geehrter Herr!

Beiliegend sende ich Ihnen die Zeitungsberichte über ein[...] April d. J. in Prag vorgekommenen Mord an einem Urning, an[...] genannt. — Der Unglückliche wäre wohl diesem scheusslichen Ve[...] zu Opfer gefallen, wenn die Freundlinge nicht darauf angew[...] ihre Triebe an verborgenen und abgelegenen Orten zu befriedi[...]

Hochachtungsvollst!

Da ich gerade im Begriffe war, ein ähnliches Vorkomm[...] Zeit, nämlich die Ermordung des berühmten Freundlings J. [...] in Triest, zu schildern, so kam mir dieser Brief mit seiner B[...] Beilage höchst willkommen und werde ich nun die Schilder[...] wie sie das „Prager Tagblatt" brachte, nachstehend folgen la[...]

Junger Mann
24 Jahre alt, militärfrei, sucht Stelle als Reisebegleiter, Sekretär etc. Offerte unter D. D. 90 an die Red. des Seelenforscher.

Gutsbesitzer in Bayern
sucht zuverlässigen älteren Diener. Offerte mit Bild und Zeugnissen unter J. J. 30 an die Red. d. Seelenf.

TYROLER, 20 Jahre, kräftig, sucht Stelle, gleichviel welcher Art. Ist in Landwirtschaft und Gärtnerei tüchtig. Offerte unter Tyrol 20 an die Red des Seelenforscher.

Junger kräftiger Mann, Schweizer 24 Jahre alt, gut empfohlen, sucht Stelle zu einzelnem Herrn. Offerte unter B. B 1905 an die Redaktion d. Seelenforscher.

Nach **Norditalien** *wird ein* **Privatsekretär** *gesucht von 17—20 Jahren mit Kenntnissen in Latein und netter Handschrift. Offerten mit genauer Angabe des Bildungsgrades (keine Zeugnisse) und der Gehaltsansprüche unter „Italien" an die Red. d. Seelenforscher.*

Junger selbständiger **Kaufmann** *in* **Norddeutschland** *wünscht mit einem älteren Herrn in Correspondenz zu treten event. persönlich kennen zu lernen. Offerten erbeten unter O. X. 28 an die Red. d. Seelenf.*

Ein Herr, 30er, sucht mit einem Schicksalsgenossen Mitte der 20er Jahre in freundschsftl. Briefwechsel zu treten. Gefl. Zuschriften mit Fotografie bitte zu richten an die Red. des Seelenf. unter „Mut".

Junger Freundling, 20 Jahre, v. angenehmem Aeussern ehrenhaften und idealen Geistes sucht Position als Correspondent, Gesellschafter bei vermögendem wenn auch älteren Herrn. Gefl. Offerten unter „Eos" an die Red. des Seelenforscher.

Geeignete **Annoncen** *werden gerne aufgenommen und kosten je nach Grösse und Inhalt 2 bis 4 Mark. — Stellen-Gesuche schon von Mk. 1.— an.*

Redaktion des Seelenforscher.

Stein des Anstoßes: Weil der Isarvorstädter Publizist August Fleischmann in seiner Homosexuellenzeitung Der Seelenforscher solche Kontaktanzeigen für »Freundlinge« veröffentlichte, wurde das Blatt 1904 verboten.

Nach den aufoktroyierten Berliner Moralvorstellungen mussten die Münchner umdenken. Schwulsein war zwar auch in der liberalen Zeit und trotz des schwulen Monarchen Ludwig II. keineswegs gesellschaftlich akzeptiert, dennoch konnten sich männerliebende Männer relativ ungestört bewegen. Natürlich gehörte auch die Prostitution dazu. Nicht wenige junge Rekruten aus den Kasernen (z. B. der Schwere-Reiter-Kaserne an der Zweibrückenstraße oder von den Kasernen der Kohleninsel, heute Museumsinsel) besserten sich durch Körpereinsatz in Gasthäusern und öffentlichen Anlagen von Alt- und Isarvorstadt ihren kärglichen Sold auf. Schon der Dichter August von Platen streunte um 1810 gerne bei den Wachen am Isartor herum. 1885 beklagt das Münchner Fremdenblatt die Straßenprostitution und das »Louisthum« in der Müllerstraße. Ein Zeitungsbericht vom 2. November 1898 über die Verurteilung des Duisburger Staatsanwalts Alexander Max Schulz wegen »unzüchtiger Handlungen« an dem 21-jährigen Soldaten Franz Haugg im Hofbräuhaus wurde kommentiert mit: »Übrigens komme derlei im Hofbräuhaus fast jede Woche vor!«.

Die Einführung des § 175 hatte einen radikalen Schnitt gebracht. Fortan wurde die Homosexualität praktisch ausschließlich als kriminelles Treiben durch Polizeieinsätze der Öffentlichkeit bekannt. Die Halbwelt und das Strichermilieu malten das Bild, das die Allgemeinheit vom schwulen Leben vor Augen hatte (und größtenteils bis heute hat). Noch existierten Szenetreffs wie das Café Alfred am Isartor, doch Razzien machten Schwulen das Leben schwer. Proteste prominenter Sexualforscher wie Magnus Hirschfeld verhallten ungehört. Hirschfeld beklagte das harte

Klappe zu: Die Klappe am Holzplatz war ein klassischer »Pissort«, an dem sich die Szene traf. Doch taucht das achteckige Pissoir von 1900, das heute unter Denkmalschutz steht, in keinem Polizeibericht auf. 1998 wurde es für eine Ausstellung mit Pink und Kunstrasen aufgerüscht.

Durchgreifen der Münchner Polizei, deren Razzien in einschlägigen Lokalen dazu führten, dass sich der »Prostitutionsbetrieb auf den Straßen und Plätzen abspielen muss. Die weitere Folge ist, dass relativ häufig Erpressungen vorkommen, die nur in den seltensten Fällen zur Kenntnis der Polizei gelangen.«

Auch der Münchner Verleger August Wilhelm Fleischmann, der in der Isarvorstadt lebte, wetterte wiederholt gegen das szene-typische Erpressertum: »Leider sind oft die Herren aus der besten Gesellschaft auf die Straßenbekanntschaften angewiesen, weil ihnen der § 175 verbietet, ihre Lieblinge in anständigen Zirkeln zu suchen.« Fleischmann gab ab 1902 die Homosexuellenzeitschrift Der Seelenforscher heraus, die in der Druckerei Morgenstern in der Rumfordstraße 24 gedruckt wurde. Er wurde selbst 1899 nach § 175 verurteilt. Später gründete Fleischmann auch den Erosophischen Club Plato als Treffpunkt für Gleichgesinnte. Er musste 1904 seinen Seelenforscher einstellen, weil darin immer wieder überregionale Kontaktanzeigen geschaltet wurden. München hatte da noch nicht das enorme wirtschaftliche Potenzial der Schwulen erkannt und wünschte damals im Gegensatz zu heute keinen schwulen Tourismus.

Szenetreff »Pissort«

Die Kontakte zwischen Polizei und Schwulen fanden nun hauptsächlich ganz stereotyp statt: durch Observation der »Pissorte«, szenetypisch als Klappen bezeichnet. Die Münchner Neuesten Nachrichten berichteten am 26. Juli 1911 ausführlich über das Thema »Strichjungen«, da die männliche Prostitution deutlich zugenommen habe, und schrieb u. a.: »Beachtenswert erscheint, dass nach den Erfahrungen in München die überwiegende Zahl dieser Strichjungen sich aus Hotelbediensteten zusammensetzt: Liftjungen, Pikkolos, Hausburschen, Pagen scheinen durch die Art ihres Dienens den Angriffen reicher Lüstlinge besonders ausgesetzt zu sein.«

In einem Polizeibericht von 1921 schreibt der Kriminalwachtmeister J. Weigand über die observierten Pissorte, zu denen auch die am Sendlinger-Tor-Platz und in der Blumenstraße gehörten: »Dabei zeigen sie ganz auffällig ihr Glied vor und nehmen daran Reibungen vor. Sie suchen aber auch in auffälliger Form das Glied der anderen Männer zu sehen. Es ist in einem Falle beobachtet worden, dass ein Homosexueller eine halbe Stunde im Pissort blieb, ohne ihn zu

Beliebter Schwulentreff: Der Arndthof Arndtstraße/Ecke Am Glockenbach war in den 1930ern von Homosexuellen gut frequentiert – bis die Nazis 1934 das Gasthaus schlossen.

verlassen. In einem anderen Falle hat ein Homosexueller einem Beamten der Sittenpolizei-Abteilung, der zur Überwachung der Pissorte kam, in ganz auffälliger Weise sein Glied gezeigt und hat sich dann neben ihn gestellt. Er wurde festgenommen.«

Überhaupt verschärfte sich in der Zeit nach dem Ersten Weltkrieg die Lage der Schwulen in München dramatisch. Die Zahl der Festnahmen wegen »groben Unfugs« und »anstößigen Gebarens an öffentlichen Orten« erhöhte sich von 88 Fällen 1917 auf 305 Fälle 1920. Schwulenfreundliche Lokale, Hotels und Restaurants wie der Kleine Kellergarten in der Blumenstraße oder der Eichthalgarten in der Klenzestraße 12 bekamen gewaltigen Ärger oder wurden auf Druck der Sittenpolizei wegen Kuppelei unter Männern zwangsgeschlossen. Der extrem repressive Wind, der unter dem Generalstaatskommissar Ritter von Kahr

Totgeschlagen, totgeschwiegen: Die Schwulenszene protestierte ab 1985 dagegen, dass in Dachau kein Gedenkstein für die homosexuellen KZ-Opfer angebracht werden durfte. Erst seit 2002 werden die schwulen Opfer gleichberechtigt neben politisch und religiös Verfolgten genannt.

durch das nachrevolutionäre München der 1920er Jahre wehte, führte für Homosexuelle mangels Lokalen oder Kontaktanzeigen endgültig in die anonyme Subkultur mit Klappen als Treffpunkten. Homosexualität galt als zielsicherer Weg ins Unglück, erregte höchstens Mitleid und Abscheu. Die Propaganda verschärfte sich gleichzeitig. In einer Broschüre pro § 175 und contra die »Berliner Judenbuben mit ihrem verseuchten Anhang« um Magnus Hirschfeld geiferte der Münchner Hitler-Spezi Hansjörg Maurer 1921: »Und unter das Gelichter gehört hineingefunkt, dass die Fetzen fliegen, kein Galgen wäre hoch genug, um sie nicht daran zu hängen.«

Im selben Jahr wagte der Student Richard Linsert einen erneuten Vorstoß für die versprengte Szene und wollte die Münchner Ortsgruppe des Deutschen Freundschaftsverbands, des ersten offenen Homosexuellenvereins, gründen. Die Sittenpolizei schmetterte Linserts Vereinsgründungsantrag ab, und unterstellte, zu den Zielen des Vereins gehöre zwangsläufig »auch die geschlechtliche Annäherung der Eigenen«, welche dazu angetan sei »dem sexuellen Bedarf der Vereinsmitglieder neue Menschen, d. h. neue Opfer zuzuführen.« Linserts Beschwerden fruchteten nicht, im Gegenteil: Seine Zimmerwirtin zeigte ihn an, weil der Maler Max Trauner mit ihm wiederholt in einem Bett schlief. Bei deren Verhaftung stellten die Beamten fest: »Jeder von ihnen hatte am Hals sogenannte Lutschflecken, wie sie auch bei Dirnen häufig zu sehen sind.« Doch außer »Lutschflecken« und Onanie konnte man den beiden Männern nichts nachweisen. Strafbar waren erst beischlafähnliche Handlungen. Linsert kämpfte weiter für seinen Verein, aber letztlich lehnte auch der Verwaltungsgerichtshof 1922 den Antrag ab und verwies auf die Argumente der Sittenpolizei. Im gleichen Jahr gab es in München offiziell kein einziges Schwulenlokal mehr. Natürlich muss es auch in den Folgejahren Szenekneipen gegeben haben, doch erst in der Nazizeit werden sie wieder nachweisbar, da aktenkundig!

Naziterror und KZ-Grauen

Willfährig gab sich die katholische Kirche in den Dienst der antischwulen Sache. Pater Erhard Schlund OFM leitete nicht nur das Erzbischöfliche Consilium, sondern stellte für die Polizei 1933 akribische Listen zusammen, die sämtliche »Schmutzverlage« enthielten, die es wagten, Akte abzubilden oder Kontaktanzeigen zu drucken. Mit dem Nationalsozialismus begann dann eine Zeit der Demütigung für Homosexuelle, die mit Ende des Zweiten Weltkriegs noch längst nicht beendet war. Bereits 1933 landeten die ersten im KZ Dachau, die von den dortigen politischen Gefangenen angefeindet wurden, da man ihnen unterstellte, als Spitzel für die SA zu arbeiten – schließlich war SA-Chef Ernst Röhm bekanntermaßen schwul. Am 30. Juni 1934 fiel Ernst Röhm unter dem falschen Vorwurf einen Putsch gegen Hitler geplant zu haben, einem internen Machtkampf zum Opfer, er wurde in Stadlheim erschossen. Nun begann die großangelegte, organisierte Hatz auf Schwule. München als »Hauptstadt der Bewegung« sollte die Vorreiterrolle spielen. In der Nacht vom 20. auf den 21. Oktober 1934 fuhren vier Gefangenentransporte vor den beiden letzten Schwulenlokalen Arndthof Am Glockenbach/Ecke Arndtstraße und Schwarzfischer in der Dultstraße vor. Fast 100 Besucher wurden verhaftet, die meisten kamen wenige Stunden später wieder frei, einige landeten aber in Dachau. Gauleiter Adolf Wagner tobte vor Enttäuschung, dass die von ihm geplante Razzia so wenig Erfolg gebracht hatte. Fortan hielt man sich an die Rosa Listen aus dem Kaiserreich und der Weimarer Republik, die all jene enthielten, die jemals wegen Verstöße gegen § 175 aufgefallen waren. Das Unrechtregime änderte 1935 den entsprechenden Paragraphen so, dass nun jegliche Form der »Unzucht« strafbar war, nicht mehr nur beischlafähnliche Handlungen. Fortan waren Denunziantentum und Unterstellungen Tür und Tor geöffnet. Richter durften nach »gesundem Volksempfinden« entscheiden. Dieser Paragraph überlebte in der Naziform den Krieg und hielt bis 1969.

In Dachau lebten Schwule, durch einen rosa Winkel an der Kleidung gekennzeichnet, in einer gesonderten Baracke, die auch Nachts hell erleuchtet war, damit »die Häftlinge während der Nacht sich einander nicht nähern können.« Schwerste körperliche Arbeit, Hungerrationen und komplette Überwachung sollten die Männer zu »gesunden« Heteros umerziehen. Blanker Terror und Gewaltexzesse von Lageraufsehern gehörten zum Alltag. Leopold Obermayer, schwuler Jude aus Würzburg mit Schweizer Pass, beschrieb seine Haft in Dachau: »Kein Bad und keine Brause vom 12. Januar bis 10. August« … »Hier wurde ich von Lang und Dessloch in Gegenwart vom Verwalter Kantschuster aufs gemeinste mit Fäusten verprügelt, so dass ich in den nächsten Tagen am Oberkörper grüne und gelbe Flecken, Stechen auf der Lunge, Rippenschmerzen bekam und mir jede Bewegung weh tat. Lang drosselte mich am Hals, Dessloch zog dabei den Revolver, um mich niederzuschießen, wenn ich die geringste Miene gemacht hätte, Widerstand zu leisten.« Den Prozess gegen Obermayer nutzte die Propaganda weidlich aus. »Satan vor Gericht – Der Prozeß gegen den jüdischen Männerverderber Obermayer – Schauerliche Schandtaten eines echten Talmudjuden«, blökte das faschistische Zentralorgan Der Stürmer in seiner 52. Ausgabe vom Dezember 1936. Obermayer und viele andere Schwule überlebten die KZ-Zeit nicht, so auch August Gänswein aus der Müllerstraße 34 oder Max Ursprung aus der Dreimühlenstraße 28.

Grande Dame der Lederszene: Augusta Wirsing – hier beim CSD 2000 – machte aus dem Rotlichtschuppen Ochsengarten Deutschlands erste schwule Lederbar.

Von wegen Freiheit

Nach diesem Terror blieben alle, die aus Dachau entlassen wurden oder die Befreiung des KZ 1945 erlebten, nicht nur traumatisiert, sie blieben zudem stigmatisiert. Freunde und Familien wandten sich ab – auch und gerade nach Ende des Zweiten Weltkriegs. Von den 143 in Dachau durch Alliierte befreiten Schwulen landeten viele schnell wieder im Gefängnis. Der verschärfte § 175 galt nach wie vor. 1959 saßen fast 9.000 »Hunderfünfundsiebziger« in Gefängnissen, beinahe genauso so viele wie 1938. Kein Wunder, dass die schwule Nachkriegsszene nur im Verborgenen existierte und Klappen bevorzugte. Weiterhin spielte die Gegend um den Schlachthof eine große Rolle. Auch die Tatsache, dass nach dem Krieg in der Sendlinger Straße und der Müllerstraße der Straßenstrich blühte, verlagerte das, was es nicht geben durfte, Richtung Isarvorstadt. In den 1950er Jahren traf man sich privat, gründete Cliquen, ging an Herrentagen ins Müllersche Volksbad. Nur wenige Bars wie die Schlangengrube in der Reisingerstraße, die Jockey-Bar am Kolosseum oder das Mosquito in der Corneliusstraße 2 warteten mit verhangenen Fenstern auf einschlägige Gäste. Das Travestielokal Spinne in der Ringseisstraße hingegen war nicht für echte Transen gedacht, es richtete sich an amüsierfreudige Heteros. Von damals hat nur die 1957 eröffnete Teddy-Bar in der Hans-Sachs-Straße bis heute überlebt.

1966 forderte die CSU die Schließung aller homosexuellen Kneipen, was Polizeipräsident Manfred Schreiber aber ablehnte. Ein Jahr später begann eine Münchner Schwulenlegende: Die Kellnerin Augusta Wirsing übernahm von ihrem Chef den Nuttentreff Ochsengarten in der Müllerstraße. Inspiriert von einer USA-Reise beschloss sie, etwas Neues zu wagen: So entstand aus dem einstigen Rotlichtschuppen Deutschlands erste Lederbar.

Der Ochsengarten und auch das traditionsreiche, seit dem 19. Jh. existierende Wirtshaus Deutsche Eiche in der Reichenbachstraße trugen entscheidend dazu bei, dass die Isarvorstadt das Szeneviertel wurde. In der Eiche war Schwulsein schon normal, als noch die verschärfte Nazifassung des § 175 galt. Hier trafen sich Schauspieler und Tänzer des nahen Gärtnerplatztheaters. Von der Szene wollte die alte Wirtin Ella Reichenbach offiziell nichts wissen. Wenn sie dann doch mal mitbekam, dass ein Gast ihren Kellnern schöne Augen machte, soll sie gerufen haben: »Lassts meine Buam in Ruah, ös Viecha!« Einer, der vor allem einen Bua nicht in Ruhe ließ, war Film- und Theaterregisseur Rainer Werner Fassbinder. Er verliebte sich 1974 in den Aushilfskellner Armin Meier und zog deshalb ins Haus genau gegenüber der Eiche. Fortan galt die Eiche als Fassbinders »Wohnzimmer«. Fassbinder drehte immer wieder auch in der Eiche, machte den gelernten Metzger Armin Meier zum Star einiger seiner Filme (*Deutschland im Herbst*) und zerbrach schier am Selbstmord des Geliebten 1978.

Eine Straßenschlacht mit Folgen

1969 änderte sich das schwule Leben schlagartig aus zwei Gründen: Erstens liberalisierte der Bundestag im Mai endlich den § 175, und freiwillige sexuelle Handlungen unter Männern ab 21 Jahren blieben straffrei (ab 1973: 18 Jahre). Zweitens stürmte in der Nacht zum 28. Juni des Jahres die New Yorker Polizei die Gaybar Stonewall Inn in der Christopher Street – wo skandalöserweise halbnackte Go-Go-Boys tanzten –, und drängte die Gäste auf die Straße. Zum ersten Mal wagte es die Szene nun, sich körperlich gegen die mutwilligen Razzien zu wehren, die außer der Demütigung keinem Zweck dienten – statt wie gewohnt zu kuschen, flogen Flaschen, Steine und Fäuste. Schwule, Lesben und Anwohner lieferten sich eine Straßenschlacht mit der Ordnungsmacht. Die Unruhen dauerten Tage. Die moderne Homosexuellenbewegung war geboren. In Gedenken an die mutigen New Yorker feiert man seitdem weltweit den Christopher-Street-Day.

In Feierlaune: Filmregisseur Rainer Werner Fassbinder (Mi.) mit seiner großen Liebe Armin Meier (l.) und einer sehr fröhlichen Dame bei einer der legendären Faschingsfeiern in der Deutschen Eiche Mitte der 1970er Jahre.

Überall gründeten sich nun Gruppen, die sich für die Rechte der Schwulen einsetzten. Auch in München. In der Deutschen Eiche tagte am 9. November 1971 erstmals die Homosexuelle-Aktions-Gruppe (HAG), die sich bald in Homosexuelle Aktion München (HAM) umbenennen musste, weil der Kaffeekonzern Hag klagte. Ab Juni 1974 traf sich die Gruppe um den engagierten Publizisten

Die Isarvorstadt LITERARISCH

»Wann hatte es eigentlich angefangen mit den Regenbogenfahnen hier im Glockenbachviertel? Als wären wir in San Francisco, weht die Fahne der Homosexuellen vor den Bars wie dem ›Nil‹, klebt in der Scheibe von ›Tulipa‹, wo ich jede Woche für meinen großen Tisch die Blumen besorge, und drüben bei ›Max & Milian‹, wo Männer ihre Postkarten und Liebesromane kaufen.«
Aus *Der Frisör* von Christian Schünemann, Zürich, 2004

Gustl Angstmann im ex-a-theater in der Pestalozzistraße 20, bis dann im Dezember des gleichen Jahres die Teestube Am Glockenbach 10 eröffnete. Diese Teestube der studentisch geprägten, revolutionären HAM wurde die erste Anlaufstelle für politisch engagierte Schwule. Für viele ging die HAM aber zu weit, 1974 gründete sich daher der Verein für sexuelle Gleichberechtigung (VSG), der von 1978 bis 1985 ebenfalls ein Schwulenzentrum unterhielt (erst in Haidhausen, dann in der Dachauerstraße). Wieder gab es etliche, die mit der Arbeit des VSG unzufrieden waren. Die studentische Homosexuelle Alternative (HALT) und die Rosa Freizeit formierten sich. Die Rosa Freizeit unterhielt in den 1980ern eigene Räume. Auch in der Auenstraße 31 existiere ein Informationszentrum.

1980 entstand die Gruppe Homosexuelle und Kirche (HuK) und am 28. Juni des Jahres erlebte München seinen ersten Christopher-Street-Day, bei dem sich nur ein versprengtes Häuflein Menschen am Viktualienmarkt versammelte – viele aus Angst vor Repression vermummt. Von der heute so lauten und bunten Parade, die Tausende anzieht und 2007 als Mega-Event erstmals an zwei Tagen stattfand, wagte man nicht einmal zu träumen. Aber die Mutigen der ersten Stunde gaben nicht auf, erlebten auf der Höhe der Aids-Hysterie, dass die begleitenden Polizeibeamten permanent Gummihandschuhe trugen. Und 1994 vertraute der CSD ganz auf Frauenpower. Als nämlich Neonazis angekündigt hatten, die Party zu sprengen, setzte sich das Ordnerteam beinahe komplett aus Lesben zusammen. Sonst immer an vorderster Front, wenn es darum geht, Gewalt gegen Schwächere als Heldentum zu verkaufen, kniff der braune Mob dann doch, denn als Frauenschläger wollte keiner dastehen.

Gauweilers eiserner Besen

In den frühen 1980er Jahren zählte München mit San Francisco, New York und Amsterdam zu den vier schwulsten Metropole der Welt – deutschlandweit sowieso ohne jegliche Konkurrenz. Man brauchte keine

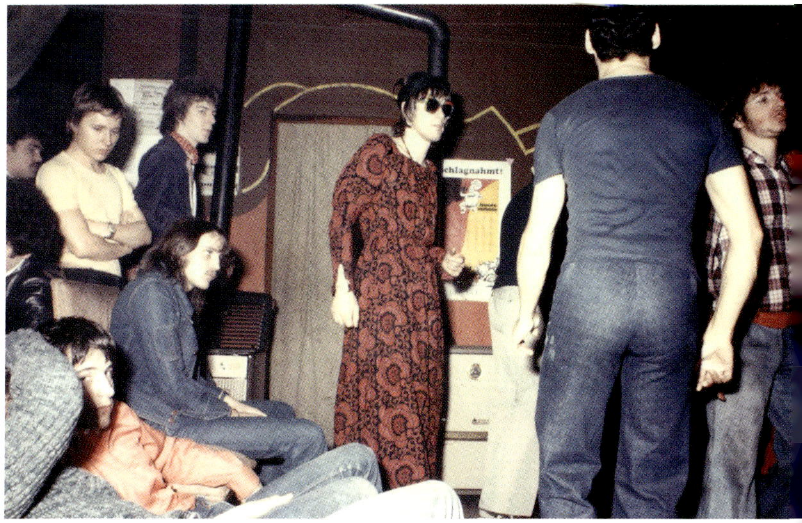

Erste Anlaufstellen: In der Teestube der Homosexuellen Aktion München Am Glockenbach 10 trafen sich ab 1974 Schwule, die sich politisch engagieren wollten (o.). Noch recht brav ging es bei der Faschingsfeier 1976 (Mi.) zu. Von der HAM spaltete sich bald der VSG ab, hier die Mitglieder bei einem Treffen 1987 (u.).

Ein langer Weg: Von den zaghaften Anfängen des Christopher Street Days in München bis zum heutigen Mega-Event mit OB Christian Ude als Schirmherrn (rechte Seite: Kundgebung am Marienplatz 2006) mussten die Veranstalter einen langen Atem beweisen. Politische Themen beherrschten die Demos und der Gegner hatte ein Gesicht: links oben der CSD von 1989, unten der von 1993.

Klappen und Hinterzimmer mehr, man hatte die Isarvorstadt, damals »Äquator« genannt. Wer einen Kerl aufreißen wollte, konnte das nun öffentlich tun.

Gleichzeitig kam der zwischenzeitliche Untergang. Mit dem Aufkommen der Immunschwächekrankheit Aids stand die völlig zersplitterte Münchner Schwulenszene vor enormen Herausforderungen. Die größte hatte einen Namen: Peter Gauweiler (CSU), Kreisverwaltungsreferent. Er wollte mit eisernem Besen die schwule Infrastruktur aus der Stadt fegen. Er forderte Zwangstests, namentliche Meldepflicht und Isolation für HIV-Infizierte. Wegen der regelmäßigen, scharfen Razzien traute sich nachts kaum noch jemand in die beliebte Klappe am Sendlinger Tor. Die Szene schottete sich in Clubs mit »Einlass vorbehalten« ab. Der politische Ton erinnerte an vergangene Zeiten. Sprüche wie »Homosexuelle sind krankhaft und *contra naturam*, und somit dem Randbereich der Entartung zuzuordnen. Dieser Rand muss ausgedünnt werden.« des bayerischen Kultusministers Hans Zehetmair (Der Spiegel, Nr. 12/1987) trugen nicht zur Entspannung der Lage bei. Die ganze Welt schaute geschockt auf München. Viele Schwule verließen die Isarmetropole Richtung Berlin, Hamburg und Köln und trugen dazu bei, dass sich bis heute hartnäckig die Mär hält, man könne als Schwuler in der Stadt, die mit der Türkensauna die allererste deutsche Schwulensauna aufweisen konnte, einfach nicht leben.

Dabei gab es einen prominenten Zeitgenossen, der genau zu dieser Zeit das Gegenteil bewies: Freddie Mercury, Leadsänger der Gruppe Queen, hatte sich in München und vor allem einen Münchner verliebt, lebte zeitweise in der Hans-Sachs-Straße und verkehrte im Ochsengarten, im Frisco (heute Padres, Blumenstraße) oder auch in der Teddy Bar, Hans-Sachs-Straße. Legendär wurde seine »Mutter aller Partys« (O-Ton

Ereignisreiches Jahr 1990: Die neu gegründete Partei »Rosa Liste« zog bei den Kommunalwahlen in vier Bezirksausschüsse ein. Mit dabei: der spätere Stadtrat Thomas Niederbühl (4. v. l.).

Infoladen für Schwule: Die Beratungsstelle des Sub e. V. zog 1993 aus diesen Räumen in der Müller-/Ecke Angertorstraße in ihre heutigen Räume.

BBC) 1985 im Mrs. Hendersen (Müllerstraße), wo er seinen 39. Geburtstag feierte, alle Männer im Fummel zu erscheinen hatten und gleichzeitig das Video zu *Living on my own* gedreht wurde – das filmische Ergebnis schockte die BBC-Verantwortlichen so sehr, dass das Video lange nicht gesendet wurde.

Mercury und andere Berühmtheiten amüsierten sich nach Sperrstunde – denn früher gab es selbst im tiefsten bayrischen Hinterland lockerere Sperrzeiten als in München – in einem der wenigen Lokale, die bis in den frühen Morgen geöffnet sein durften: der ehemaligen Hurenbar Lucian, seit 1971 bekannt als Pimpernel (Müllerstraße). Hier trafen sich Prostituierte beiderlei Geschlechts, Prinzen, Promis, Nachtschwärmer und Transen – bis der Laden zunehmend als üble Stricherkneipe in Verruf geriet und man den Namen Pimpernel automatisch mit Polizeirazzien in Verbindung brachte. Auch, weil der beliebte, nicht offen schwul lebende Schauspieler Walter Sedlmayr (ermordet 1990) hier seinen Mörder kennenlernte. Seit 2007 bemüht sich ein neuer Wirt das Pimpernel als schicke, schwule Lifestyle-Bar zu positionieren.

In den frühen 1980er Jahren eröffnete in der Ecke Müller-/Thalkirchner Straße der legendäre Club New York, der später in die Sonnenstraße umzog. In den Ex-New-York-Räumen hielten sich danach lange Jahre Schwulendiskos (Alcatraz, M-Pire, The Stud), bevor sich kürzlich mit der Ersten Liga die Hetero-Club-Szene breit machte.

Superstar im Isarvorstadt-Fieber: Freddie Mercury, Leadsänger der Gruppe Queen, feierte gerne in Münchner Szeneläden, wie hier in der Deutschen Eiche mit Schauspielerin Barbara Valentin.

Gemeinsam stark

Die Rückschläge der 1980er Jahre hatte trotz allem etwas sehr Positives: Letztlich trugen Gauweiler und sein Nachfolger Uhl dazu bei, dass sich die Szene einte und ihre Kräfte auf den gemeinsamen Feind konzentrierte, dass es für eine funktionierende Schwulenszene viel wichtigeres gab, als eine möglichst hohe Darkroomdichte. VSG, HuK und der Münchner Löwenclub (MLC) gründeten 1984 die Münchner Aids-Hilfe – die erste regionale Einrichtung dieser Art in Deutschland, die zunächst in der Müller-, dann in der Corneliusund seit 1994 in der Lindwurmstraße residiert. Ebenfalls 1984 bot ein Stadtrat der Gauweilerschen Politik Paroli, indem er sich öffentlich outete: Gerd Wolter, für die Grünen von 1984 bis 1990 im Münchner Rathaus, musste daraufhin mit Morddrohungen leben.

Aus den Erfahrungen mit Gauweiler & Co. hatte die engagierte Schwulenszene gelernt. Als gruppenübergreifende Einrichtung wurde 1986 das Schwule Kommunikations- und Kulturzentrum (SchwuKK) gegründet, das zwei Jahre später in der Müllerstraße 44 Räume bezog und dort das Zentrum »Sub, Infoladen für schwule Männer« eröffnete. Der Verein – heute offiziell nur noch Sub e. V. – zog ein paar Mal innerhalb der Müllerstraße um, bis er 1994 seine heutigen Räume fand, wo er umfangreiche Workshops, Beratungen, Freizeit- und Selbsthilfegruppen anbietet oder betreut. 1989 konnte München erneut eine Deutschlandpremiere verzeichnen: Am 2. September beschlossen Schwule und Lesben bei einem Treffen

im Sub, zur Stadtratswahl 1990 mit einer eigenen Liste anzutreten. Die Rosa Liste war geboren und zog auf Anhieb in vier Bezirksausschüsse ein. 1996 wurde mit Thomas Niederbühl der europaweit erste Stadtrat einer schwul-lesbischen Wählerinitiative vereidigt. Auch aufgrund der Erfolge von Sub und Rosa Liste lösten sich 1991 die Rosa Freizeit und 1998 der VSG auf. Mit der Streichung des § 175 im Jahr 1994 endete ein wichtiger Aspekt im Kampf um mehr Rechte für Homosexuelle.

Trotzdem besteht kein Grund, sich zurückzulehnen. Vielen klingen noch die Worte des damaligen CSU-Generalsekretärs Edmund Stoiber im Ohr: »Wenn ich über die steuer- und erbrechtliche Anerkennung von homosexuellen Paaren diskutiere, dann kann ich gleich über Teufelsanbetung diskutieren.« (dpa, 8. August 1991). Im Gegensatz zur bayrischen Staatsspitze zeigte sich die Münchner Stadtspitze unter OB Christian Ude (SPD) seit vielen Jahren deut-

So weit die Pumps tragen: Das legendäre Pumps-Race, bei dem auf hohen Absätzen ein Hindernisparcours bewältigt werden muss, fand ursprünglich im kleinen Rahmen ab 1998 am Holzplatz statt (oben). Dann zog es aus Platzgründen an den Oberanger und heute amüsieren sich Zigtausende auf dem Marienplatz.

lich niveauvoller und kooperativer. 2002 errichtete München das deutschlandweit erste Aids-Memorial am Sendlinger Tor.

Heute ist die Isarvorstadt längst weltweit als DAS Schwulenviertel Münchens bekannt. Hier sind die Infozentren – das erwähnte Sub baut ständig sein Angebot aus, die lesbische Beratungsstelle LeTra befindet sich in der Angertorstraße und die städtische Koordinierungsstelle für gleichgeschlechtliche Lebensweisen gleich ums Eck in der Müllerstraße –, hier sind die meisten Clubs, Bars, Cafés, Läden und Sexshops. Zu den Eurogames (den »Europäischen Schwulen Olympischen Spielen«) platzte 2004 die Kneipenszene zwischen Gartnerplatz und Sendlinger Tor aus allen Nähten. 5.300 Sportler und über 20.000 Gäste, so viele wie bei keinen Eurogames bisher, tummelten sich hier.

Doch zunehmend beklagt die Szene, die die Isarvorstadt zum Hotspot gemacht hat, dass das Viertel verhetet. Wo immer ein schwuler Laden dicht macht, eröffnet umgehend jene Sorte Kneipe, die Schwule, denen man mitunter zu Recht etwas mehr Geschmack nachsagt, meiden. Schwangere statt Schwule bestimmen zunehmend das Straßenbild. Aber letztlich vermischen sich heute die Szenen, vermutlich schrumpft die Schwulenszene nach der auffällig starken Expansion in den 1990ern nur auf ein normales Maß zusammen. Natürlich steht zu befürchten, dass im Gefolge der noch toleranten Heteros, die es cool finden, schwule Nachbarn zu haben, bald diejenigen ins Viertel ziehen, die über die mühsam erkämpften schwulen Freiräume im günstigsten Fall nur die Nase rümpfen, im ungünstigsten die neue Intoleranz fordern.

Doch ein neues schwules Viertel ist in München nicht in Sicht, also bleibt die Isarvorstadt das Bermudadreieck. Außerdem sprechen die Zahlen nach wie vor ein deutliches Bild: Die mit Abstand größte Bevölkerungsgruppe stellen im Viertel Männer zwischen 27 und 54 Jahren (über 60 %) – und das bei einer Singlequote von 68,1 %. Und spätestens zu den zahlreichen Straßenfesten des Viertels, vor allem auf dem 1991 vom Sub ins Leben gerufenen schwulen Hans-Sachs-Straßenfest, besteht kaum ein Zweifel, dass Schwule und Lesben hier ihre Heimat haben. ●

Fotogene Hingucker: Wenn heute der CSD in München stattfindet, sind eher Fotografen zur Stelle und keine Polizisten.

Als die Heuschrecken kamen

Okay, letztlich bin ich selbst schuld: Ich mag mein Glockenbachviertel und will hier einfach wohnen bleiben! Schon allein deshalb, weil ich hier her gezogen bin, lange bevor die Isarvorstadt zum hippsten Viertel der Bayernmetropole aufgestiegen ist. Doch was tun, wenn uns Trendsettern die Spekulanten mit dem Feingefühl von Bulldozern folgen? Zeit für ein wenig Polemik.

Text: Martin Arz

Ja, ich mochte Philippe Starck, wirklich. Ich hatte ihn bis vor kurzen auch in meiner Küche: In Form seiner Parmesandose namens Mister Meumeu. Designklassiker, irgendwann geschenkt bekommen. Nun mag ich Philippe Starck nicht mehr, denn ich mag das alte Arbeitsamt in der Thalkirchner Straße. Seit der Bau leerstand, hatte ich darauf gehofft, dass das Gebäude in Wohnungen umgewandelt wird, und dass ich dann dort eine coole Bleibe finden werde. Nun ist es soweit, die Umwandlung ist im vollen Gang – und nicht nur ich muss draußen bleiben. Denn der Meister des modernen Designs macht aus meinem Arbeitsamt sein »Yoo«. Starck diktiert den Journalisten auf der »Yoo«-Pressekonferenz in die Blöcke, man kaufe hier keine vier Wände sondern ein Lebensgefühl – für 7.000 € pro Quadratmeter. Dennoch betont der Meister, ohne mit der Wimper zu zucken, er und sein »Yoo« seien missverstanden: »Ich bin überhaupt nicht einverstanden mit dem Luxus-Gerede.« Sicher doch, ab einem bestimmten Jahreseinkommen verschiebt sich die Definition von Luxus. Und da der Meister die Wohnungen von der Kloschüssel bis zum Kaffeelöffel auch noch mit seinen Designprodukten einrichtet, spart man sich als Käufer praktischerweise auch gleich eigenen Geschmack.

Das »Yoo«-Projekt ist nicht das erste Luxusprojekt, das die Isarvorstadt zu verkraften hat, und wird nicht das letzte bleiben. Schon das komplette Gärnterplatzviertel und die Hans-Sachs-Straße entstanden einst, weil findige Investoren den Wohnungsmangel Münchens für sich zu nutzen wussten. Auch als die großen Industrieunternehmen, die lange das Straßenbild der Isarvorstadt geprägt hatten, ihre Standorte aufs flache Land verlagerten, gab es einen wilden Bauboom kombiniert mit jeder Menge vertaner Chancen. Was hätte das für ein Loft-Viertel werden können! Aber sie haben die echten Lofts, die Industriebauten, lieber abgerissen, um nun »Lofts« in Chichi-Neubauten zu verscherbeln. In den 1970ern machte man die nicht ohne Grund »Roecklschlössl« genannte Handschuhfabrik platt und klotzte auf das Areal an der Isartalstraße gesichtslose Hochhäuser. In den 1980ern schloss die Zahnradfabrik Hurth ihr Werk an der Westermühl-/Pestalozzi-/Holzstraße, flugs wurde das 10.000 m² große Areal mit denkbar langweiligen Wohnblocks zu-

Isarvorstädter müssen draußen bleiben: Aus dem ehemaligen städtischen Arbeitsamt in der Thalkirchner Straße wird ein Wohnkomplex für Menschen mit prallsten Bankkonten.

Vergangene Pracht: Die AOK in der Maistraße im Jahr 1910 – von der einst prächtigen Fassade blieb nach dem Zweiten Weltkrieg nicht viel übrig. Nun wird das ehemalige Verwaltungsgebäude aufwändig saniert und zu Luxuswohnungen umgebaut.

gebaut, dabei gab es Pläne, aus dem alten Werk eine Loft-Wohnanlage zu machen. Nicht minder unspannend errichtete man auf dem Gelände der einstigen Thomasbrauerei in der Maistraße einen Wohnblock.

In der Zwischenzeit eroberten Jungvolk, Studenten und vor allem die Schwulen die Isarvorstadt. Wer kreativ oder schwul war – idealerweise beides –, zog hierher. Das Abgeranzte, die Asseligkeit, der Gestank des Schlachthofs schreckte uns nicht. Im Gegenteil, der Kiez lockte mit billigen Mieten, urigen Werkstätten in den Hinterhöfen und zweifelhaften bis coolen Etablissements. Bis heute hat sich z. B. Mariettas unbeschreibliches Mylord in der Ickstattstraße gehalten. Legendär war das Tanzlokal Größenwahn in der Klenzestraße (heute: Morizz), urig-studentisch die Galerie in der Westermühlstraße (danach urig-schwul: Seitensprung, heute neumünchnerisch: Hey Luigi) und wo Stefan Effenberg heute im schicken Sushi & Soul rohen Fisch isst, befand sich damals noch ein rotplüschiger Ball der einsamen Herzen (danach szenig: Ballhaus).

Schwabing galt da längst als völlig out; Haidhausen, in den 1980er das letzte Refugium einer Art Subkultur, erstickte unter Chichi und Mondpreisen. Die pulsierende Kneipen- und Kunstszene zwischen Viktualienmarkt und Schlachthof widersprach tapfer dem glattgeleckten Münchenimage. Die Isarvorstadt, vor allem das Glockenbachviertel, blühte so lange still und heimlich vor sich hin, bis die Heuschrecken nach dem üppigen Haidhausen-Mahl wieder Hunger bekamen. Ein Boom ohne sie? Nie! Und weil Isarvorstadt zu sperrig klang, begann man alles als »Glockenbachviertel« zu vermarkten. Noch vor gut zehn Jahren war das anders, da existierte das Glockenbachviertel namentlich praktisch nicht. Es hatte sich an den besseren Ruf des Gärtnerplatzviertels angehängt. Oder gleich ans noblere Thalkirchen.

Alptraum »Aufwertung«

Ende der 1990er stürzten sich die Heuschrecken erst auf den Schrottplatz neben der Tankstelle an der Kapuzinerstraße und bauten ein hochpreisiges Ensemble, dann auf das freiwerdende Gelände des Elektrotechnikkonzern Zettler zwischen Jahn- und Klenzestraße. Hier entstand ein Wohnheim für extremst gut betuchte Senioren (Mindestmiete: 3.300 €). Seitdem wird in fast jeder Straße irgendwo aufwändig saniert, renoviert, entkernt, umgewandelt, entmietet – maklerdeutsch:

»Aufgewertet«. Und das tragischerweise auch mit tödlichen Folgen: 2004 starb eine Mieterin während der Luxussanierung des Hauses Geyerstraße 22. Weil der Rauchabzug blockiert war, erlitt die Frau beim Baden eine Kohlenmonoxydvergiftung und ertrank in der Wanne.

Biotope mussten weichen, damit nun seltsame Blüten knospen können. In den weitläufigen Hinterhöfen der Klenzestraße 40, in denen sich eine alternative Szene mit kleinen Läden und Kneipen etabliert hatte, sollen bald Kräuter wie »Salbei, Lavendel + Rosmarin« duften. So typisch urbayrisch halt. Nein, da entsteht kein Kräutergarten, da setzt man auf den Ruf Münchens, die nördlichste Stadt Italiens zu sein. Echt duftes Konzept: ein exklusives Wohnensemble mit Tagesbar, Wellnessbereich, Schwimmbad und natürlich mit einem in dieser absolut sicheren Gegend in der sichersten Großstadt Deutschlands einfach bitternötigen Concierge. »Wohngenuss für alle Sinne«, verspricht der Bauherr (»Du, ich hocke im Lavendel.« »Ach? Ich bin im Salbei gelandet.«).

Auch das Großprojekt IsarStadtPalais in der Maistraße, bei dem es sich um den entkernten und luxussanierten AOK-Bau handelt, suggeriert ein latentes Unsicherheitsgefühl, dem sich ein Concierge wacker entgegenstellen wird. Ob der allerdings beim Einkaufen im Penny-Markt an der Kapuzinerstraße viel nutzen wird …

Neuestes Objekt der Begierde ist seit kurzem das stillgelegte Heizkraftwerk an der Müllerstraße. Das Projekt wird den klassisch-münchnerischen Namen The Seven bekommen und sich als »Premium-Stadtquartier« an gut situierte Kundschaft wenden, auch wenn die Geschäftsleitung fürchtet: »Schon bald könnte das verschwinden, was das Stadtviertel ausmacht.« Ach, woher denn!

Isarvorstädter wie ich können sich die Wohnungen in den neuen Anlagen natürlich nicht leisten. Wir hören von unseren Vermietern, dass die Heuschrecken schon warten, wenn wir es wagen, ein wenig Wohnkomfort des 21. Jh. in unseren Nachkriegsbauten zu fordern. Wir sind überhaupt nicht eingeplant. Wir haben den Boden bereitet, nun sollen wir gehen. Geplant wird für Konsumenten, die eine harte Berufsausbildung als Sohn oder Tochter abgeschlossen haben und Porsche Cayenne fahren müssen wegen dieser verdammt hohen Bordsteine …

Latte-Macchiato-Tankstellen, meist mit angeschlossener Baby-Designer-Moden-Boutique, schießen wie Pilze aus dem Boden. Sie sind der neue Boom, nachdem zuvor Friseure jeden freiwerdenden Laden übernommen hatten. Längst staksen Modepüppchen-Schablonen durch unsere Straßen. Die Augen verborgen hinter Sonnebrillen größer als das Hirn, verwechseln sie Kreativität mit Kommerz. Sollen wir nun vor den Konsumenten fliehen, denen es egal ist, in welchem Viertel und in welcher Stadt man wohnt – München oder Ulan Bator – Hauptsache angesagt? Viele tun es, oft gezwungenermaßen. Aber ich bleibe. Vorerst. Nicht alles Neue ist schlecht, vieles sogar klasse und noch hat die Isarvorstadt ein gutes Quäntchen ihres alten Charmes bewahrt. Und glücklicherweise sind die Heuschrecken gerade dabei, sich die Maxvorstadt, die Au, das Westend und Altsendling einzuverleiben.

Übrigens: Mister Meumeu musste mich beim letzten Hinterhofflohmarkt verlassen. Für 5 €. Dafür gönne ich mir doch glatt einen Latte. Yoo, man! ●

Hässlich, aber markant: Der Turm des ehemaligen Heizkraftwerks an der Müllerstraße gehört zum Viertel und bleibt trotz Neubebauung erhalten (l.).

Rechte Seite: Das Gärtnerplatztheater – Dreh- und Angelpunkt der Kulturszene in der Isarvorstadt.

die ISARVORSTADT
kulturell

Was für ein Theater

Es war als wirtschaftsorientiertes Volkstheater-Unternehmen gedacht und kam dann doch schnell unter die Fittiche von König und Staat. Das Staatstheater am Gärtnerplatz blickt auf eine wechselvolle Geschichte voller Höhen und Tiefen zurück. Dennoch konnte es sich als eine der führenden Musiktheaterbühnen Deutschlands etablieren.

Text: Martin Arz

Ein Theater als Aktiengesellschaft? Warum nicht! Was in Bonn und Bad Cannstatt geklappt hatte, musste doch auch in München möglich sein. Eine Gruppe von Geschäftsleuten witterte gute Rendite, gründete 1863 eine AG und spannte die Presse dafür ein, ordentlich die Werbetrommel für ihr Unternehmen zu rühren. Der Bauplatz stand auch schon fest: Im neu entstehenden Viertel auf dem Eichthal-Anger sollte es einen attraktiven Anziehungspunkt geben, der die ganze Gegend aufwerten würde. 700 Bürger zeichneten Aktien, 200.000 Gulden Startkapital kamen zusammen. König Maximilian II. verweigerte allerdings seine Zustimmung zu dem Projekt. Nach dessen Tod erteilte Nachfolger Ludwig II. kurz nach seiner Thronbesteigung aber die Zustimmung. Der Architekt Franz Reifenstuel entwarf den Bau mit dem nahezu spitz zulaufenden Grundriss zwischen Klenze- und Reichenbachstraße. Am 27. Mai 1865 konnte Richtfest gefeiert werden und im November desselben Jahres eröffnete das Aktien-Volkstheater mit dem Singspiel *Was wir wollen* von Hermann Schmid, Musik von Georg Krempelsetzer, sowie dem Einakter von Jacques Offenbach *Salon Pitzelberger oder Musikalische Soiree in der Vorstadt.* Die Allgemeine Theater-Chronik jubelte am 18. November 1865: »Das neue Volkstheater ist unter den günstigsten Auspicien eröffnet worden.«

Hermann Schmid übernahm zunächst die provisorische Leitung des Hauses, denn der neue Direktor Friedrich Engelken kündigte nach nur wenigen Monaten wieder, weil er den Einmischungen des Verwaltungsrats nicht standhalten konnte. Fortan wechselten die Direktoren innerhalb weniger Monate, auch Jo-

Werbung ist alles: Man kann es kaum als das erkennen, was es ist – 1906 beherrschte Werbung die Programmhefte und der Schauspieler Josef Ludl im Kostüm des »grimmigen Hagen« wirkt wie eine Werbefigur.

Gastrolle: 1874 spielte Anna Schramm aus Berlin in dem Schwank Frauenemancipation.

Künstliche Eisbahn
Galleriestr. 26.
ABENDLAUFEN
an den Dienstagen, Donnerstagen (bei Konzert) und Freitagen.
MARIENBAD
Barerstrasse 11 ★ Telephon 8502
empfiehlt alle Arten
Wannen-, Kneipp-, Dampf- und Douchebäder.
Bäder werden zu jeder Zeit pünktlichst ins Haus geliefert.
Josef Ludl: „Ich bin der grimme Hagen".
Aus der Operette „Die lustigen Nibelungen".
A. & A. Luisi
Hoflieferanten.
Stets Novitäten in echten Schildpatt-Waren und Fächern.
Eigenes u. französisches Fabrikat.
Grosses Lager in:

Königliches Theater am Gärtnerplatz.
Freitag den 15. Mai 1874.
Fräulein Anna Schramm,
vom Wallnertheater in Berlin, als Gast.
Zum ersten Male wiederholt:
Frauenemancipation.
Schwank in einem Aufzuge von Karl Sonntag.
Personen:
Hierauf:
Zum ersten Male wiederholt:
Vor dem Balle.
Dramatischer Scherz mit Gesang in einem Aufzuge.
Personen:
Zum Schlusse:
Zum ersten Male wiederholt:
Für's Theater lass' ich mein Leben.
Schwank mit Gesang in einem Aufzuge von H. Salingré. — Musik von R. Bial.
Personen:
Ort der Handlung: Dresden.
Preise der Plätze:
Eröffnung der Kasse um 6 Uhr. Anfang um 7 Uhr. Ende nach 9 Uhr.

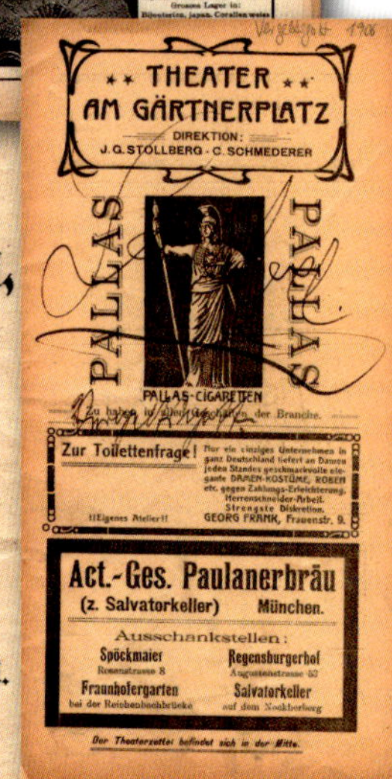
THEATER AM GÄRTNERPLATZ
DIREKTION:
J. G. STOLLBERG · C. SCHMEDERER
PALLAS PALLAS
PALLAS-CIGARETTEN
Zur Toilettenfrage!
Nur ein einziges Unternehmen in ganz Deutschland liefert an Damen jeden Standes geschmackvolle elegante DAMEN-KOSTÜME, ROBEN etc. gegen Zahlungs-Erleichterung.
Herrenschneider-Arbeit.
Strengste Diskretion.
!!Eigenes Atelier!!
GEORG FRANK, Frauenstr. 9.
Act.-Ges. Paulanerbräu
(z. Salvatorkeller) München.
Ausschankstellen:
Spöckmaier
Rosenstrasse 8
Regensburgerhof
Fraunhofergarten
bei der Reichenbachbrücke
Salvatorkeller
Der Theaterzettel befindet sich in der Mitte.

Walzer für ein Theater: Der »Verwalthungs-Rath« A. Hager komponierte den Münchner-Volkstheater-Walzer. *Das Titelblatt zeigt den Stich von Gunkel, der kurz nach der Fertigstellung des Theaters 1865 entstand.*

hann Schweiger, ehemaliger Direktor des Vorstadttheaters in der Au, versuchte sein Glück. Immerhin hatte er die Schließung seines Theaters dem Aktien-Volkstheater zu verdanken. Doch auch er scheiterte. Immer wieder übernahm Schmid als Interimsleiter die Verantwortung.

Ludwig II. schaltet sich ein

Das ewige Hin und Her schadete der Bühne enorm, häufig genug musste man kurzfristig schließen. 1868 kam es sogar zur Kassenpfändung. Zwei Jahre später stand das Aktien-Volkstheater dann vor dem endgültigen Aus: Am 10. März wurde das Haus für nur 70.000 Gulden versteigert. Wer der neue Eigentümer war, blieb ungeklärt. Die eine Quelle nennt den Privatier Hemmeter, die andere Friedrich Engelken und seinen Bruder. Letztlich veranstaltete der beliebte Volksschauspieler Joseph Preis eine Unterschriftenaktion für ein Gesuch an König Ludwig II. Schließlich übernahm der kulturliebende Monarch das Haus auf Widerruf, das ab dem 15. Oktober 1871 Königliches Volks-Theater hieß und zum 3. Hoftheater erhoben wurde. Der Erfolg stellte sich allerdings nicht ein, das

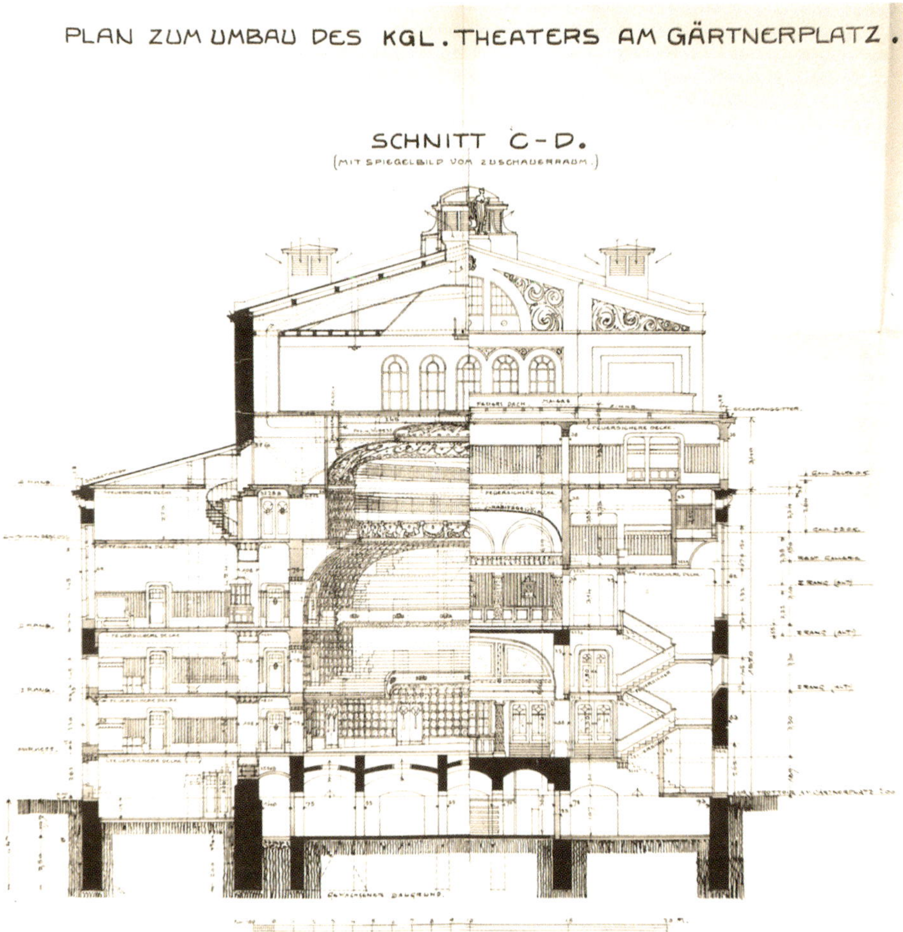

Querschnitt durch ein Theater: Der Plan zum Umbau des Zuschauerraums vom 26. Oktober 1910, der zwei Jahre später realisiert wurde.

Publikum blieb aus, an manchen Wochentagen gab es daher gar keine Vorstellung. 1879 führte die katastrophale finanzielle Lage dazu, dass der König sich zurückzog. Georg Lang, bislang Direktor des Stadttheaters Danzig, übernahm die Leitung des Hauses, das fortan als Theater am Gärtnerplatz firmierte.

Nach einem verheerenden Brand im Wiener Ringtheater erfolgten 1883 umfangreiche Umbaumaßnahmen im Gärtnerplatztheater. Ein eiserner Vorhang, neue Ausgänge und eine Regenanlage sollten für mehr Sicherheit sorgen. Fünf Jahre später bekam das Theater elektrische Beleuchtung, kurz danach baute Emanuel von Seidl die Königsloge ein. Das Haus hatte da seine wirtschaftlichen Schwierigkeiten überwunden und stieg langsam zur führenden Operettenbühne Deutschlands auf. Stars wie Adele Sandrock und die legendäre Eleonore Duse gaben Gastspiele. Lehar selbst dirigierte hier 1907 die 200. Aufführung seiner *Lustigen Witwe.*

Zwei Kriege und die Folgen

Im Ersten Weltkrieg musste der Betrieb zeitweise wegen Kohlenmangel eingestellt werden. Im Revolutionsjahr 1919 geriet das Haus kurzfristig zwischen die Fronten und wurde belagert. 1926 kam die Umgestaltung von Foyer, Garderoben und Wandelgängen, fünf Jahre danach ersetzte man die hölzerne Bühnenkonstruktion durch eine eiserne. Einer der ersten, der auf der neuen Bühne auftrat, war dann Karl Valentin mit seinem *Im Senderaum.*

Der Freistaat Bayern übernahm 1937 das Theater und ließ gleich eine Drehbühne sowie einen höhenverstellbaren Orchestergraben einbauen. Das Deckengemälde *Geburt der Schönheit* zierte fortan den Zuschauerraum. Zur Wiedereröffnung als Bayrische Staatsoperette spielte man *Die Fledermaus.* Ein Jahr später gab Operettenlegende Johannes Heesters hier sein Debüt als Graf Danilo in *Die lustige Witwe.*

Der letzte Fliegerbombenangriff des Zweiten Weltkriegs auf München traf das Theater so schlimm, dass es unbespielbar wurde. Der Portalvorbau existierte praktisch nicht mehr, das Bühnenhaus brannte nieder. Man wich in das Theater an der Schornstraße aus. Nach Beseitigung der gröbsten Schäden wurde es 1948 mit *Eine Nacht in Venedig* von Johann Strauß als eines der ersten Nachkriegstheater Deutschlands wiedereröffnet. »Geld verdienen in extrem harten Zeiten«, hieß nun die Devise. Zugkräftige, prächtig ausgestattete Operetten wie *Gräfin Mariza, Die Csárdasfürstin* und *Land des Lächelns* ließen die Menschen ihre Not und das Elend vergessen und sorgten für regen Zulauf. Zwanzig Jahre danach ließ die Staatsregierung den Zuschauerraum nach den Originalplänen von 1865 wiederherstellen und eine Klimaanlage einbauen. 1976 inszenierte Hellmuth Matiasek, der von 1983 bis 1996 Intendant des Hauses werden sollte, erstmals am Gärtnerplatztheater. Im selben Jahr entstand der Neubau an der Klenzestraße, in dem die Verwaltung, Kantine, Werkstätten, eine Probebühne, der Chorprobensaal und der Ballettsaal Platz fanden. Mit enormem finanziellem Aufwand konnten 1982 die seit 1964 andauernden Umbau- und Renovierungsmaßnahmen beendet werden. Rund 36 Mio. DM hatte man investiert, dafür erstrahlt die Fassade seitdem wieder so, wie Reifenstuel sie entworfen hatte. Auch im Inneren wurde weiterhin kräftig investiert: für neue Ton- und Lichtsysteme und eine komplett neue Bühnentechnik.

Unter der neuen Leitung von Ulrich Peters, seit 2007 Intendant, bleibt das Staatstheater am Gärtnerplatz seiner musiklastigen Ausrichtung treu. Das Opernrepertoire reicht von Barock bis Moderne. Operette und Musical sind weiterhin fester Bestandteil des Spielplans, ebenso die Aufführungen des TanzTheaters München. Regelmäßige Inszenierungen eigens für Kinder machen die Welt des Musiktheaters für die Jüngsten erleb- und begreifbar. ●

Die Isarvorstadt LITERARISCH

»Der Vater nahm mich mit in das Gärtnerplatztheater. Wir saßen stets an selber Stelle: erster Rang links, erste Loge, die Eckplätze. So sah ich unter mir die blitzenden Instrumente und vor mir zum Greifen nah die Schauspieler. (...) Und unvergesslich – in der Pause das Vanillegefrorene, serviert vom Logendiener in blauem königlichem Rock.«
Aus *Vom Rindermarkt zur Leopoldstraße* von Luigi von Buerkel, München, o. J.

Nach dem Krieg: 1954 waren die schlimmsten Kriegsschäden am Gärtnerplatztheater bereits beseitigt, nicht aber in der Umgebung. Die Zelte und Baracken im Vordergrund dienten als Notunterkünfte.

Bühne frei

Mit Intrigen gelang es im 19. Jh. dem Königlichen Hoftheater die aufkeimende, höchst erfolgreiche Vorstadt-Theaterszene kaputt zu machen. Außer in derben Volksstücken auf Wirtshausbühnen existierte lange keine unabhängige Theaterkultur im Viertel. Das änderte sich erst in den 1970ern.

Text: Martin Arz

Leicht hatte es sich die Muse all die Jahre in der Isarvorstadt gemacht: Außer dem Gärtnerplatztheater existierten früher fast nur kleine Bühnen, die derbe Schwänke, Bauernstücke oder gar Tingeltangel darboten. Freilich gab es einst auch das Königliche Theater vor dem Isartor, in dem sich 1812 unter der Leitung von Direktor Johann Weinmüller erstmals der Vorhang hob, um das Melodrama *Salomes Urteil* über die Bühne gehen zu lassen.

Zehn Jahre später übernahm Carl Carl (eigentlich Carl von Bernbrunn) die Leitung. München-Chronist Ulrich von Destouches schrieb über das von Emanuel d'Herigoyen erbaute Haus: »Das Innere des Theaters gewährt einen heiteren Anblick. Es ist blau und weiß dekoriert und mit kleinen Figuren über den Logen besetzt, enthält rückwärts Parterre eine Parterre-Galerie, 3 Reihen Logen und über der letzten Logenreihe eine Galerie.« Zwar mühte sich das Theater redlich, das Programm halbwegs anspruchsvoll zu gestalten, doch letztlich schwankte es zwischen *Hamlet* und Varieténummern von Tierdompteuren. Aber gerade deshalb stieg das Theater zum ernsten Konkurrenten für das Hoftheater auf, dessen Intendanz eifrig gegen das Vorstadttheater intrigierte. Doch 1825 starb König Maximilian II., der das Theater gefördert hatte. Die Subventionen wurden sofort gestrichen, Carl zog mit seiner Truppe weiter nach Wien. Im leeren Theaterbau kam erst ein Leihhaus unter, später der Atlantik-Filmpalast. Im Zweiten Weltkrieg zerstörten Bomben das Haus, das eingeebnet und zur Straße wurde (zwischen Westenrieder- und Frauenstraße am Isartor).

Doch zurück zur frühen Theaterszene: 1848 kam die leichte Muse wieder. Max Schweiger, ein Neffe von Joseph Schweiger, der in der Au ein beliebtes Theater betrieb, eröffnete sein Isarvorstadt-Theater beim Gasthaus Zu den drei Linden an der Müllerstraße. Die Bühne war immer bestens besucht, besonders Lokalpossen und Volksstücke erfreuten sich größter Beliebtheit. Die Stücke hießen *Die Räuber bei der Hausunterhaltung* oder *Pelzpalatin und Kachelofen*. Der »Staberl«, eine klassische komische Figur aus dem Wiener Volkstheater, gehörte zu den absoluten Publikumslieblingen. Doch selbst an Klassiker wie den *Faust* wagte man sich heran – so erfolgreich, dass die Intendanz des Hoftheaters dafür sorgte, dass dem Isarvorstadt-Theater die Aufführung klassischer Stücke und das Engagement von Hofschauspielern untersagt wurde. Dennoch kamen selbst die Könige Maximilian II. und Ludwig I. zu Schweiger in die Vorstadt. 1865 fiel der letzte Vorhang für das Schweigertheater in der Isarvorstadt auf höheren Befehl, denn das Volk sollte sich fortan

Die Isarvorstadt LITERARISCH

»Enorm ›in‹ alles. Der griechische Tante-Emma-Laden, das alternative Theater, das engagierte Kino, die renovierten Altbauten, das Straßenleben, die Kneipen, die Schwulenbars, das ›Mylord‹, in das früher nur Lesben und seit Jahren auch Heteros durften (...) Statt der Holzarbeiter und Glockengießer lebte und wohnte heute hier der zweite Lebensabschnitt, jene Abteilung dieses Abschnitts, die nicht bei Aldi einkaufte. Oder erst recht. Wenn demnächst der dritte Lebensabschnitt sein Domizil bezog, war die Münchenisierung auch dieses Viertels endgültig abgeschlossen. Manchmal sehnte ich mich nach einer anderen Stadt. Dann fiel mir keine ein.«
Aus *Süden und das Gelöbnis des gefallenen Engels* von Friedrich Ani, München, 2001

Absurdes im Modernen: Im August 1991 spielte das Moderne Theater in der Hans-Sachs-Straße Becketts Späte Stücke.

im neuen Aktien-Volkstheater (Gärtnerplatztheater) amüsieren. Alle Versuche Schweigers, eine neue Konzession zu bekommen, scheiterten. Später erbaute an dieser Stelle Franz Kil sein legendäres Kolosseum.

Andere Gaststätten wie das Wirtshaus zur Lacke in der Holzstraße verfügten ebenfalls über Bühnen, deren Programm sich an die einfachen Schichten wandte. In den Drei Linden hüpften einst auch die Marionetten von Papa Schmid, eigentlich Josef Leonhard Schmid, bevor er 1858 sein eigenes, heute noch existierendes Theater an der Blumenstraße 32 mit dem Stück *Prinz Rosenroth und Prinzessin Lilienweiß oder die bezauberte Lilie* eröffnen konnte. Schmid und sein Mitstreiter Franz Graf von Pocci sahen im Marionettentheater eine Erziehungsform für Jugendliche, damit die »durchaus entfernt bleiben von jenen nur die Rohheit der Jugend befördernden Hanswurstiaden, wie wir sie zur Genüge dahier auf Dulten« sehen. Papa Schmids Theater (Architekt: Theodor Fischer) gilt heute als das älteste nichtmobile Marionettentheater im deutschsprachigen Raum.

Das Moderne Theater ... undsofort

Erst in den 1970er Jahren kamen wieder Theatermacher ins Viertel, die sich einem anspruchsvolleren Programm verschrieben hatten. 1978 zog das Moderne Theater von Uta Emmer nach zehn Jahren in Schwabing in die Hans-Sachs-Straße 12 (damals 16). Dort ließ Uta Emmer die Räume einer leerstehenden Offsetdruckerei zum Theater mit angeschlossenem Theaterlokal umbauen und schrieb fortan Theatergeschichte nicht nur für München.

Der skandalumwitterte Franz Xaver Kroetz avancierte quasi zum Haus- und Hofautoren, zahlreiche seiner Stücke erlebten hier ihre Erst- oder Uraufführungen. Schauspieler wie Eva Mattes, Fred Stillkrauth, Ilse Neubauer, Karl Obermeier oder Katja Flint standen auf der Bühne des Modernen Theaters. Jörg Hube spielte ein halbes Jahr lang *Das Nest* von Kroetz. Rainer Werner Fassbinder tobte, als »sein« Kurt Raab fremdging und im Modernen Theater den *König Ubu* gab. In den 1980ern konnte man auch eine Schauspielerin

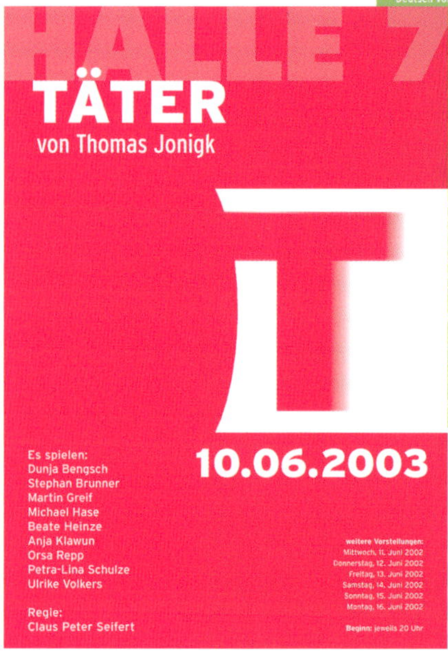

Arbeit in schwierigen Zeiten: Das Projekt Halle 7 gibt Menschen in Theaterberufen eine Chance, die Arbeitslosigkeit zu überbrücken. Hier Theaterplakate von 2003.

erleben, die kurze Zeit später in Hollywood Karriere machte: Marianne Sägebrecht in Philipp Sonntags *Ritter in der Not*.

Nach gut 30 Jahren Theaterarbeit zog sich Uta Emmer zurück und übergab den Leuten der Theatertruppe theater … undsofort die Räume. Die Gruppe existierte bereits seit 1989 und spielte ihre Produktionen auf wechselnden Bühnen. 1998 gründeten die Mitglieder den Verein Theta e. V. zur Förderung der freien Theater- und Tanzkultur in München. Ihr theater … undsofort eröffnete am 24. Februar 1999 mit *Machina* von Christian Kroos. Seitdem bietet die Truppe um Intendant, Autor und Schauspieler Heiko Dietz anspruchsvolle Hausproduktionen. Ein Besitzerwechsel der Räumlichkeiten, der umfangreiche Umbaumaßnahmen vor allem im vorgelagerten Lokal mit sich brachte (aus dem patinaschweren Tagöll bzw. Zweistein wurde das glattpolierte Kranz), bedeutete beinahe das Aus für die Bühne. Denn die neue Eigentümerin tat sich schwer mit dem Theater. Doch vorerst scheint das Weiterbestehen des theater … undsofort gesichert zu sein. Im Oktober 2004 gründeten die Theta-Leute zudem den TheaterRaum München, eine Berufsfachschule für Schauspiel und Regie, deren Studenten schon mehrfach preisgekrönt wurden.

Das Teamtheater von der Tankstelle

Mit einem Vatermord startete das Teamtheater unter der Leitung von Stephan Märki seine Existenz. *Vatermord* hieß das Stück von Arnold Bronnen, mit dem die Theatergruppe 1985 in den Räumen Am Einlaß 4 eröffnete. Erfolgsstücke wie *Butterbrot* von Gabriel Barylli prägten die Anfangsjahre und man beschloss sich auszudehnen, als 1992 die benachbarte Tankstelle aufgab. Das Teamthcater Tankstelle war geboren. Doch schon zwei Jahre später endete das Projekt – die wichtigen Fördergelder der Stadt München blieben plötzlich aus. Stephan Märki und sein Team lösten sich auf. Einzig das Gründungsmitglied Petra Maria Grühn wollte nicht aufgeben. Sie kam aus ihrer neuen Heimat Paris, wo sie die Theatergruppe Compagnie Antéros gegründet hatte, nach München zurück. Sie übernahm die Leitung und am 4. Oktober 1994 begann unter ihrer Regie mit *Der tropische Baum* von Yukio Mishima die neue Ära des Teamtheaters. Die Anfangszeit musste sich das Theater, das 99 Zuschauern Platz bietet, ohne öffentliche Gelder durchkämpfen. Erst 1996 flossen die überlebenswichtigen Zuschüsse wieder. Ein Jahr später kam das alte Teamtheater in den Räumen neben der Tankstelle ebenfalls unter die Fittiche von Petra Maria Grühn und firmierte nun als Teamtheater Comedy. Diese Bühne muss bis heute ohne Fördergelder auskommen.

Eine Halle als Chance

Ein außergewöhnliches, damals bundesweit einzigartiges Projekt für Theaterberufe riefen die Regisseure Claus Peter Seifert und Dirk Engler im Februar 2001 ins Leben: Sie gründeten den inkunst e. V. Sie wollten Schauspielern und anderen, die professionell im Bereich Darstellende Kunst arbeiten, die Möglichkeit geben, auch in Zeiten der Arbeitslosigkeit weiter ihren Beruf ausüben zu können. In der Waltherstraße 7a konnten sie ein leerstehendes Gebäude der Stadtwerke München anmieten und als Proberäume für eigene Inszenierungen nutzen. Als Partner gewannen die Macher die Bundesagentur für Arbeit, die die Inszenierungen als Weiterbildungsprogramm finanziell unterstützt: In jeweils vier Monaten erarbeiten seitdem die Ensembles eine Inszenierung und führen diese anschließend auf. Sprach- und Körpertraining ergänzen das Angebot. Mit Tschechows *Der Kirschgarten* ging es los. Schon bald wurden die Probenräume zum

Spielort ausgebaut: die Halle 7 war geboren. Für die Arbeitsagentur lohnt sich das Engagement, denn viele Schauspieler, die in der Halle 7 arbeiteten, bekamen anschließend neue Engagements und waren nicht weiter auf Arbeitslosengeld angewiesen. Mit dem Umbaubeginn des alten Arbeitsamts, Thalkirchner Straße, und der ehemaligen AOK, Maistraße, musste die Halle 7 sich neue Räume suchen. Nun findet das Theaterprojekt in der Kultfabrik am Ostbahnhof statt.

Eine Tradition lebt weiter

Noch eine weitere Bühne existierte in der Isarvorstadt: Das Theater in der Westermühle, 1982 von Dimi Palos, Tony Mavridis und Luba Mischutin in den Räumen einer ehemaligen Spenglerei in der Westermühlstraße 28 gegründet. Die Kulturinitiative mit angeschlossener Galerie und Lokal zog Anfang der 1990er in die Maxvorstadt um. Leider konnten wir an dieser Stelle nichts Weiteres darüber herausfinden.

Die alte Vorstadt-Tradition der Wirtshausbühnen setzen heute noch die Macher von Kultur im Schlachthof, Zenettistraße (siehe S. 178), und des Fraunhofertheaters in der Fraunhoferstraße fort. Letzteres ist bis heute eng mit der Gaststätte verbunden. Wirt Beppi Bachmaier betrieb früher das MUH in der Hackenstraße, in dem bereits regelmäßig Konzerte und Kabarett stattfanden. Ab 1974 holte er seine Künstler kurzerhand ins Fraunhofer. Dabei wird ganz bewusst auch das Volkstheater gepflegt. Die Bühne bot schon immer und bietet auch weiterhin Nachwuchskünstlern eine Plattform. Sigi Zimmerschied oder Eisi Gulp sammelten hier ihre ersten Erfahrungen vor Publikum. Für Eisi Gulp war das eine Art »Zurück zu den Wurzeln«, denn seine Familie stammt aus der Isarvorstadt. Sein Urahn Anton Eisenrieder betrieb einst das Gesundheitsbad in der Müllerstraße und seine Mutter hatte einen Zeitschriftenladen ebenfalls in der Müllerstraße. ●

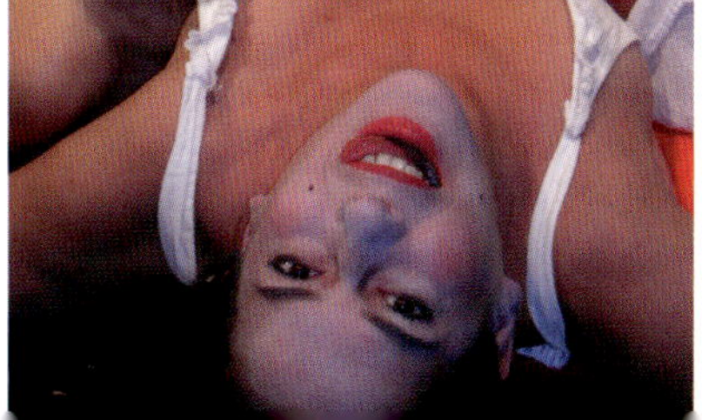

Im Teamtheater: oben der Bühnenraum des Teamtheaters Tankstelle, rechts eine Szene aus der Inszenierung Gefährliche Liebschaften *von 2007.*

Vom Sündenpfuhl zum Touristenmagnet

Wer vom Europäischen Patentamt Richtung Deutsches Museum blickt, denkt nicht an ein Hafenviertel mit all seinen Schattenseiten: Kneipen, Spelunken, betrunkene Männer, leichte Mädchen, Schlägereien …

Text: Ann E. Hacker

Neben ihrer Bedeutung als einstmals größter Floßhafen Europas birgt die Gegend um die heutige Museumsinsel eine für München viel wichtigere Begebenheit: 1158 ließ Herzog Heinrich der Löwe zwei Brücken über die damalige Sandbank errichten und begründete mit einer Zollstation die Stadt München. Die Isar zeigte sich zu oft von ihrer reißenden Seite, vor allem im Frühjahr, nach der Schneeschmelze, und so mussten die Brücken viele Male repariert oder gar neu errichtet werden. Doch der Fluss brachte auch jede Menge Geröll mit sich und vergrößerte die Sandbank stetig, sodass diese im Mittelalter als Floßlände genutzt werden konnte. Es war zwar vor allem Holz, das befördert wurde, doch die Isar war ein wichtiger Verkehrsweg für den Handel mit Italien, und so lagerten auch edlere Dinge neben den Holzstapeln auf der Kohleninsel. Den Namen erhielt sie, weil Brennholz zu Holzkohle gebrannt wurde, mit der die Münchner heizten. Die Flöße hingegen wurden oftmals zu Bauholz umfunktioniert. Viele Dachstühle von Münchens alten Häusern weisen Schleifspuren der Flöße auf. Auch das Holz für das Dach der Frauenkirche wurde damals so angeliefert; man benötigte 147 Flöße mit insgesamt 1.200 Stämmen.

Bis zu 12.000 Flöße jährlich passierten die Kohleninsel. Erst als Venedig seine Vormachtstellung durch die napoleonischen Kriege verlor, ließ auch der Handel nach. In der zweiten Hälfte des 19. Jh. überschritt die Flößerei ihren Höhepunkt, gegen Ende des Jahrhunderts wurde die Floßlände nach Thalkirchen verlegt.

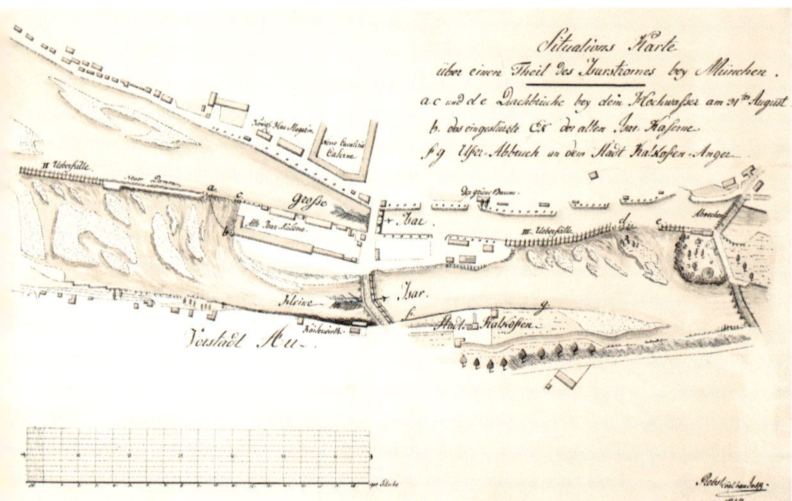

Plan der alten Kohleninsel: »Situations Karte über einen Theil des Isarstromes bey München …« aus dem Jahr 1814.

Soldaten gegen Hungerleider

Nicht nur der Sündenpfuhl Hafenviertel, sondern vor allem auch die Au, mit rund 9.000 Einwohnern damals drittgrößte Stadt Bayerns, waren dem braven Bürgertum Münchens ein Dorn im Auge. Die Stadt hatte das Proletariat nicht mehr gewollt und es kurzentschlossen

Heute wäre das museal: Die Floßlände auf der Kohleninsel, gemalt 1889 von Otto Strützel. Links am anderen Isarufer die Neue Isarkaserne.

in die Au ausgewiesen. Nun befürchtete man, dass sich die Tagelöhner und Hungerleider rächen würden, indem sie die gut gefütterten Hunde der reichen Bürger einfingen, schlachteten und aßen. So entstand unter Kurfürst Maximilian Emanuel um 1715 auf der Insel eine der ältesten Münchner Kasernen – auch um sich durch die Militärpräsenz die armen Auer vom Leib zu halten. 418 Ulanen mit ihren Pferden bildeten die erste Garnison. Mitte des 18. Jh. wurde auf der Kohleninsel der Rote Turm errichtet, um die stadtseitige Brückenauffahrt zu schützen. Doch bereits 1777 beschädigte der Beschuss der Österreicher den Turm so sehr, dass er abgetragen werden musste.

1797 wurde ein neues Kasernengebäude für die Schweren Reiter erbaut, das Platz für 724 Pferde und 954 Soldaten bot. Doch die Situation auf der Insel gestaltete sich nicht zuletzt wegen der Hochwasser schwierig. Zeitweise standen die Gebäude leer, Truppenteile wurden ausgelagert und auch der Bau der Neuen Isarkaserne am Ufer gegenüber trug dazu bei, dass die Alte Isarkaserne auf der Kohleninsel zwischenzeitlich nur noch als Stallungsanlage genutzt wurde. Man stationierte Fuhrwerks-Soldaten, damit die Tiere im Brandfall gerettet werden konnten. Nach umfangreichen Sanierungsarbeiten bezogen noch einmal reitende Artillerie und Chevauleger-Regimenter die Kaserne. Doch 1884 verhandelte die Garnisonleitung bereits mit der Stadt über den Verkauf des Geländes.

Der erste Schritt zum Museum

Die Insel, aber auch die Kasernengebäude litten unter dem immer wiederkehrenden Hochwasser. 1899 kam das katastrophalste Hochwasser, das die Stadt München bis dato jemals erlebt hatte. Zwei von fünf Brücken stürzten ein, die anderen wurden schwer beschädigt, die Uferbefestigung wurde komplett weggerissen. Die Stadt beschloss, endlich Geld zu investieren und den Fluss in seine Schranken zu weisen. Man sicherte das Isarufer mit Hilfe von Beton, die Kohleninsel erhielt eine Befestigung nach dem Vorbild der Pariser Île de la Cité. Doch erst nach dem Bau des Sylvensteinspeichers 1959 gab es keine Hochwässer mehr, die zu schweren Überschwemmungen führten.

Reste einer Garnison: Die Kohleninsel im Jahr 1890 Richtung Au gesehen, links die Alte Isarkaserne, rechts die Auer Kirche am Mariahilfplatz (o.). Die Alte Isarkaserne im Jahr 1905, kurz vor Baubeginn des Deutschen Museums (r.).

Inselbahnhof: Bei den Überlegungen, was aus der ehemaligen Armee-Insel werden sollte, gab es auch außergewöhnlichere Vorschläge. Theodor Lechner entwarf 1900 diese Idee eines Bahnhofs.

Die alte Isarkaserne der Schweren Reiter auf der Kohleninsel war bis 1885 in Betrieb. Die Gebäude auf der Insel wurden nach und nach abgerissen; die letzten wichen 1928 dem Bau des Museums. Wegen ihrer einmaligen Lage inmitten der jetzt gebändigten Isar wurde die Kohleninsel schließlich mehr und mehr für Ausstellungen und als Vergnügungspark genutzt. Man baute neue Hallen und errichtete an Stelle des heutigen Kongresssaales einen repräsentativen korinthischen Tempel.

1890 wollte der in den 1820er Jahren gegründete Polytechnische Verein in Bayern in den Ausstellungshallen der Insel ein Hygiene- bzw. Gewerbemuseum errichten. 1897 fand die 2. Kraft- und Arbeitsmaschinenausstellung statt. Eigens dafür erbaute man zwei weitere Holzbrücken, um den Menschen den Zugang zur Insel zu erleichtern. Den Kindern gefiel vor allem eine Wasserrutsche von der Insel in die Isar.

Das Areal rund um die Kohleninsel wurde seit jeher industriell genutzt. Schon früh wurde der Isar Wasser abgegraben und in Stadtbäche umgeleitet, die die verschiedensten Mühlen antrieben. In der heutigen Lilienstraße stand ein Manufakturhaus, das nacheinander eine misslungene Seidenraupenzucht, diverse Produk-

Feierliche Grundsteinlegung: Die Stadt München lud 1906 zum Festmahl anlässlich der Grundsteinlegung des Deutschen Museums, bei der auch das deutsche Kaiserpaar und der bayrische Prinzregent anwesend waren.

tionen und schließlich eine Brauerei beherbergte. Das mag die Errichtung eines Technikmuseums genau dort womöglich gefördert haben.

Oskar von Miller, der Museumsmacher

Dass ein Museum für Technik und Naturwissenschaften in München und nicht im damals wesentlich wichtigeren Berlin gegründet wurde, liegt vor allem an einem Mann: Oskar von Miller. 1855 als Sohn des Erzgießers Ferdinand (von) Miller geboren, wuchs Oskar in einer handwerklich-technischen Familie auf. Nach dem Ingenieurstudium am Münchner Polytechnikum trat er in den Staatsdienst ein. 1881 besuchte er die Ausstellung der Elektrotechnik in Paris und initiierte ein Jahr später eine ähnliche Ausstellung in München, wo er zum ersten Mal die Fernübertragung von elektrischer Energie über die 57 km lange Entfernung von Miesbach nach München demonstrierte.

1883 ging er als Direktor der Deutschen Edison Gesellschaft (der späteren AEG) nach Berlin, kehrte jedoch sechs Jahre später zurück nach München und gründete ein Ingenieurbüro. Oskar von Miller war maßgeblich am Aufbau der Bayernwerke beteiligt, die Elektrizität aus dem Speicherkraftwerk am Walchensee gewannen und damit das Land Bayern mit Strom versorgten. Er war Vorsitzender des bayerischen Bezirksvereins des VDI (Verein Deutscher Ingenieure), als dieser 1903 seine Jahrestagung in München abhielt. Oskar von Miller lud ein paar ausgewählte, einflussreiche Männer ein und unterbreitete ihnen den Vorschlag, ein Museum für Technik und Naturwissenschaften zu gründen. Sein Ruf war weit über die Grenzen Bayerns hinaus exzellent, und bereits vier Tage später, am 5. Mai 1903, kam die Zustimmung. Am 28. Juni fand die konstituierende Sitzung unter Leitung von Kronprinz Ludwig statt. Zum Architekten bestimmte man Gabriel von Seidl.

Am 13. November 1906, dreieinhalb Jahre nach dem Aufruf, fanden die Eröffnung des Museums und die Grundsteinlegung auf der Kohleninsel statt. Die Stadt hatte dafür den südlichen Teil der Insel auf ewige Zeiten im Erbbaurecht zur Verfügung gestellt. Bis 1925 musste sich Oskar von Miller jedoch mit provisorischen Räumen zufrieden geben. Erst nutzte man die Gebäude des heutigen Völkerkundemuseums, 1909 kamen die Bauten der neuen Isarkaserne an der Zweibrückenstraße dazu.

Den Plan, 1916 die ersten Museumsgebäude auf der Kohleninsel in Betrieb zu nehmen, durchkreuzte der Erste Weltkrieg. Es gab einfach zu wenig Museumspersonal und auch zu wenig Besucher, sodass sogar die Räume in der Isarkaserne zeitweise geschlossen werden mussten.

Eulen nach München tragen: Die Mitgliedskarte mit dem Symboltier der Weisheit stamm aus dem Jahr 1921.

Das Deutsche Museum

Doch am 7. Mai 1925, dem 70. Geburtstag Oskar von Millers, war es endlich soweit: Das Deutsche Museum wurde feierlich eröffnet. Noch heute gilt das Konzept von damals: Das Museum soll einen enzyklopädischen Überblick über alle Gebiete der Technik und der exakten Naturwissenschaften geben. Nur die Biologie und die Medizin blieben ausgespart. Jedes Fachgebiet bekam eine eigene Abteilung, um den Besucher umfassend darüber aufzuklären. Dass Oskar von Miller der Leiter des Museums wurde, war selbstverständlich. Er legte besonderen Wert auf die gemeinverständliche Erklärung von Naturphänomenen, technischen Prozessen und Apparaten. So wurden voll funktionsfähige Originalapparate gesammelt bzw. maßstabgetreue Nachbauten und Modelle errichtet, um sie den Besuchern durch Demonstration oder gar Selbstbetätigung zu erläutern. Miller hat bewusst den Nachteil in Kauf genommen, dass dadurch die Wechselwirkung der Wissenschaften aufeinander vernachlässigt werden musste, ebenso eine gesellschaftliche oder wirtschaftliche Betrachtung. Mit den wenigen Mitteln, die ihm damals zur Verfügung standen, hatte er sein Konzept optimal umgesetzt.

Der 1925 eröffnete Teil des Deutschen Museums umfasste rund 30.000 m² auf sechs Stockwerken und war in seiner Art einzigartig. Das Konzept der alten Räume wurde beibehalten, doch durch die größeren Säle konnte noch umfassender informiert werden.

Oskar von Miller trieb neben der Museumsleitung den Bau weiterer Gebäude voran. 1932 wurde der heutige Bibliotheksbau eröffnet, das nächste Ziel war das Kongressgebäude. Doch Miller wollte sich nicht von den Nazis vereinnahmen lassen und trat 1933, ein Jahr vor seinem Tod, als Leiter des Deutschen Museums zurück. Die Nazis versuchten, das Museum in das NS-Organisationsgefüge einzugliedern, aber so richtig ist ihnen das nie gelungen. Das »Deutsch« im Namen des Museums war nie nationalistisch gedacht, sondern sollte die Bedeutung der Sammlung über die Grenzen Münchens und Bayerns hinaus unterstreichen.

1944 vernichtete ein massiver Bombenangriff gut ein Fünftel der Ausstellung. Das Museum wurde geschlossen und bis 1948 wieder aufgebaut. Im November 1948 kam die Abteilung Physik dazu, im Mai 1949 der Bergbau. Mitte der 60er Jahre war das Muse-

Auf einen Blick: DIE MUSEUMSINSEL

- **vor 1715** Die Kohleninsel, eine Sandbank in der Isar, diente als Floßlände und Lagerplatz für Holz und Kohle
- **1715** Erste Kasernenbauten entstehen
- **1828** Bau der Ludwigsbrücke, erste steinerne Brücke
- **1885** Abzug des Militärs, die Insel dient fortan als Vergnügungs- und Ausstellungsfläche
- **1895** Teilnutzung des alten Kasernengeländes für das erste Arbeitsamt
- **1898** fand auf der Insel die 2. Kraft- und Arbeitsmaschinenausstellung München statt
- **1906** Grundsteinlegung des Deutschen Museums
- **1911** Richtfest des Sammlungshauses
- **1925** Eröffnung des Deutschen Museums im Neubau
- **1928** Grundsteinlegung für den Bibliotheks- und Saalbau
- **1932** Eröffnung der Bibliothek
- **1935** Eröffnung des Kongresssaals
- **1948** Wiedereröffnung nach der Zerstörung (80 % waren zerstört)
- **1983** Zerstörung der Abteilungen Schifffahrt und Kraftmaschinen durch ein Großfeuer
- **1984** Eröffnung der neuen Halle für Luft- und Raumfahrt

Prominenter Besuch: Für tout *Deutschland gehörte es zum guten Ton, die Baustelle des Deutschen Museums zu besuchen. Am 29. September 1910 begrüßten Oskar von Miller (l.) und Bauleiter Gelius (r.) den Flugpionier Ferdinand Graf von Zeppelin (Mi.).*

um vorerst vollendet. Alle Abteilungen waren gemäß moderner künstlerischer und museumsdidaktischer Methoden neu gestaltet.

Besuchermagnet für Millionen

Die neue Verwaltung versuchte eine ständige Erneuerung ohne allzu großes Wachstum, um zu den besten Museen der Welt zu gehören. Dennoch mussten ständig Erweiterungsbauten errichtet werden. So wurde 1972 der Zwischentrakt zwischen Bibliothek und Sammlung eröffnet. 1975 beschloss man, auch die kulturelle Bedeutung der Naturwissenschaft, der Technik und der Industrie aufzuzeigen. Umgesetzt wurde dies in der ein Jahr später erstmals erscheinenden Museumszeitschrift Kultur & Technik.

1978, zum 75-jährigen Jubiläum, hatte sich die Besucherzahl mit 1,5 Mio. innerhalb von zehn Jahren verdoppelt. Als 1983 durch einen Brand die Abteilungen Kraftfahrt und Schifffahrt schwer zerstört wurden, schrumpfte die Ausstellungsfläche auf weniger als 34.000 m^2 – so wenig wie noch nie. Das ehrgeizige Ziel lautete 55.000 m^2, die man schließlich durch die Wiedereröffnung der Kraftfahrt und der neu konzeptionierten Schifffahrt erreichte, außerdem durch die neuen Abteilungen Informatik, Mikroelektronik und Telekommunikation, Astronomie und Geodäsie. Damit gehört das Deutsche Museum heute zu einem der größten der Welt.

Das Museum bekommt Ableger

1986 erhielt das Museum auf dem Flugplatz Oberschleißheim neue Flächen und eröffnete 1992 die erste Zweigstelle, die Flugwerft Schleißheim. 1996 folgte in ehemaligen Messehallen auf der

Großbaustelle: Mehr als Gerüste sah man 1910 noch nicht vom Deutschen Museum.

Theresienhöhe die Einrichtung eines Verkehrsmuseums, das am 3. November 1995 als Deutsches Museum Verkehrszentrum eröffnete. 1989 gestaltete man den Kongresssaal zum Forum der Technik um, das 1992 mit Planetarium, Kinos und IMAX eröffnet wurde. Seit 2002 heißt es Amazeum und beherbergt ein Wissens- und Erlebniszentrum.

Forschung und Bildung sind wichtige Aufgaben des Museums, aber auch der Austausch mit anderen Museen. Daher wurde 1995 in Kooperation mit dem Wissenschaftszentrum Bonn das Deutsche Museum Bonn eröffnet. Außerdem sieht man sich auch als zentrale Stelle für Archivierung von Objekten und Dokumenten zur Geschichte der Naturwissenschaften und der Technik. Seit 1963 befinden sich daher das Institut der Geschichte der Technik der TU München sowie das Institut der Geschichte der Naturwissenschaften der LMU im Deutschen Museum. Doch nicht nur die Wissenschaftler profitieren davon. Jeder kann beispielsweise in die Bibliothek gehen und in einem der ca. 80.000 Bände schmökern. Die Bibliothek ist damit die umfangreichste und bedeutendste Sammlung der Welt. Die Vorträge in der Reihe Wissenschaft für Jedermann sind regelmäßig innerhalb weniger Minuten ausgebucht. Man bietet Führungen für Frauen und Kinder an (und natürlich auch für Männer, aber die müssen mit gemischten Gruppen vorlieb nehmen). Für Schüler gibt es mittlerweile ein umfangreiches Programm.

Mit mehr als 1,2 Mio., zumeist internationalen Besuchern jährlich gehört das Deutsche Museum auch heute noch zu den international führenden Wissenschafts- und Technikmuseen. ●

Der Nabel der Kunst

Galerien hatten in München an der Maximilianstraße zu residieren. Vielleicht noch in Schwabing. Punkt. Und außerhalb Schwabings kann es eh keine Künstler geben. München, vor langer, langer Zeit einmal wirklich Dreh- und Angelpunkt der internationalen Kunstszene, hatte sich festgelegt. Doch darum scherten sich vor 30 Jahren ein paar Mutige nicht …

Text: Martin Arz

Wo sollte man als armer Kunststudent schon unterkommen? Rings um die Akademie, aber auch in Neuhausen und Haidhausen explodierten die Mieten. Also blieb Rupert Walser nichts anderes übrig, als ins billigste aller Viertel zu ziehen: In eine Bude in der Auenstraße. Blieb die Frage nach einem Arbeitsraum. Beim Stammtisch im Fraunhofer bekam er den Tipp: Gleich ums Eck, in der Fraunhoferstraße 19 stand seit Ewigkeiten eine Remise leer. Der ehemalige Stall war in einem erbärmlichen Zustand, doch Walser mietete ihn an und renovierte ihn auf eigene Faust. Für 200 DM Miete konnte er dann das Erdgeschoss als Wohnatelier nutzen, seine Schwester zog in den ersten Stock.

Da er keine Galerie hatte, die ihn vertrat, organisierte Walser bald Atelier-Vernissagen für sich und befreundete Künstler. Sein Schwerpunkt: monochrome Malerei. Er besaß eine Siebdruckmaschine, mit der er Druckgrafik in kleinen Auflagen produzierte. Folgerichtig stellte er ab 1977 zunächst nur Grafiken aus und nannte seine Galerie damals noch »druckwerk«. Die allererste Galerie der Isarvorstadt war geboren – fernab des einzigen wirklich etablierten Galerienstandorts Maximilianstraße.

Rupert Walser, mit seinem »druckwerk« bald auf den wichtigen Messen vertreten, initiierte schon ein Jahr später die Interessengemeinschaft »Neue Kunst in München.« Eine Watschn für die vornehmen Kollegen in der Maximilianstraße. Die »Neue Kunst« wurde zum Sammelbecken für die Galerien abseits der Nobelmeile. Bislang hatte Kunst in der Isarvorstadt nur

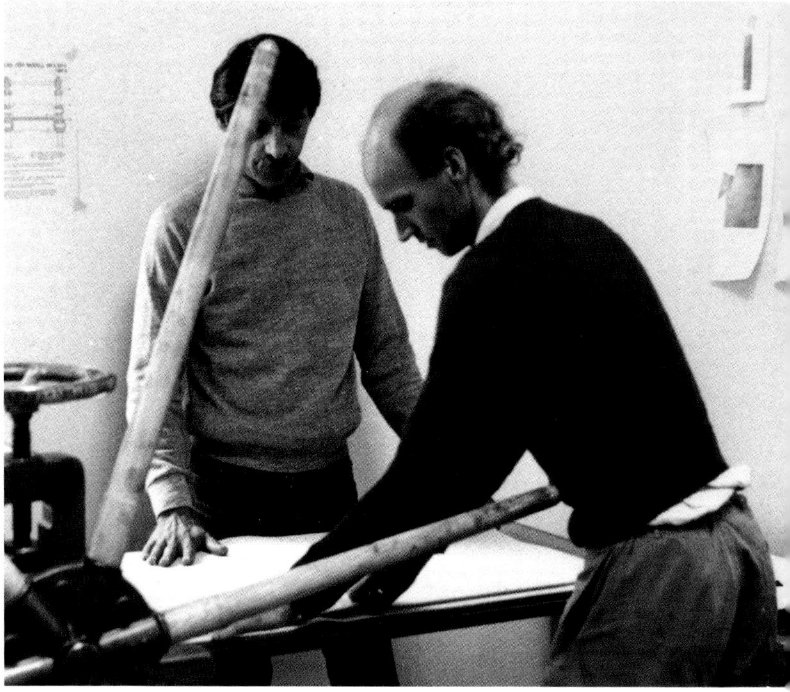

Am Anfang war der Druck: An seiner Siebdruckpresse produzierte der junge Rupert Walser (r.) kleine Auflagen für befreundete Künstler wie den Amerikaner James Reineking (Foto um 1980).

Gespenster-Benefiz: Weil Herbert Achternbusch (r.) 1983 die staatlichen Fördergelder für seinen skandalumwitterten Film Das Gespenst *gestrichen wurden, veranstaltete Dany Keller (l.) eine Benefizauktion mit Werken des Künstlers, um die Finanzierung des Film zu sichern.*

auf mehr oder weniger anspruchsvollen Bühnen stattgefunden, im Varieté, Tingeltangel und im Gärtnerplatztheater. Doch bildende Kunst? Die Idee kam an.

Zwei Jahre nach Rupert Walsers erster Ausstellung sagte Dany Keller mit ihrer Galerie Kempfenhausen am Starnberger See Adieu und zog in eine ehemalige Fabriketage in der Buttermelcherstraße 11, die einer Messebaufirma als Lager diente. Die Gegend war so heruntergekommen, dass sich viele Kunden aus dem feinen Starnberg weigerten, die neue Galerie zu besuchen. Dany Keller war die erste, die in München ein Loft für kulturelle Zwecke nutzte und ausbaute. Und sie war auch die erste, die als Privatgalerie Performances veranstaltete. 1979 holte sie z. B. Laurie Anderson in die Isarvorstadt. Die Performancekünstlerin fand das Galerieloft so klasse, dass sie kurzerhand die Matratze aus dem Gästezimmer holte und mitten in der Galerie übernachtete.

Der Nabel Münchens

In unmittelbarer Nachbarschaft zu Dany Keller eröffnete Mathias Kampl 1982 seine Galerie. So viel Engagement blieb dem Kunstmarkt nicht verborgen. Der seit 1978 etablierte Galerist Bernhard Wittenbrink verlegte sein Geschäft 1984 von Regensburg erst nach Schwabing, später dann ganz bewusst in die Jahnstraße 18. 1986 gründete Karin Sachs ihre Galerie in der Buttermelcherstraße und Barbara Albrecht zog mit ihrer Galerie aus einem kleinen Ort bei Bozen in die Klenzestraße 38.

Und die Maximilianstraße verlor weiter gegen die Isarvorstadt: Karl Pfefferle verlegte seine Galerie erst in die Rumfordstraße, dann in die Reichenbachstraße 47–49. Und mit Helmut Klewan kamen nun die ganz großen Namen wie Francis Bacon, Gerhard Richter oder Pablo Picasso in die Klenzestraße 23. Die Galerie Waßermann, bereits von 1980 bis 1985 in der Thalkirchner Straße 7, besann sich auf ihre Wurzeln und kam zurück ins Viertel in die Baaderstraße. In dieser Straße eröffneten in einem renovierten und komplett neu gestalteten Hinterhof die Galerien Hasenclever und Fred Jahn ihre Dependancen. 1994 schlossen sich die Galerien zur Interessengemeinschaft »Galerien am Gärtnerplatz« zusammen – und erklärten das Grün des Gärtnerplatzes kurzerhand zum Nabel Münchens. Im selben Jahr attestierte Günter Metken der Isarvorstadt in der ZEIT Parallelen zu Paris, Kunst gäbe es hier »vor allem rund um den Gärtnerplatz in einem Galerieviertel mit Marais-Flair.«

Zu den Hochzeiten Mitte der 1990er gehörten zehn Galerien zur Interessensgemeinschaft. Einige gingen, andere kamen, wie Paal in der Baaderstraße, Brochier in der Klenzestraße, Beyer-Magg in der Buttermelcherstraße oder IsArt in der Westermühlstraße. In der Reichenbachstraße baute Jörg Heitsch peu-à-peu sein Künstlerbedarfgeschäft in eine Galerie um. Unabhängige, kleine Projekte wie die Galerie Naked (Jahn-/Westenriederstraße, heute die Räume der Götterspeise) keimten, schossen aus dem Boden und verwelkten wieder. Doch der Boom fand mit dem wachsenden Erfolg ein Ende. Die Mieten stiegen ins Unermessliche, die kaufkräftige Kundschaft fand nicht im erhofften Ausmaß den Weg an den Gärtnerplatz. Und dann eröffnete 2002 die Pinakothek der Moderne – schlagartig stieg die Maxvor-

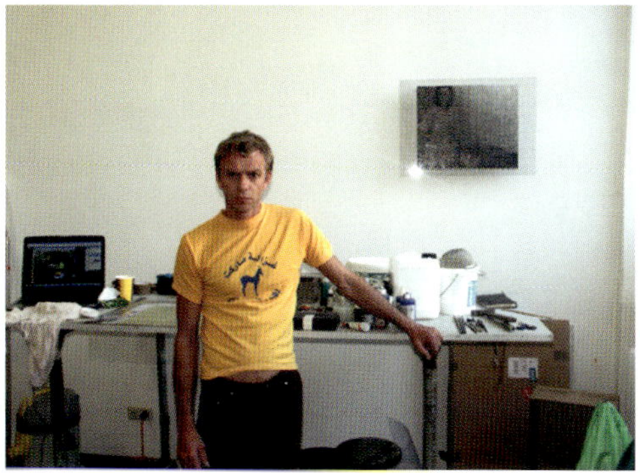

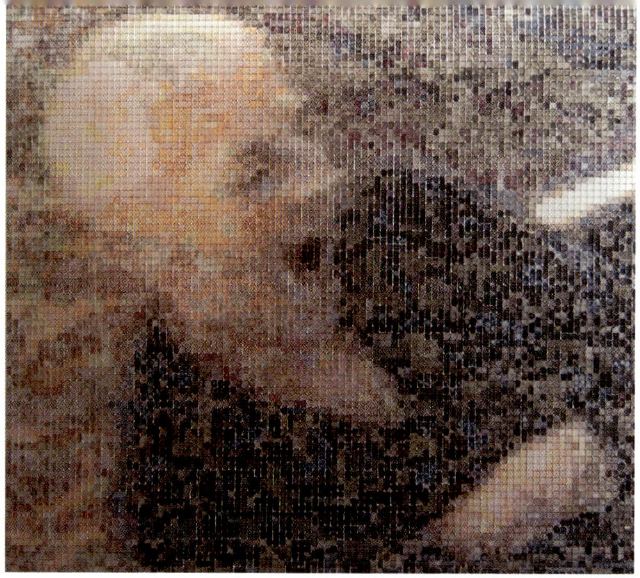

Atelierhaus Baumstraße: Drei der vielen Künstler, die 2007 im Haus arbeiteten. Die Künstler in ihren Ateliers und ihre Arbeiten von oben nach unten: Wolfgang Aichner und seine Gemälde 04:57 *(Acryl auf Metallgitter, 2007).*
Irene Drexl und die Farbfotografie Niigata*, 2001, Teil eins aus der vierteilige Fotoarbeit, 60 x 90 x 1,5 cm.*
Horst Kirstein und sein Gemälde Heidiland *(Öl auf Leinwand, 2007).*

Vorsicht, Kunst: Das Atelierhaus Baumstraße 8 war früher eine Strickwarenfabrik. Die Freifläche davor, die jahrzehntelang als Parkplatz diente, wird seit Ende 2007 bebaut.

stadt zum Kunstmekka auf. Von den Alteingesessenen hörte Klewan als einer der ersten auf, beschränkte sich fortan hauptsächlich auf seine Sammlertätigkeit. Dany Keller musste bereits 2001 ihr Loft aufgeben und zog in die Maxvorstadt, die Galerien Albrecht und Sachs folgten ihr. Heute gibt es noch die Galerien Jörg Heitsch, Mathias Kampl, Karl Pfefferle, Rupert Walser und Wittenbrink. Als Küken kam vor wenigen Jahren die Galerie K4 in der Klenzestraße hinzu.

Kunst statt Strick

Als die Galerienszene am Gärtnerplatz in voller Blüte stand, entschloss man sich zu einer ungewöhnlichen Aktion, um die Stadt auf den Kunststandort aufmerksam zu machen. Die Stadträte wurden aufgefordert, sich in den Galerien ein »Lieblingsexponat« auszusuchen. Mit diesen Exponaten organisierte man in den Räumen einer ehemaligen Strickwarenfabrik zwischen Klenze- und Baumstraße eine Ausstellung.

Die Stadt München hatte schon 1986, nachdem die Fabrik stillgelegt worden war, versucht, das Anwesen als städtische Atelierräume anzukaufen. Doch bereits gefundene Sponsoren sprangen ab, nachdem sich ein neues Konzept der Raumnutzung durchgesetzt hatte: Neben Künstlern sollten auch soziale Einrichtungen ihren Platz finden. Um das Gebäude in der Zwischenzeit, in der die Finanzfragen geklärt werden mussten, nicht leerstehen zu lassen, mieteten sich die Elterninitiative »Schüler-Frei-Raum« und der Werkbund e. V., ein Verbund von Innenarchitekten und Designern, ein. Die Renovierung der Fabrik zog sich noch einige Jahre hin. Schließlich stiegen die Kosten von geplanten 2 Mio. DM auf rund 3,7 Mio. DM. Doch immerhin renovierte die Stadt nun und vermietet seitdem Künstlerateliers. Nach Abschluss der Arbeiten stellte die Stadt das Atelierhaus Baum-/Klenzestraße unter die Trägerschaft des Glockenbachwerkstatt e. V. 23 Räume von 20 bis 127 m² bietet die alte Fabrik, die vom Kulturreferat im Rahmen eines Förderprogramms als Arbeitsateliers an bildende Künstler vermietet werden. Die Mietdauer ist auf drei Jahre beschränkt. Neben dem Atelierhaus in der Isarvorstadt gibt es nur ein einziges weiteres städtisches Gebäude in der Dachauerstraße.

Abseits vom städtisch geförderten Atelier- und vom etablierten Galerienbetrieb haben sich in den vergangenen Jahren zahllose Kreative in der gesamten Isarvorstadt ihre Nischen geschaffen. Vor allem Goldschmiede ließen sich nieder. Aber auch Couturiers von Weltruf wie Talbot Runhof in der Klenzestraße, Modedesigner, Grafiker und eine ganze Armee Architekten übernahmen alte Läden und Hinterhofwerkstätten. Seit 2003 gibt es einmal im Jahr »werk schauen im Glockenbach« und seit kurzem auch im Schlachthofviertel mit offenen Ateliertüren für alle Interessierte. ●

Die Isarvorstadt LITERARISCH

» ›... Ich war gestern im Ochsengarten. Trauben schöner Körper.‹
›Das interessiert mich nicht‹, wehrte er ab, um dann zu ergänzen: ›Früher traf man dort Francis Bacon.‹
›Und dich, Volker ... mit dem berühmten Maler?‹
›Der Ochsengarten war eines der aufregendsten Lokale Europas. Michel Foucault, Leonard Bernstein, Freddie Mercury, alle tranken sie ihr Bier und waren auf Menschenfang, oder wollten sich fangen lassen ...‹ «
Aus *Bildnis eines Unbekannten* von Hans Pleschinski, München, 2002

Rechte Seite: Viele Obdachlose haben sich unter der Wittelsbacherbrücke häuslich eingerichtet.

die ISARVORSTADT sozial

Saubere Sache

Bäder gehörten im 19. Jh. nicht zu den Grundausstattungen der Arbeiterwohnungen. Man duschte öffentlich, wie im Brausen- und Wannenbad an der Thalkirchner Straße. Heute nutzen Initiativen die Räume für Jugendarbeit.

Text: Martin Arz

Direkt hinter der Schweineschlachthalle durften die Metzger baden. Denn das 1892 für 23.500 Reichsmark erbaute Brausebad in der nahegelegenen Tumblingerstraße mit den elf Männer- und vier Frauenbrausen war längst überlastet, 67.000 Brausebäder verkaufte es jährlich (1901). Also richtete die Stadt in ungenutzten Räumen der Schlachthofschlosserei den Beschäftigten des Schlacht- und Viehhofs eine Brausen- und Wannenanstalt ein. Am 1. Juni 1903 war Eröffnung. Die drei Wannen und fünf Brausen konnten die Angestellten und deren Frauen kostenfrei nutzen, alle übrigen Personen hatten für ein Wannenbad 30 Pfennig, für ein Brausebad 10 Pfennig und für ein Handtuch oder Seife 5 Pfennig zu entrichten. Baden konnte man von 7 bis 19 Uhr. Montags, mittwochs, freitags und samstags war Männerbadetag, dienstags und donnerstags durften die Frauen rein. 1912/13 entstand der neoklassizistische Klinkerbau nach Plänen von Adolf Schwiening und Richard Schachner an der Thalkirchner Straße, der nicht nur die Schweineschlachthalle sondern auch ein neues Wannen- und Brausebad beherbergte – letzteres nun offen für alle Anwohner.

Lange gehörte das Tröpferlbad ganz selbstverständlich zum Schlachthofviertel. Doch immer mehr Wohnungen bekamen eigene Bäder, langsam blieben die Kunden weg. 1973 badeten oder duschten noch 40.000 Menschen im Tröpferlbad, 1983 nur noch 25.000. Da kostete einmal Brausen 2,50 DM, einmal Baden 4 DM. Für Ehepaare, die beim ersten Besuch einen Trauschein vorweisen mussten, gab es sogar Doppelkabinen mit zwei Duschen. Längst deckten die Eintrittsgelder nur noch 20 % der Kosten. Ein reines soziales Zuschussgeschäft.

Vom Bad zum Jugendheim

Das Aus für die öffentliche Badeanstalt kam 1986. Doch es fanden sich schon im Niedergang neue Nutzer: Um die Jugendlichen aus der Isarvorstadt von der Straße

Schmucke Fassade: Das Tröpferlbad in der Thalkirchner Straße.

Bonjour Tristesse: Blick in den Flur des Wannen- und Brausebads im Jahr 1986.

zu holen, die starke Bandenkriminalität im Viertel zu bekämpfen und gegen die soziale Verwahrlosung anzutreten, gründete der Jugendpolizeibeamte Sepp Triebenbacher 1976 die Freizeitliga Isarvorstadt e. V., in der zeitweise 24 Jugendmannschaften in zwei Ligen zu Fußballturnieren antraten. Als Geschäftsführer der Liga setzte Triebenbacher den Boss einer Rockergruppe ein – und fand so Akzeptanz bei den schwierigen Jugendgruppen. Was fehlte, waren Räume, um neben der sportlichen Betreuung auch sozialpädagogische Arbeit bieten zu können. Ungenutzte Räume im zweiten Stock des Tröpferlbads boten sich an. Die Jugendlichen renovierten das Gebäude selbst und 1983 konnte der Jugendtreff Tröpferlbad eröffnen. Täglich steht das Tröpferlbad ab 16 Uhr Kindern und Jugendlichen offen. Neben Tischtennis, Kicker, Billard und einem großen Sportangebot bietet der Verein auch Einzelbetreuung oder Gruppenarbeit an.

Tröpferlbad ist nicht gleich Tröpferlbad

In den vergangenen Jahren geriet das Tröpferlbad immer wieder in die Schlagzeilen, weil die Polizei während der G8-Gipfel oder Nato-Sicherheitskonferenzen das Bürgerhaus und das Café Marat mit Razzien überzog. Ein Problem für die Freizeitliga Isarvorstadt, denn das Bürgerhaus hat nichts mit dem Jugendtreff zu tun. Die Adresse und der Name Tröpferlbad sind zwar gleich, doch der Jugendtreff hat im rechten Gebäudeteil einen eigenen Eingang, das Bürgerhaus im linken. Im Café Marat finden Konzerte und Veranstaltungen vor allem der Links-Alternativen-Szene statt. Wie ein anonymer »Genervter Autonomer« die Razzia am 30. Januar 2004 erlebte, lässt sich im Internet nachlesen: » Alle hatten noch Zeit, sich die Jacken anzuziehen und nochmal aufs Klo zu gehen (wichtig, weil die Cops letztes Jahr einigen Leuten teilweise für mehrere Stunden keinen Gang aufs Klo erlaubt haben), dann gings auch schon los. Ein Trupp Zivilbullen rannte auf die Hoftür zu und fing sofort an, darauf einzutreten. Da sie damit einige Probleme (und jetzt hoffentlich Knieschmerzen) hatten, kamen auch noch zwei Trupps USKler mit einem Rammbock dazu. (…) Es wurde also mit der leider mittlerweile Münchentypischen Resignation und Wut gewartet, bis nach zwei Stunden alle nacheinander gefilzt wurden und dann gehen durften. Die Bullen hielten sich noch ein paar Stunden im Haus auf, suchten, pflanzten Wanzen, was weiß ich.« ●

Offen für alle

Ob Töpfern, Jamsession, Abfeiern, Kinder- oder Hausaufgabenbetreuung – die Glockenbachwerkstatt in der Blumenstraße ist Anlaufstelle für alle Viertelbewohner. Sie bietet vor allem für Kinder und Jugendliche eine Menge. Ausschließlich an diese Zielgruppe wendet sich auch das KuBu Am Glockenbach.

Text: Martin Arz

Wenn es am Samstag heißt: »Volxtanz«, ist es rappelvoll. Bunte Haare bestimmen das Bild, die Punk- und Hardcore-Szene zeigt Flagge – und das schon seit den 1980er Jahren. Mittwochs ist es nicht weniger voll, dann gibt es Fischgerichte und gratis Bluesmusik bei Fish'n'Blues. Und beim FreitagsDingDong kochen Mike Burn und Funky Flyman erschwingliche Köstlichkeiten, dazu gibt es entweder einen Live-Act oder ein DJ legt auf. In der Glockenbachwerkstatt ist immer etwas los. Es ist das älteste Bürgerhaus Münchens, dessen Zweck die »Förderung der Kinder- und Jugendhilfe, der Erziehung und der Wohlfahrtspflege, sowie die Förderung der kulturellen Bildung und Integration der verschiedenen sozialen Gruppen« ist, wie es etwas sperrig in der Satzung des Vereins heißt.

Eigentlich begann die Geschichte bereits 1975, als eine Gruppe von Engagierten, zumeist Studenten, den Isarvorstadt e. V. gründete, um die Lebensbedingungen von Kindern und Jugendlichen im Stadtteil zu verbessern. Los ging es in der Ickstattstraße, schnell musste man in die Auenstraße umziehen. Doch die Anwohner beschwerten sich über die »Rocker« und die Lärmbelästigung. Schon 1977 stellte die Stadt einige kleine Räume für die Jugendarbeit im Haus in der Blumenstraße 7 zur Verfügung.

Nach internen Machtkämpfen im Verein blieb vier Jahre später ein harter Kern übrig, der nun mit vielen neuen Mitgliedern den Glockenbachwerkstatt e. V. ins Leben rief und am 21. Juli 1979 in der Blumenstraße das Bürgerhaus

***Team der ersten Stunde:** Bereits 1977 trafen sich Initiatoren der Glockenbachwerkstatt in den Räumen in der Blumenstraße.*

***Aufreger der ersten Stunde:** Mit dem provokanten Motiv eines nackten Jungen, der zwischen Schweinehälften hängt, bewarb das Bürgerhaus eine Veranstaltungsreihe zum Thema Gewalt 1980.*

Immer was los: Die Capoeira-Tänzer der Unicar Mestre Saguin beim Hausfest 2006 (o. l.), Schreinern unter der Anleitung von Jürgen Fischer (u. l.), Funky Flyman beim Hoffest 2006 an den Congas (o. r.) und jede Menge Kinderspaß (u. r.).

Glockenbachwerkstatt eröffnete. Das ehemalige private Wohnhaus wurde vorher als Boxschule und dann von einer der ersten Computerfirmen Münchens genutzt. Damals war die Verbronxung der Isarvorstadt kaum zu übersehen, Jugendgewalt und -arbeitslosigkeit spitzten sich zu. Nicht ohne Grund gründete in diesen Jahren auch Sepp Triebenbacher seinen Jugendtreff im Tröpferlbad. 1980 übernahm der Paritätische Wohlfahrtsverband die Trägerschaft für das Projekt. Zwei Jahre später eröffnete der kneipenähnliche Stadtteiltreff und 1987 erhielt der Kindergarten seine Anerkennung durch das Stadtschulamt. In den folgenden Jahren hat sich das Bürgerhaus stetig weiterentwickelt und sein Angebot erweitert. Es hat sich als erste Anlaufstelle für Kinder, Jugendliche, Eltern, Erwachsene, Initiativen, Gruppen und Vereine im Viertel entwickelt, denn es bietet u. a. Eltern-Kind-Initiativen, einen Kindergarten, einen Hort, ein Jugendcafé, Nachmittagsbetreuung für Schulkinder, den Stadtteiltreff, Flohmärkte, Kurse, Werkstätten sowie Ausstellungen, Kultur- und Konzertveranstaltungen.

In der Stadtteilkneipe treffen sich alle, von den Teilnehmerinnen am Schreinerkurs über die Mitglieder verschiedener Bands bis zur Doppelkopfrunde und der Hartz-IV-Initiative. Man kann ungezwungen ratschen oder Konzepte ausarbeiten. Denn der Treff bietet die Gelegenheit, sich zu engagieren und mit Projekten oder Veranstaltungen im Bürgerhaus einzubringen. Fast alles, was zur Realisierung von Projekten nötig ist, bietet das Haus: vom Gruppenraum über technisches Equipment bis hin zur Fachberatung durch die Mitarbeiter. Die Raummieten sind günstig. Auch Volxtanz, Fish'n'Blues und FreitagsDingDong sind einst aus Initiativen von Besuchern entstanden und wurden als feste Bestandteile ins Programm übernommen.

Ein Eichamt wird kunterbunt: Bei den Bauarbeiten zum Faßeichamt am Westermühlbach (l.) dachte sicher niemand daran, dass das Gebäude einmal als KuBu (r.) für soziale Zwecke genutzt werden würde.

Da gibts was auf die Ohren

Musik verbindet – Generationen und Menschen, und Musik wird in der Glockenbachwerkstatt groß geschrieben. Seit beinahe 30 Jahren sind die Übungsräume im Keller des Bürgerhauses stark frequentiert von Musikern aller Altersklassen. 1998 kamen die Bandübungsräume in der Schallhalle, Thalkirchner Straße, hinzu. Schülerbands treffen sich hier ebenso wie altgediente Blues- und Jazzmusiker, Klangkünstler experimentieren, Hip-Hopper proben neben Punks oder Rock'n'Rollern. In späten 1980ern formierte sich die Punkszene mit dem Lärmkessel und dem Dauerbrenner Volxtanz. In den späten 90ern eroberten die Indie-Rocker die Glockenbachwerkstatt, aus deren Aktivitäten das Plattenlabel Red-Can Records hervorging. Außerdem gilt das Haus als Hotspot des Münchner Hip-Hops, dank der engagierten Macher von Pidgeon-Records. Auch die Konzerte des Labels TripTown sorgen für musikalische Abwechslung in der Glockenbachwerkstatt.

Gleichzeitig ist der Verein auch Träger von angegliederten Institutionen wie dem Atelierhaus in der Baumstraße, dem Kooperationsprojekt mit dem Pfadfinderstamm PEGASUS in der Pestalozzistraße, dem Medienprojekt für Senioren, den Kulturräumen in der Schallhalle, Thalkirchner Straße, und der Mittagsbetreuung an der Grundschule am Gärtnerplatz. Eine Kinderkrippe in der Baumstraße wird Ende 2008 dazukommen. Stadtweit ist der Glockenbachwerkstatt e. V. zudem Träger der Kindergärten in der Messestadt Riem, in Bogenhausen und in Obersendling.

Kinder mögens kunterbunt

Kinder haben in der Isarvorstadt noch eine zweite Anlaufstelle: das KuBu Am Glockenbach 14. Das Projekt hat seine Wurzeln in den 1970ern, als Studenten und Dozenten der Katholischen Stiftungsfachhochschule ein Projekt zur besseren Integration von Gastarbeiterkindern ins Leben riefen. Bald wandelte sich der Arbeitsschwerpunkt von der reinen Gastarbeiterhilfe zur Einrichtung Kunterbunt, in der soziale Kompetenz durch Lernen und Spielen gefördert werden. 1975 wurde die Caritas Träger des Projekts, gleichzeitig stellte die Pfarrei St. Maximilian Räume zur Verfügung. Das Angebot erweiterte sich ständig, neben Hausaufgabenhilfe und Jugendarbeit konnte bald ein Mittagstisch angeboten werden.

2000 fand das KuBu seine heutige Bleibe in dem idyllisch gelegenen Häuschen direkt am Westermühlbach. Als die Bäche noch von wirtschaftlicher Bedeutung waren, wurde es als Eichamt erbaut. Zuletzt diente es der Stadtgärtnerei. Nach umfangreichen Umbaumaßnahmen 2005 gibt es nun viel Platz für ein Kinder- und Jugendcafé, Disco, separate Mädchen- und Jungenräume, Kurse, Sportanlagen, Ferienprogramme und vieles mehr. Das KuBu betreut zudem die Schüler der Grundschule Implerstraße mit Hausaufgabenhilfe und Mittagessen. ●

Vom Brechhaus zur »Derma«

In der Isarvorstadt stand einst das Isolationsgebäude für Pestkranke, später kam ein Militärlazarett hinzu. Heute sind drei bedeutende klinische Institute rund um die Thalkirchner Straße zu Hause.

Text: Martin Arz

Wohin mit den Infektiösen, den Siechen und mit »anklebigem oder hitzigem« Fieber Behafteten? Weg, weit weg vor die Stadt! Am besten isoliert auf eine Insel in reißendem Wasser, wo sich so schnell niemand hinverirrt und ansteckt. Also zum Beispiel auf eine Insel zwischen Isar und Pesenbach. Hier entstand das Münchner Brechhaus (Brechen bezeichnete eine akute Krankheit im Gegensatz zu Siechen für chronische Erkrankungen). Das genaue Baujahr ist unbekannt, die erste Erwähnung stammt jedenfalls aus dem Jahr 1573 auf einer Baderrechnung: »*Wennyne Ludwigin hadt ain schaden am schenckel unnd am arm ist aus dem prechhaus iwerkummen und bevelch des Mornnkopfh auf die zötel zu schreiben war vir sich selber zahlt.*« Drei Jahre später findet sich der erste Grundbucheintrag. Das Brechhaus war eingeschossig und verfügte über eine der Hl. Thekla geweihten Kapelle. Den ärztlichen Dienst im Infektionshaus versah der Brechenbader oder Lazarettarzt. Als erster Brechenbader ist 1615 ein gewisser Melchior Bruckhberger erwähnt. 1649 sah Kurfürst Ferdinand Maria die Stadt durch Ausdünstungen des Brechhauses gefährdet und forderte ein Gutachten. Dies kam zu dem Schluss, »*daß solches Prechhaus an einem solchen bequemen orth gelegen ist.*« Es kam zu keinem Neubau. Im 17. Jh. muss es außerdem noch ein zweites Brechhaus in der Isarvorstadt gegeben haben, das während der großen Pestepidemien als Notlazarett an der Erhardtstraße gegenüber der Museumsinsel errichtet wurde.

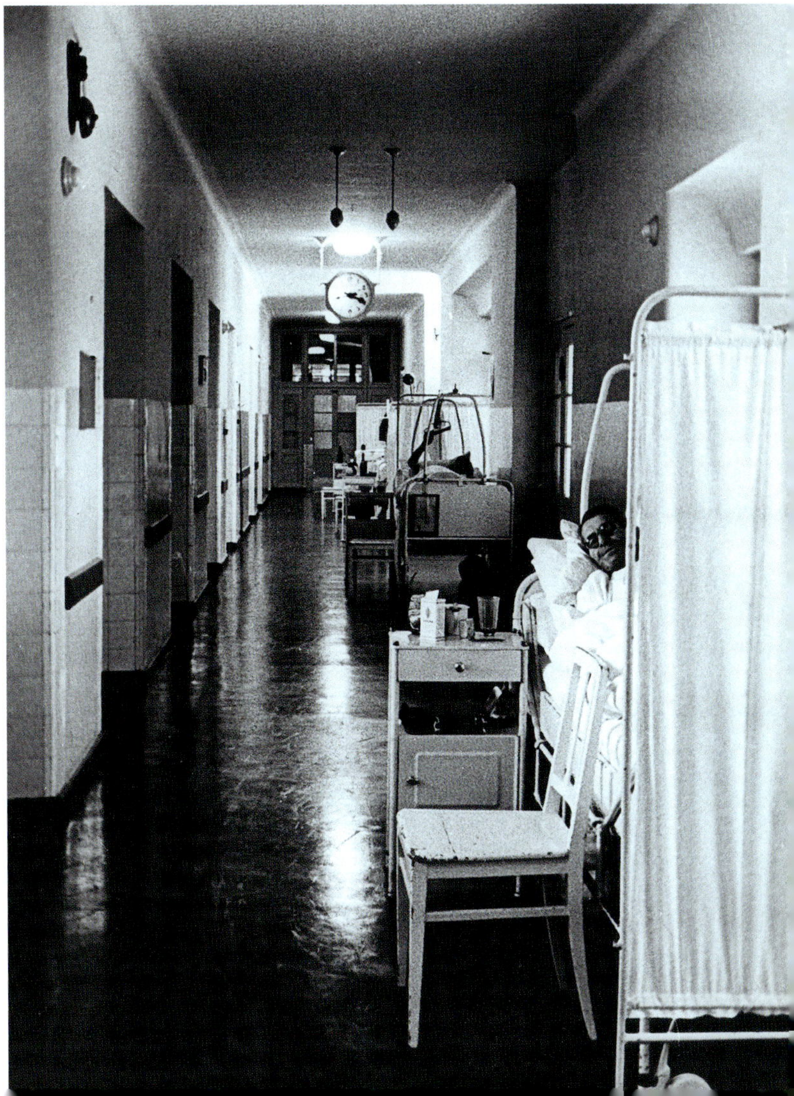

Überbelegung: Mitte der 1960er mussten sich Patienten mit einem Bett im Flur begnügen, wenn die Kapazitäten der Dermatologischen Klinik erschöpft waren.

1683 entschied die Stadt, dass man das Brechhaus nicht mehr benötigte und verkaufte das Anwesen an die Militärtuchfabrik in der Au. Das Brechhaus wurde zur Spinnerei, in der Soldatenwitwen und Kinder Lohn und Brot fanden. Schon 20 Jahre später wandelte die Armee das Anwesen zum Militärlazarett um. Hier hielt ab 1752 der Ingolstädter Professor Leonhard Obermayer anatomische Kurse ab – übrigens gaben die damals sensationellen anatomischen Forschungen der Universität Ingolstadt der blutjungen Engländerin Mary Shelley 1816 die Idee zu ihrem Horror-Klassiker

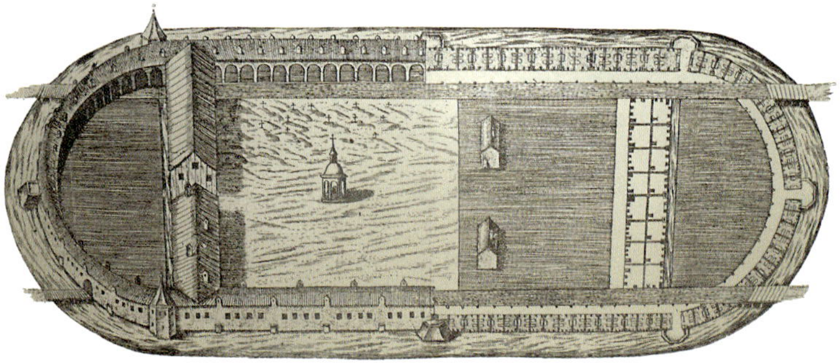

Insellage: Wie man sich ein ideales Brechhaus zur Isolierung Infektiöser vorstellte, illustrierte Malachias Geiger 1649.

Frankenstein oder der neue Prometheus. Im Jahr 1777 eröffnete schließlich das Militärlazarett an der Müllerstraße (heute Heizkraftwerk) und das Brechhaus fand neue Besitzer. Es stand unter dem Namen Altes Militärlazarett noch bis 1828. Die Lage von Brechhaus und Peststadel entsprechen heute dem Gebiet zwischen Baumstraße 5–7 und Auenstraße 34–36.

Den Grundstein für das neue Militärlazarett in der Müllerstraße legte Kurfürst Maximilian III. am 24. März 1775. Bei den Bauarbeiten kamen Sträflinge zum Einsatz. Das Haus verfügte über 29 Krankenzimmer. Mit den Kranken war auch die Theklakapelle aus dem Brechhaus in das neue Lazarett mit umgezogen. Ab 1876 zog das Landwehrbezirkskommando in das Gebäude, acht Jahre später wandelte man es in das Luitpoldgymnasium um.

Hilfe für Genesende

Die folgenden Jahrzehnte gab es in der Isarvorstadt zwar keine Kliniken mehr, dafür aber die Rekonvaleszentenanstalt, die 1879 im Gebäude der ehemaligen Isarvorstadtschule eingerichtet wurde (Baumstraße 17/Ecke Klenzestraße). Zehn Jahre später schenkte die Stadt München dem Trägerverein das Gebäude samt Garten, woraufhin das alte Haus abgerissen und 1891 der Neubau eingeweiht wurde.

Die Rekonvaleszentenanstalt zählte zu den fortschrittlichsten Einrichtungen der Krankennachsorge. Bayern verfügte im Gegensatz zu den anderen deutschen Staaten um 1860 bereits über eine geregelte Krankenhaushilfe. Arbeiter und Dienstboten hatten Anrecht auf freie Krankenhausbehandlung, dafür mussten die Dienstherren dem Staat eine Gebühr entrichten: pro Person und Monat einen halben Gulden. Doch das galt eben nur für den Krankenhausaufenthalt, die Nachversorgung der oft weiterhin Arbeitsunfähigen blieb lange ungeregelt. Hier sprang der Rekonvaleszentenunterstützungsverein ein. Die Notwendigkeit dieser Einrichtung beschrieb Geheimrat von Ziemßen 1895, denn er beobachtete, dass direkte finanzielle Zuwendungen an die Genesenden nichts bringen: »Bei den Verheiratheten werden die Mittel größtentheils durch die Anforderungen der Familie absorbiert, während die Ledigen, durch die Unwirthlichkeit ihrer Schlafstellen und durch ihre Beschäftigungslosigkeit verführt, die Tage im Wirtshause zubringen.«

Das Haus in der Baumstraße wurde im Ersten Weltkrieg in ein Lazarett umgewandelt. 1942 beschloss der Trägerverein, sich aufzulösen, die Sozialgesetzgebung hatte ihn längst überflüssig gemacht. Die Stadt München übernahm das Haus, das jedoch am 17. Dezember 1944 von Fliegerbomben zerstört wurde.

Heilkunde statt Gasproduktion

Heute beherbergt die Isarvorstadt drei wichtige Kliniken: die Dermatologie und die Pathologie in der Thalkirchner Straße sowie die Frauenklinik in der Maistraße. Die »Derma« hat seit 1929, dem Jahr des Neubaus in der Thalkirchner Straße, eine ungewöhnliche Trägerschaft: Das stationäre Bettenhaus gehört zur Stadt München, ist Teil der Städtischen Klinikum München GmbH, die ambulante Poliklinik hingegen ist der Ludwig Maximilian Universität unterstellt. Das Haus mit 151 Betten und 24 Tagesklinikplätzen verdankt seine Existenz dem engagierten Mediziner Leo von Zumbusch. Der wurde 1913 auf den Direktoriumsposten der Dermatologie berufen. Damals gehörte die Klinik noch zum Allgemeinen Krankenhaus, das

Historisches Rehazentrum: die Rekonvaleszentenanstalt Baum-/Ecke Klenzestraße im Jahr 1914 (im Hintergrund rechts die Palmstraße).

1813 vor den Toren der Stadt, also dem Sendlinger Tor, gegründet worden war. Hierhin kamen einst die »Syphilitischen und Krätzigen«, die Fachrichtung Dermatologie steckte noch in den Kinderschuhen. Erst auf Betreiben von Josef von Lindwurm richtete König Maximilian II. 1863 die erste ordentliche Professur für Dermatologie und Syphilidologie an der Münchner Universität ein.

Zumbusch dachte in größeren Dimensionen, plante ein eigenes Krankenhaus und rang es der Stadtverwaltung auch ab. Das ideale Grundstück nahe des Klinikviertels war schnell gefunden – das Areal der ehemaligen Gasanstalt Thalkirchner Straße, die 60 Jahre lang von 1850 bis zum 1. Juni 1909 das Gebiet der Isarvorstadt mit Gas versorgt hatte. Dass überhaupt eine Gasfabrik in München erbaut worden war, grenzte fast an ein Wunder, denn die Verhandlungen zogen sich von 1837 bis 1848 hin. Erst dann kam es zum Gasbeleuchtungsvertrag zwischen den Münchner Unternehmern Ch. Fr. Kohler, A. E. von Eichthal, Joh. Jos. Pasch und den Augsburgern Erzberger & Schmid sowie Joh. L. Schaezler. Die Nachbarn in der Thalkirchner Straße, Milchmänner, Sendlinger Bauern und Gärtner, erhoben erfolglos Einspruch gegen das Gaswerk. Doch der Gasverbrauch blieb weit hinter den Erwartungen zurück, private Hausbesitzer, die Stadt und das Königshaus zögerten, die neue Energiequelle zu nutzen. Erst um 1870 stieg der Verbrauch in wirtschaftlich inter-

Die »Derma«: Die Grußpostkarte aus dem Jahr 1965 zeigt auch den Krankenhauskiosk und die Kapelle.

essante Höhen, daher wurde das Gaswerk ausgebaut. Als dann alle Erweiterungsmöglichkeiten erschöpft waren, kam das Ende, man verlagerte den Betrieb.

1929 war es soweit: Der Neubau der Dermatologischen Klinik und Poliklinik zwischen Thalkirchner-, Winckel-, Frauenlob- und Waltherstraße wurde offiziell eingeweiht. Das achtstöckige Anwesen, das die Architekten Richard Schachner und Hans Grässel entwarfen und das heute unter Denkmalschutz steht, galt als erster Hochhaus-Krankenhausbau Deutschlands und wurde richtungsweisend für die Krankenhausarchitektur der folgenden Jahre. Da Zumbusch den Nationalsozialismus ablehnte, wurde er 1935 entlassen, dabei verdankte ihm das Haus einen ausgezeichneten Ruf. Aber auch unter seinen Nachfolgern wuchs das internationale Ansehen der Derma, vor allem dank der Professoren Alfred Marchionini und Otto Braun-Falco. Heute leitet Prof. Thomas Ruzicka die Klinik.

Die Pathologie

Der Finessenseppl war ein richtiges Münchner Original. Eigentlich hieß der zwergwüchsige Mann mit richtigem Namen Joseph Huber. Er war in allen Münchner Häusern ein gern gesehener Gast, denn er galt als überaus zuverlässiger und ebenso verschwiegener Postillon d'Amour. Sein bekanntester Spruch ist längst in den allgemeinen Sprachgebrauch übergegangen: »Nix gwiss woas ma net.«
Als der Finessenseppl 1829 starb, wurden seine Überreste nur zum Teil auf dem Alten Südlichen Friedhof vergraben. Ein lapidarer Hinweis klärte auf: »Das Skelett ist in der Anatomie ausgestellt.« So kam es, dass die Knochen des Finessenseppls seit dem Neubau des jetzigen Pathologischen Instituts an der Thalkirchner Straße direkt gegenüber seines Friedhofgrabes ruhen.

Der Neubau des Instituts, das damals unter der Leitung von Max Borst stand, wurde in den Jahren 1927 bis 1929 nach Plänen des Architekten Theodor Kollmann realisiert. Borst selbst arbeitete am Konzept des neuen Gebäudes maßgeblich mit. So entstanden neben der Prosekturabteilung großzügige experimentelle Forschungsmöglichkeiten mit eigenem Tierstall, eine pathologisch-histologische Abteilung, eine chemische Abteilung und eine von Borst als pathophysiologische Abteilung bezeichnete Forschungseinheit und Gewebezüchtung.

Als im Zweiten Weltkrieg das Gerichtsmedizinische Institut zerstört wurde, fand das Institut (heute nennt man es Rechtsmedizin) eine neue Heimat in der Pathologie. Bombenangriffe beschädigten 1944 das Haus schwer, u. a. fielen große Teile des Mitteltrakts in Trümmer. Mitten im Neuaufbau kam Max Borst bei einem Autounfall 1946 ums Leben. Seine Nachfolger Ludwig Burkhardt und Werner Hueck sahen sich vor der schwierigen Aufgabe, einerseits den Forschungsbetrieb aufrecht zu erhalten, andererseits die gröbsten Kriegsschäden zu beseitigen, was bis 1956 im Wesentlichen gelang. In diesem Jahr übernahm der Rheinländer Walter Büngeler bis 1970 die Leitung des Hauses, der als Spezialist für Geschwulstpathologie eine neue elektromikroskopische Abteilung einrichtete. Büngeler folgten Max Eder (1970–1991) und Udo Löhrs (1991–2005). Heute leitet Thomas Kirchner das Pathologische Institut.

Prominente Köpfe: ...er dem Haupteingang der Pathologie in der Winckelstraße wachen ...edeutende Anatomen, ...athologen und Physiologen – darunter (v. l.) William Harvey, Marie François Xavier Bichat, Giovanni Battista Morgni, Theodor Schwann und Rudolf Virchow.

Die Frauenklinik

Gleich ums Eck zur Dermatologischen und zur Pathologie liegt die Frauenklinik der Universität München. Die erste Königliche Frauenklinik wurde 1856 gegründet. Schon 50 Jahre später entsprachen weder die räumlichen noch die hygienischen Zustände der Klinik den zeitgemäßen Erfordernissen. Also ersuchte der Arzt Albert Döderlein König Ludwig III. um einen Neubau. Nach Plänen des Architekten Theodor Kollmann entstand zwischen Mai- und Frauenlobstraße ein Vierflügelkomplex mit zwei Innenhöfen. Trotz der Wirren des Ersten Weltkriegs ging der Bau voran und die Klinik konnte 1916 von der Sonnenstraße in die Maistraße umziehen. Den imposanten, neugotischen Backsteinbau der ehemaligen Frauenklinik an der Sonnenstraße kennen die meisten Münchner noch als Post, heute dient das Gebäude als Bürohaus.

Beim Neubau legten die Planer Wert auf das, was heute unter Wohlfühlfaktor verstanden wird. Im romantisch gestalteten Klinikinnenhof steht ein Muschelkalkbrunnen, der im Sommer einst über ein unterirdisches Leitungssystem gleichzeitig den 11 m hohen Jugendstil-Hörsaal kühlte. Schon damals zierte eine hauseigene Bibliothek mit Stuckdecke und vergoldeten Leuchtern die Einrichtung. Bereits bei der Eröffnung galt die Frauenklinik als hochmodernes Krankenhaus. In den 1930ern standen Höhepunkte neben Tiefpunkten: Einerseits genoss die Klinik den Ruf, eines der weltweit besten Institute bei der Strahlentherapie gynäkologischer Karzinome zu sein, andererseits wurden zwischen 1934 und 1944 über 1.300 Frauen zwangssterilisiert, weil es das Gesetz zur Verhütung erbkranken Nachwuchses so verlangte. Da die Bomben des Zweiten Weltkriegs das Gebäude verschonten, fanden hier verschiedene andere Kliniken eine Zwischenunterkunft. Ab 1956 ist die Klinik wieder ausschließlich für Frauenheilkunde zuständig. Heute ist es eine angesehene Geburtsklinik und ein international bekanntes Zentrum zur Behandlung von gynäkologischen Krebserkrankungen. ●

Wo Einstein die Schulbank drückte ...

Ein kleines Schulhaus im Pechwinkel machte den Anfang. Mit zunehmendem Bevölkerungswachstum bauten Stadt und Staat dann immer mehr Schulen in der Isarvorstadt. Einige hatten sogar später berühmt gewordene Schüler.

Text: Ann E. Hacker

Was mag das für ein Gefühl gewesen sein? Arbeiten zu müssen in einer Gegend, die Pechwinkel hieß, in einem Gebäude, das zwischen Pesthaus und Peststadel lag? Was uns heute seltsam anmutet, wird wohl für die Leute 1787 normal gewesen sein. Denn da gab es das Ehepaar Stephan und Bennonina Josepha Kirchmayr, das genau dort, im Haus Nr. 159 (später Baumstraße 16, heute Nr. 17) die erste Schule des Viertels – die Schule vor dem Sendlinger Tor – gründete. Während er die Knaben unterrichtete, leitete sie die sogenannte Industrieschule für die Mädchen. Hinter dem hochtrabenden Namen verbarg sich nichts anderes als profaner Handarbeits- und Hauswirtschaftsunterricht. Die Einraumschule war mit 100 Kindern permanent überbelegt, und so stockte man 1823 zwei Geschosse auf. Doch die Schule lag so ungünstig, dass sie 1843 aufgelassen wurde.

Zwei Jahre später wollte die Stadt das Haus versteigern, erreichte aber nicht den gewünschten Betrag. Also richtete man ein Übergangsdomizil für Tagelöhner ein, deren Bleibe einem Feuer zum Opfer gefallen war. Später wollte der Seidenraupenzuchtverein das Haus anmieten, doch zum Leidwesen des Hausmeisters zog dafür ein Teil der Garnisonsinvalidenkompanie ein. 1849 wurde das Haus wieder seiner Bestimmung als Lehranstalt zugeführt. Die Schule wurde jedoch am 1. Oktober 1876, der Gründung der Klenzeschule, endgültig aufgelassen. 1879 übernahm der Rekonvaleszentenunterstützungsverein das Gebäude und beschloss, das alte Schulgebäude durch ei-

Art-Attac: Die Klasse 4 bemalte 2005 die Auß mauer der Klenzeschu an der Klenzestraße.

nen Neubau zu ersetzen, der 1891 vollendet war. 1944 zerstörten Fliegerbomben das Haus.

Die Klenzeschule

Von Valentin Ludwig Fey, besser bekannt als Karl Valentin, ist überliefert, dass er die Klenzeschule gehasst habe. Das mag an den rauen Sitten gelegen haben, die damals noch im Schulbetrieb vorherrschten. Prügelstrafen waren an der Tagesordnung, und Valentin fühlte sich einzig in der Turnhalle wohl, denn da konnte er sich austoben. Aber nicht nur Valentin trieb in der Schule sein Unwesen, sondern auch andere Schüler waren so wild, dass der Schulleiter 1938 zur Jahnstraße hin Gitter anbringen lassen musste, um die dortigen Bewohner vor den Lausbubenstreichen zu schützen.

Die Klenzeschule war eine sogenannte Simultanschule, die Kinder wurden demnach zwar getrennt nach Geschlecht unterrichtet, nicht aber nach Konfession. Katholische, evangelische und jüdische Knaben bzw. Mädchen genossen denselben Unterricht, nur die Religionsstunden fanden getrennt statt. Zu Beginn des 20. Jh. waren rund 1830 Schüler eingeschrieben, nach dem Zweiten Weltkrieg waren es immerhin noch rund 1.000 Schüler und Schülerinnen. Heute sind es nur noch knapp 300 Schüler, die von gut 20 Lehrern unterrichtet werden.

Die Volksschule an der Wittelsbacherstraße

Gegen Ende des 19. Jh. verdoppelte sich die Einwohnerzahl Münchens innerhalb von 30 Jahren auf fast 600.000, zum einen durch Zuwanderung aus dem Umland sowie aus Osteuropa, zum anderen durch

Riesenschule: Anfang des 20. Jh. war die Volksschule an der Wittelsbacherstraße die größte Schule Münchens.

Eingemeindungen. Auch die Isarvorstadt entwickelte sich so prächtig, dass die Stadt mit dem Bau von Schulen nicht nachkam. Die Schüler mussten in Notbaracken unterrichtet werden. Die Klenzeschule war bereits zwei Jahre nach ihrer Gründung hoffnungslos überfüllt; am 1. Oktober 1888 eröffnete zum Glück die Volksschule an der Wittelsbacherstraße.

Das Schulgebäude am Ufer der Isar war das einzige weit und breit, nur der Turnverein 1860 existierte in der Nachbarschaft. Obwohl die Stadt 55 neue Schulhäuser in den Jahren 1855 bis 1915 errichtete, stiegen auch hier die Schülerzahlen ins Gigantische: 1902 waren 912 Buben und 1054 Mädchen eingeschrieben. 1905 war die Schule an der Wittelsbacherstraße mit 2149 Kindern die größte Schule Münchens.

Die Isarvorstadt LITERARISCH

»Schrapnells surrten, Kanonen donnerten, Maschinengewehre ratterten, Panzerautos spien Feuer, Hausecken brachen krachend ein, hilflos und verzweifelt stürzten Leute auf die Straße, weinten und jammerten, fluchten und schrien, wirklicher Krieg durchheulte die Luft.
›Geiselmord im Luitpoldgymnasium!‹ gellte förmlich von Ohr zu Ohr. Die Arbeiter hatten jene Verhafteten und zwei gefangene Regierungssoldaten erschossen.«
Aus *Wir sind Gefangene* von Oskar Maria Graf, München, 1978

»Es geht um die Gegenwart und die Zukunft«, sagt Rektor Huber im Gespräch über die heutige Hauptschule. Sie ist mit 480 Schülern in 21 Klassen, betreut von 43 Lehrkräften, eine der größten Hauptschulen Bayerns mit dem sogenannten M-Zug: Die Schüler können hier die Mittlere Reife ablegen, ohne die Schule wechseln zu müssen.

Nur zwei Punkte aus dem reichhaltigen Angebot der Schule seien hier erwähnt: Eine Schülerfirma, bestehend aus 30 Schülern, versorgt täglich 88 Mitschüler mit warmem Essen. Die Schüler lernen so planen, wirtschaften und kochen, außerdem erfahren sie die praktische Anwendung ihrer Buchhaltungskenntnisse. Doch auch die Kunst kommt nicht zu kurz: Es gibt eine jährliche Literaturwoche, in der bekannte Autoren eingeladen werden zum Austausch und Gespräch. Die Theatergruppe studiert regelmäßig Stücke ein und führt sie auf. Die Hauptschule an der Wittelsbacherstraße beweist, dass Hauptschule nicht gleichbedeutend sein muss mit Problemschule. Allerdings werde bei Störenfrieden auch sofort durchgegriffen, räumt der Rektor ein. Zum Glück sei das jedoch nur äußerst selten nötig, fügt er gleich darauf hinzu.

Die Schule an der Tumblingerstraße

An der Tumblingerstraße teilen sich gleich drei Einrichtungen das 117 Jahre alte Gebäude: Die Grundschule, die Städtische Berufsfachschule für Kinderpflege sowie eine Kindertagesstätte. Das Gebäude hat eine ereignisreiche Geschichte hinter sich: Auch hier gab es zu Beginn eine immens hohe Klassendichte. 1892, zwei Jahre nach der Eröffnung, besuchten 1680 Kinder in 29 Klassen die Schule. 1916 mussten bis zu 92 Kinder in einer Klasse unterkommen, es herrschte akuter Lehrermangel.

Im Februar 1917 musste die Schule geschlossen werden, weil Kohlen rar waren und niemand bei minus 20° C lehren oder lernen konnte, doch bereits einen Monat später fand wieder Unterricht statt. Nach dem Zweiten Weltkrieg wurde die Schule zu einem Flüchtlingsheim umgewandelt, nur die Geschäftsräume blieben erhalten. Den Unterricht verlegte man – stark verkürzt – an die Klenzeschule. 1946 wurde zwar das Flüchtlingsheim aufgelöst, doch statt einer Unterrichtsstätte errichtete die Caritas ein Heim für verwahrloste Mädchen. Erst allmählich kehrten die Schüler in ihre alte Schule zurück; sie mussten eng zusammenrücken, denn Raum war knapp.

Eine von den Lehrern initiierte Ausstellung im Jahre 1947 verdeutlichte die damalige Problematik, die leider auch heutzutage immer wieder in den Zeitungen zu finden ist: 132 Kinder hatten kein eigenes Bett, 90 keine adäquate Kleidung, 19 Kinder mussten regelmäßig ohne Frühstück aus dem Haus. Dass die Umwelt auch schon 1892 ein Thema war, beweist ein Antrag des damaligen Schulleiters auf Bepflanzung von »schattenspendenden Bäumen« im Schulhof. Heute ist der Schulhof inmitten der belebten Stadt eine grüne Oase, die von Schülern und Lehrern gerne angenommen wird.

Die Grundschule am Gärtnerplatz

Die Grundschule am Gärtnerplatz ist, verglichen mit den anderen Schulen, sehr jung. Aus den Wohnzellen der Nonnen des benachbarten Herz-Jesu-Klosters entstand 1964 die Grundschule. Sie hat heute noch einen direkten Zugang zum Kloster, wo einige der Schüler den Hort besuchen. Das Kloster verkaufte das Grundstück 1960 an die Stadt München, die erst eine Volksschule plante, sich dann jedoch für eine Grundschule entschied, gefolgt von einer Sonderschule für geistig Behinderte. Die damalige Stadt- und Schulrätin Mathilde Eller befürwortete eine heilpädagogische Tagesstätte, die heute nach ihrer Fürsprecherin benannt ist.

Einstein und ein Geiselmord

Neben den erwähnten Schulen gab und gibt es natürlich noch eine Reihe anderer schulischer Einrichtungen. An Stelle des heutigen – auch schon wieder ehemaligen – Heizkraftwerkes (Müllerstraße 44) entstand ab 1864 im Gebäude des ehemaligen Militärlazaretts

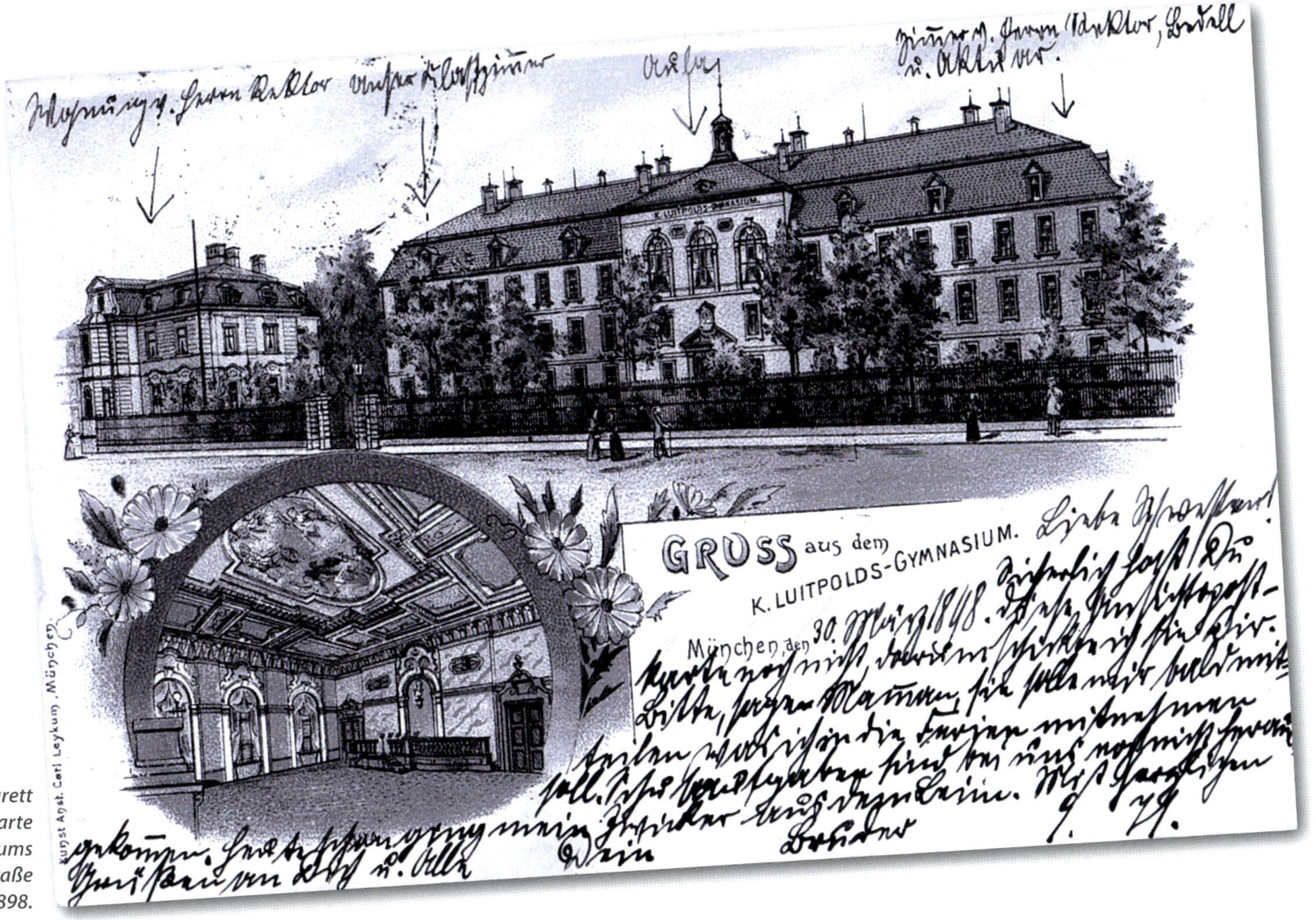

Vom Militärlazarett zur Schule: Postkarte s Luitpoldgymnasiums an der Müllerstraße von 1898.

das Luitpoldgymnasium (nicht zu verwechseln mit dem heutigen Luitpoldgymnasium!). Es ist vor allem berühmt, weil Albert Einstein einige Jahre seiner Schulzeit dort verbrachte. Am 1. Oktober 1888 trat er in die erste Lateinklasse ein – sein Klassenkamerad in der 1b war übrigens ein gewisser Bub namens Franz Marc, der gerne malte … Als die Einsteins 1894 nach Oberitalien umzogen, blieb Albert zunächst zurück, um seinen Schulabschluss zu machen. Doch er bekam immer wieder Ärger mit seinen Lehrern. Sein Klassleiter sagte ihm: »Ihre bloße Anwesenheit verdirbt mir den Respekt der Klasse.« Einstein zog seine Konsequenzen, meldete sich vom Luitpoldgymnasium ab und folgte den Eltern nach Mailand.

Aber auch eine dunkle Stelle der Münchner Geschichte ereignete sich im Luitpoldgymnasium: Der sogenannte Münchner Geiselmord. Im April 1919 hielten die »Roten« (Anhänger der Räterepublik) im Gebäude des Gymnasiums zehn rechtsextreme Anhänger der »Weißen« (Freikorps- und Reichswehrverbände) als Geiseln. Nachdem die »Weißen« in Grünwald elf Rotgardisten ermordeten, explodierte die Stimmung. Der damalige Stadtkommandant Rudolf Egelhofer ließ die zehn Mitglieder der rechtsextremen Thule-Gesellschaft erschießen und entfachte dadurch den Aufstand gegen die Räte-Anhänger. Der folgende gnadenlose Terror der »Weißen« kostete zahllose Zivilisten das Leben. Dass das Ereignis heute noch als »Geiselmord« in den Köpfen ist und nicht als »Weißer Terror«, resultiert aus der Propaganda der Nazizeit.

Das historische Gebäude in der Müllerstraße wurde 1944 zerstört. Im Juli 1960 zog das Luitpoldgymnasium nach Harlaching in die Seeaustraße und nahm ein Jahr später den Unterrichtsbetrieb auf. Die Schule wurde 1965 in Albert-Einstein-Gymnasium umbenannt. ●

Notre Dame d'Isar und ihre Schwestern

Bis ins 19. Jh. genügten der dünn besiedelten Isarvorstadt die Theklakapelle im Brechhaus (später im Militärlazarett), die Schmerzhafte Kapelle an der Kapuzinerstraße und das St.-Stephans-Kirchlein am Alten Südlichen Friedhof. Doch dann mussten neue, größere Kirchenbauten her – seitdem hat München seine Version von Notre Dame und eine äußerst vielfältige Religionsszene.

Text: Martin Arz

St. Andreas

Das Alhambra in der Adlzreiterstraße genoss einen denkbar schlechten Ruf. Die Aufführungen in dem großen Tanzsaal, der zu dem gleichnamigen Hotel gehörte, waren mehr berüchtigt, denn berühmt. Als die Freifrau von und zu Bodmann, Präsidentin des Katholischen Weiblichen Jugendvereins, 1913 einen Jugendverein für München-Süd gründen sollte, bot sich für Großveranstaltungen nur das Alhambra an. Die Dame erinnerte sich: »Mein erster Gedanke war bei den großartigen räumlichen Verhältnissen dieses

Vom Tanzssaal zur Kirche: St. Andreas stand ursprünglich mitten in der Adlzreiterstraße 22, Foto von 1920.

Prägt das Stadtbild: Mit seinen markanten Doppeltürmen beherrschte St. Maximilian auch 1920 das Panorama der Isarvorstadt.

In memoriam: Eine Gedenktafel erinnert heute an den engagierten ersten Pfarrer von St. Andreas, Emil Muhler.

Saales – ich könnte hier eine Sühnekirche einrichten ...« Die Gelegenheit kam schneller, als erwartet. 1917 verkauften die Alhambra-Erben das Gelände an den Jugendverein. Fünf Jahre später veräußerte der Verein das Anwesen an die Pfarre St. Peter unter der Bedingung, dass dort eine Kirche errichtet werden soll. Der hochbetagte Pfarrer von St. Peter, Monsignore Becker, ging daraufhin betteln: Er klingelte an jeder Tür, um Geldspenden zu sammeln, und überredete seine Kollegen, aus ihren Pfarreien ausrangierte Einrichtungsgegenstände zu spenden. Der Hochaltar stand ursprünglich in der Heilig-Geist-Kirche, auch ein Seitenaltar, der Taufstein, die Kanzel und die zwölf Apostelfiguren stammten aus Spenden. Schnell war der Saal zu einer hellen Notkirche für rund 2.000 Besucher umgewandelt, die Kardinal Faulhaber am 25. November 1923 weihte. Ein Jahr später wurde die Stadtpfarrei St. Andreas errichtet und Dr. Emil Muhler ihr erster Hausherr. Noch ein Jahr später konnten zwei Glocken in dem neu errichteten Turm eingeweiht werden. Pfarrer Muhler geriet während der Nazizeit immer wieder mit den Machthabern aneinander, landete mehrfach in Haft, dennoch trieb er den Ausbau seiner Kirche voran. Zuletzt landete der Pfarrer im KZ Dachau. Im Mai 1945 gelang ihm bei Starnberg die Flucht aus dem »Todesmarsch« der KZ-Insassen. Als er zu seiner Gemeinde zurückkehrte, gab es die Kirche nicht mehr. Fliegerbomben hatten St. Andreas samt Schwesternheim und Kindergarten im Juli 1944 komplett zerstört.

Wieder hatte das Schlachthofviertel nur eine Notkirche. 1950 konnten dann vier Ruinengrundstücke an der Zenettistraße als Bauplatz für eine neue Kirche erworben werden. Hier entstand Münchens erster moderner Kirchenbau nach dem Zweiten Weltkrieg nach Plänen des Architekten Ernst Maria Lang. Am 25. November 1953 nahm Kardinal Josef Wendel die Konsegration der neuen Kirche vor. Ernst Maria Lang entwarf auch den neuen Kindergarten und das Pfarrheim an der Adlzreiterstraße, die zwischen 1966 und 1969 erbaut wurden. Heute kooperiert St. Andreas seit 1991 mit der Italienischsprachigen Katholischen Mission München, hat einen italienischen Seelsorger und veranstaltet italienischsprachige Gottesdienste.

St. Anton

Imposant ruht die Kirche gegenüber dem Eingang zum neuen Teil des Alten Südlichen Friedhofs an der Kapuzinerstraße. Ihre Geschichte ist weniger bewegt, als die von St. Andreas. Ursprünglich stand an dieser Stelle nur die kleine Schmerzhafte Kapelle, ein beliebter Wallfahrtsort. Doch 1846 kamen die Kapuziner, die 1802 im Zuge der Säkularisation ihren Orden auflösen mussten und 1826 sich durch Ludwig I. neu gründen durften, und errichteten neben der Kapelle ein Hospiz.

Mit der Expansion der Isarvorstadt und dem neuen Schlacht- und Viehhof platzte die Kapelle bei Gottesdiensten bald aus allen Nähten. Ein Kirchenneubau war unbedingt erforderlich. Dem Zeitgeschmack entsprechend wählte man die neoromanische Optik. 1893 kam es zur Grundsteinlegung, zwei Jahre später zur Weihe. 1936 wurde St. Anton zur Pfarrkirche erhoben. Die Kirche erlitt einige Kriegsschäden, wurde 1946 und 1951 renoviert – und 1966/67 vollkommen entstellt. Völlig in der modernistischen Auffassung gefangen, dass es sich bei der Wandmalerei und bei den Altären um keine Erzeugnisse von hohem künstlerischem Wert handle, und frei von Skrupeln gegen-

Am Bach gelegen: die Schmerzhafte Kapelle und St. Anton im Jahr 1900.

über den Erbauern, ließ der die Renovierung leitende Architekt Michael Steinbrecher einfach alles weiß übertünchen. Das künstlerische Gesamtkonzept – die reuromanische, späthistoristische Ausstattung, teilweise von Ordensbrüdern gefertigt, ging damit verloren.

Zu den bedeutendsten Kunstwerken, die die Kirche heute beherbergt, gehört das Gnadenbild *Elisabeth und Johannes d. T. bei der Heiligen Familie*, das Peter Candid 1602 schuf und das ursprünglich in der Gruft des ersten Kapuzinerklosters beim Lenbachplatz hing. Das Kloster St. Anton, wegen der Armenspeisung Anziehungspunkt für viele Obdachlose, wird seit einiger Zeit renoviert und umgebaut, ab 2008 soll hier das Institut zur Förderung publizistischen Nachwuchses junge Journalisten ausbilden.

St. Martin

Beinahe winzig klein schmiegt sich das schlichte, schmucklose Backsteinkirchlein St. Martin in einen Hinterhof der Arndtstraße. Es gehört zur evangelischen Pfarrei St. Lukas im Lehel und bietet seine Dienste als spirituelles Zentrum unter dem Motto »Schweigen – Reden – Handeln« an. St. Martin bie-

St. Martin: Der Backsteinbau kuschelt sich in den Hinterhof.

tet als Münchner Pilgerherberge allen eine kostenfreie Übernachtungsmöglichkeit an, die sich auf dem Jakobsweg befinden.

St. Maximilian

Bei St. Maximilian haperte es einfach immer wieder am Geld. Bereits 1883 hatte sich der Kirchenbauverein St. Maximilian gegründet, um einen Neubau in der Isarvorstadt zu realisieren, denn längst konnte die Mutterpfarrei Heilig Geist die Gemeindemitglieder der ständig wachsenden Isarvorstadt nicht mehr fassen. Doch zehn Jahre nach Vereinsgründung traf man sich aus Geldmangel immer noch in einer Notkirche in der ehemaligen Schulbaracke an der Auenstraße. Erst nachdem die Stadt den Platz für die Kirche plus 150.000 Mark spendete, der Staat 55.000 bewilligte und eine Sammlung sowie eine Lotterie 228.000 Mark erbrachten, konnte es losgehen. Von den 96 Plänen, die beim Wettbewerb eingereicht wurden, siegte der des Stararchitekten Heinrich von Schmidt, dessen Vater Dombaumeister von St. Stephan in Wien war. Folgerichtig sah Schmidts Entwurf eine neugotische Kathedrale vor. Das gefiel zwar, doch zum einen kam Neugotik gerade aus der Mode, zum anderen war sie viel zu teuer. Also legte Schmidt dem Geschmack der Zeit entsprechend Pläne für eine neuromanische Kirche vor, die akzeptiert wurden. Dass die Isarvorstädter und vor allem die Kirchengemeinde St. Maximilian ihre neoromanische Kirche heute als Notre Dame an der Isar bezeichnet, wo doch die Original-Notre-Dame in Paris ein gotischer Bau ist, liegt an der markanten Architektur, nicht an der stilistischen Ähnlichkeit.

1895 erfolgte die Grundsteinlegung. Bald stockte der Bau, denn es fehlte wieder Geld. Die Bayrische Hypotheken- und Wechselbank musste einen Kredit über 400.000 Mark gewähren. Erzbischof Josef von Stein konnte 1901 endlich St. Maximilian weihen.

St. Maximilian, bei der Erbauung drittgrößte Kirche Münchens, entspricht vom Grundriss her nicht einer üblichen Basilika. Wegen der Bodenbeschaffenheit musste der Bau auf ein breites Fundament errichtet werden. Die Türme, normalerweise am Haupteingang, konnten nur an den Seiteneingängen gebaut werden. Sie ruhen mit ihren drei Glocken, von denen die schwerste 4.000 kg wiegt, auf Rammpfählen.

Der Zweite Weltkrieg traf die Kirche hart und zerstörerisch. Ab Ostern 1946 konnte der rechte Seitenflügel als Notkirche betrieben werden. Der Wiederaufbau begann 1949, auf die hohen Spitzhelme, die ursprünglich die Kirchtürme zierten, verzichtete man aber. 1953 folgte die Neuweihe des Hochaltars. Danach begann die neue Ausgestaltung des Kirchenraums, dazu zählen die Glasfenster und die Kreuzwegbilder, die F. X. Braunmiller 1958 schuf. 1991 begann eine grundlegende Gesamtsanierung, die erst vor kurzem abgeschlossen wurde.

Zu den Besonderheiten der drittgrößten Kirche Münchens zählt die Komposition des Hochaltars, der als Hommage an keltische Hünengräber konzipiert wurde und an die alten Missionare erinnert, die den Germanen und Kelten das Christentum brachten. Unter einem mächtigen Steinkreuz thront in der Mitte der Heilige Maximilian, um ihn herum stehen Winthir, Rasso, Korbinian, Luitpold, Theodolinde, Ulrich, Hardemunde und Emmeram als Wächter am einfachen Steinaltar. Die Figuren stammen von Balthasar Schmitt und Georg Wrba, der auch das Reiterstandbild Ottos von Wittelsbach auf der Wittelsbacherbrücke schuf.

Herz-Jesu-Klosterkirche

Das »Klösterl« der Niederbronner Schwestern in der Buttermelcherstraße 10 enthielt eine Kirche, die ursprünglich 1869 von Michael Reifenstuel erbaut wurde. Sie ging im Zweiten Weltkrieg in Flammen auf.

Herz-Jesu-Kirche einst und heute: Der Stich oben zeigt die Klosterkirche der Niederbronner Schwestern in der Buttermelcherstraße 1870, auf dem Foto rechts der nüchtern mit Sichtbeton gestaltete Altarraum heute.

Der Neubau entstand, wie auch das Klosterareal inklusive Mädchenwohnheim, von 1953 bis 1955 nach Plänen von Alexander von Branca im Auftrag der Kongregation der Niederbronner Schwestern. Die Kirche ist heute nur zugänglich, wenn man sich an der Klosterpforte anmeldet. Sichtbeton bestimmt die Innenausstattung der Kirche, das Tabernakel stammt von Heinrich Kirchner, der Altarblock von Fritz Koenig. Ab 1995 wurde der gesamte Klosterkomplex renoviert und saniert.

Schmerzhafte Kapelle

Nach Ende des 30-jährigen Kriegs errichteten Gläubige eine kleine Gebetsstätte an einem mächtigen Baum beim Steig nach Thalkirchen (heute Kapuzinerstraße).

1670 zimmerte der Abdecker M. Bartholomäus Deibler aus rohen Brettern eine Feldkapelle (die Schinder-Kapelle) und schmückte sie mit der Kopie des Gemäldes *Heiland an der Geißelsäule* aus dem Kloster Andechs. Das Kapellchen zog sofort Wallfahrer an, schon zwei Jahre später baute man eine steinerne Kapelle, die um 1702 durch eine Rotunde mit Kuppel und Laterne ersetzt wurde – gestiftet vom Bayrischen Hofkammerrat Johann Baptist Ruffini, der sich um die Ecke gleich noch ein Schlösschen zur Sommerfrische bauen ließ. 1705 wurde die Kapelle den »Leiden Christi und der Schmerzhaften Mutter Maria« geweiht. In den 1730er Jahren kamen Mesnerhaus, Türmchen und ein eigener Altarraum hinzu. Nachdem sich die Kapuziner 1846 hier niederließen, bauten sie die Schmerzhafte Kapelle sukzessive um und aus. Der heutige, neue rechteckige Bau lässt die einstige Rotunde zwar noch erahnen, bringt dem Gebäude aber einen völlig anderen Charakter.

St. Stephan

Das hölzerne Salvatorkirchlein, das ab 1576 zum Pestfriedhof gehörte, musste 1638 den strategischen Planungen der Stadt München weichen. Die Schweden rückten an und man durfte ihnen keine Möglichkeit geben, sich vor dem Sendlinger Tor zu verschanzen. Also wurden Kirche, Kapelle und Friedhofsmauer geschliffen. 1674 begann man mit dem Neubau einer Kirche, die 1681 dem Heiligen Stephan geweiht werden konnte. Damit ist St. Stephan das älteste erhaltene Gebäude der Isarvorstadt. Auch die Laurentanische Kongregation errichtete ihre erstmals 1592 auf der Kreuzung des ersten Quergangs erbaute kleine Kapelle neu (siehe Stich von 1700, S. 49). Das weitere Schicksal der Kapelle ist nicht bekannt, wohl das von St. Stephan. Bis 1876 ehrten die Münchner den Heiligen durch den jährlichen Stephansritt zum Gotteshaus. Heute gehört St. Stephan als Nebenkirche zu St. Peter, noch immer wird täglich die Heilige Messe gelesen. Im März 2004 begannen umfangreiche Renovierungsarbeiten an der Kirche. Dabei zeigte sich, dass der feuchte Grund massive Schäden am Mauerwerk angerichtet hatte. Der Renaissancestuck im Tonnengewölbe, der im Zweiten Weltkrieg zerstört wurde, kann nicht rekonstruiert werden. Der noch vorhandene Barockstuck im Chorraum hingegen macht St. Stephan zu einem kunsthistorischen Schatz, denn es ist neben der Augustinerkirche das einzige erhaltene Beispiel dieses Stils in der Münchner Altstadt.

Erzbischof neben Striplokal

Religiöse Vielfalt hat in der Isarvorstadt Tradition. Es war und ist das Judenviertel Münchens (siehe extra Kapitel S. 74). In der Frauenlobstraße sind seit 1905 die Methodisten ansässig (zuvor bis 1895 in der Müllerstraße) und in der Pestalozzistraße die Heilsarmee.

Alles ist möglich: Neben dem Cabaret Pigalle in der Thalkirchner Straße residiert der Erzbischof der Freikatholischen Kirche.

Beten statt Biertrinken: In der Holzstraße 9 befand sich die beliebte Gastwirtschaft Lacke mit Biergarten und Theaterbühne – hier eine Aufnahme von 1899. Ab 1922 nutzten die Baptisten das Gebäude als Kirche, Volksmission und Gemeindezentrum.

Die Freikatholische Kirche, die sich 1872 von Rom trennte, befindet sich in der Blumenstraße gleich hinter Papa Schmids Marionettentheater.

Eine kirchliche Besonderheit beherbergt die Isarvorstadt zudem: Ein Erzbischöfliches Ordinariat direkt neben einem Striplokal. 1972 mietete der freikatholische Erzbischof Karl-Heinz »Hilarios« Ungerer ein Ladenlokal in der Thalkirchner Straße 25 an und verlegte damit den Bischofsitz der deutschen Gemeinde von Köln nach München. Nur von Spenden baute die rührige Gemeinde ihr Ordinariat und das Gotteshaus St. Peter und Paul stetig aus. 1992 konnte das Ladenlokal dann gekauft werden. Dass nebenan ein Nachtclub mit blanken Busen wirbt, hat den Bischof noch nie gestört.

Auch die Geschichte der Baptisten in Bayern ist untrennbar mit der Isarvorstadt verbunden. Nachdem die Baptisten sich zunächst in Privaträumen Am Glockenbach 21 getroffen hatten, zog man 1903 in die Holzstraße 4 in einen schäbigen Hinterhof um. Nach wechselvollen Jahren unter verschiedenen Adressen in der Schwanthalerstraße kam die Gemeinde 1922 in die Isarvorstadt zurück – in das ehemalige Eldorado, eine für derbe Volksstücke bekannte Kleinkunstbühne, die zum beliebten Wirtshaus Lacke, Holzstraße 9, gehörte. Das Vorderhaus und der Seitenbau mit 250 Sitzmöglichkeiten sowie der rückwärtige Saalbau mit 500 Sitzplätzen kosteten 1,4 Mio. Reichsmark. Hier fand die nomadisierende baptistische Gemeinde endgültig ein Zuhause. ●

Hilfe für Gestrandete

Die Isarvorstadt gilt als In-Viertel, vor allem, seit die sogenannten Heuschrecken eingefallen sind, und nur noch Gutbetuchte sich die renovierten Wohnungen leisten können. Aber wie jedes Viertel hat auch dieses seine Schattenseiten. Man denke nur an die Männer unter der Wittelsbacher Brücke (wir hätten sie gerne interviewt, respektieren aber den Wunsch, in Ruhe gelassen zu werden). Doch zum Glück gibt es auch Mitbürger, die Menschen in der Not beistehen.

Text: Ann E. Hacker

Essen gibts nicht umsonst: Die Münchner Tafel

Sie kommen jeden Freitag, egal, welches Wetter herrscht. Ob Sonne, Regen, Schnee, Hitze oder Kälte: Die ehrenamtlichen Helfer der Münchner Tafel bauen jeden Freitag gegen 10 Uhr auf, was ihnen Supermärkte und Discounter überlassen haben. Früh am Morgen macht sich ein Fahrer auf den Weg, um einzusammeln, was man dem Normalbürger nicht mehr verkaufen kann: Obst und Gemüse, das nicht mehr gar so bunt und frisch aussieht, wie es die Werbung verspricht; Milch- und andere Produkte, die das Haltbarkeitsdatum erreicht haben; Brot vom Vortag von der Bäckerei Müller, das immer noch bestens genießbar ist.

Die Ausgabestelle in der Isarvorstadt befindet sich in der Isartalstraße, direkt hinter dem St. Anton-Kloster. Früher haben Nonnen die Bedürftigen des Viertels versorgt, heute geben sie den Helfern der Münchner Tafel einen heißen Kaffee, wenn es zu kalt und stürmisch wird.

Der erste Schnee fällt und ein eisiger Wind pfeift um die Häuser, doch Peter Poertzel, seit sieben Jahren bei der Münchner Tafel und Leiter der Ausgabestelle, sieht das pragmatisch: »Mit der Zeit legt man sich die richtige Kleidung zu.« Daunenjacken, feste Stiefel, Mütze und Handschuhe gehören im Winter dazu. Dennoch muss es große Überwindung kosten, sich freiwillig ein paar Stunden in die Eiseskälte zu stellen. Die ersten Hungrigen kommen bereits um halb elf, doch sie erhalten nur eine Nummer. Die Ausgabe an Bedürftige ist bei der Münchner Tafel streng geregelt: Man muss nachweisen, dass man Hartz-IV- oder Sozialhilfeempfänger ist, dass man die Hilfe »verdient« hat. Wer den Test besteht, erhält einen Ausweis, der ihn dazu berechtigt, einmal pro Woche Nahrungsmittel in Empfang zu nehmen. Was übrig bleibt, wird an die verteilt, die rechtzeitig da waren, um sich eine Nummer zu holen. Es gibt eine Warteliste für die Ausweise, doch die ist immer voll.

Die Ausgabe beginnt um halb eins mit einer warmen Mahlzeit, die von der Allianz gesponsert wird. Das Essen darf nicht vor Ort verspeist, sondern muss in Behältern mitgenommen werden. Die Helfer haben Tupperschüsseln und ähnliches auf Vorrat, falls mal einer nichts dabei hat. Auch eine Warmhalteschüssel muss man sich leisten können. Danach beginnt die Ausgabe der übrigen Nahrungsmittel: Nach Überprüfung des Ausweises erhalten die Bedürftigen Kartoffeln, gelbe Rüben, Zwiebeln und was sonst noch im Angebot ist. Die Lebensmittel werden ihnen zugeteilt. »Wir haben keine Zeit für Diskussionen«, sagt Peter Poertzel. »Wer etwas nicht will, muss es nicht nehmen. Aber es gibt nicht den bestimmten Kopfsalat, nur, weil er vielleicht ein bisschen schöner ist.« Manche Ausländer – ihr Anteil beträgt ca. 60 % – hätten lieber Gemüse, das ihrer gewohnten Küche entgegenkommt, aber Sonderwünsche werden nicht erfüllt. Es gibt, was da ist.

Rund 140 Ausweisinhaber gibt es in der Isarvorstadt, man rechnet mit 1,5 Nutzern pro Ausweis, also

Unter der Brücke: Die Obdachlosen haben sich schon seit langem unter den Bögen der Wittelsbacherbrücke eingerichtet, teilweise mit richtigem Mobiliar. Alle Versuche der Stadt, die Brückenbögen zu räumen, sind in der Vergangenheit gescheitert.

Soldaten Gottes: Die Heilsarmee in der Pestalozzistraße kümmert sich vor allem um obdachlose Männer.

werden etwa 240 Leute durch die Münchner Tafel versorgt. Dazu kommen noch einmal die, die mit ihrer Nummer bangen müssen, ob etwas übrig bleibt. Das können bis zu 50 Leute pro Freitag sein.

»Wir wissen ja, wie viele noch darauf warten«, sagt Poertzel. »Wenn genug da ist, teilen wir das so ein, dass jeder etwas abbekommt.« Highlights sind Käse, Joghurts, Wurst, Fleisch und Fisch. Manchmal kommen Anwohner und bringen selbstgemachte Marmelade vorbei; auch die wird liebend gern genommen. Einmal im Monat lässt Claus Hipp, Ehrenvorsitzender der Münchner Tafel, eine Ladung Babynahrung anliefern. Auch das ist ein regelmäßiger Höhepunkt für Familien mit Kindern.

Die Isarvorstadt LITERARISCH

»Es ist ein vierstöckiger, neuer Mietsbau im unteren Isarsträßchen, nur vier Fenster die Front (...) Mit seinen fensterlosen, rotbraunen Backstein-Steinmauern, die immer noch vergeblich auf Anbau harren, ragt er wie ein Symbol moderner Ungemüthlichkeit und poesieverlassener, plumper Spekulationsbauerei über das romantische hölzerne Winkelwerk des armseligen Stadtviertels, das sich planlos, von Mühlbächen und krummen ungepflasterten Gässchen durchzogen, an die Isar herandrückt.«
Aus *Was die Isar rauscht* von Michael Georg Conrad, Leipzig, 1889

Monatlich wird überprüft, ob die Ausweisinhaber da waren. Wer sich vier Mal nicht gemeldet hat, ist offensichtlich nicht mehr bedürftig. »Ein Anruf genügt, um uns mitzuteilen, dass man krank ist. Wer sich nicht kümmert, fliegt.« Die Bedürftigen haben der Münchner Tafel gegenüber eine gewisse Pflicht zu erfüllen, um dafür kostenlos Lebensmittel zu erhalten. Bleibt dann doch noch etwas übrig, wird es zur Station in der Großmarkthalle geliefert, dem Hauptsitz der Münchner Tafel. Weggeworfen wird selten etwas, die Not ist zu groß.

Wenn der Umbau des St. Anton-Klosters abgeschlossen ist, wird die Münchner Tafel an der Isartalstraße auch wieder einen ca. 16 m^2 großen Raum haben, den sie als Ausgabestelle für leicht verderbliche Ware wie Milchprodukte verwenden kann. Und haltbare Nahrungsmittel wie Kartoffeln, Zwiebeln und gelbe Rüben, die Grundnahrungsmittel, die nach Möglichkeit immer ausgegeben werden, kann man dann endlich einlagern. Das spart Zeit und Geld – Geld, das man wieder den Bedürftigen zukommen lassen kann.

Helfende Soldaten: Die Heilsarmee

Das Haus in der Pestalozzistraße 36 sticht nicht hervor, und würde man eine Umfrage starten, wüssten die meisten Menschen, die täglich dort vorbeigehen, vermutlich nicht, was sich darin verbirgt. Das Schild ist bescheiden, und nur, wer genau schaut, erkennt in dem Haus den Sitz der Heilsarmee. Heilsarmee? Das sind doch die mit den Uniformen und den seltsamen Hüten, die besonders in der Weihnachtszeit auf den Straßen christliche Lieder singen. »Die meisten Menschen kennen uns vor allem aus den Kitschfilmen aus den USA«, bestätigt Stefan Müller, Leiter (Major) der Division München. »Kaum jemand weiß, dass wir eine richtige Kirche sind.«

In Deutschland spielt die Heilsarmee mit gerade mal 4.000 Mitgliedern eine eher untergeordnete Rolle. In München sind es nur knapp zehn Menschen, die der Heilsarmee angehören. Doch ca. 20 Personen sehen sie als ihre Kirche an und kommen mehr oder weniger regelmäßig zu den Gottesdiensten. Die Münchner Geschichte der Heilsarmee begann 1923. Im August 1925 konnte man das Haus in der Pestalozzistraße 36 kaufen, nutzte aber vorerst nur das Erdgeschoss. Dadurch war die Gemeinde auf ambulante Sozialarbeit beschränkt: Einmal pro Woche gab es eine Gulaschkanone. Nach dem Zweiten Weltkrieg wurden die Wohnungen im Haus nach und nach aufgelöst und

Überlebenshilfe: An der Mauer zur Schmerzhaften Kapelle in der Isartalstraße baut die Münchner Tafel jeden Freitag ihre Lebensmittelausgabe für Bedürftige auf.

auch das Hinterhaus konnte übernommen werden. Die Heilsarmee gründete das William-Booth-Heim als Altenwohnheim für wohnungslose Männer. In den 70er Jahren wurde das Heim renoviert und stand nun generell Obdachlosen zur Verfügung.

Heute ist es zum einen ein Wohnheim mit Vollverpflegung, zum anderen dient das Haus als Notunterkunft, wobei die Männer so lange bleiben dürfen, bis ihre Bedürftigkeit geklärt ist. 36 Übernachtungsplätze und weitere 12 Notbetten stehen zur Verfügung. Sozialarbeiter betreuen die Männer. Jeden Dienstag wird die Kleiderkammer geöffnet, deren Inhalt die Bevölkerung spendet. Erst kommen die Frauen, dann die Männer zum Zuge. Daneben gibt es täglich eine warme Suppe für einen »Schutzpreis« von 50 Cent. Einmal pro Woche wird auch in der Nähe vom Stachus ein Eintopf ausgegeben, was immerhin 30 bis 40 Leute in Anspruch nehmen. Sonntags gibt es einen Frühstücksgottesdienst, bei dem sich Bedürftige an einer hübsch gedeckten Tafel bedienen dürfen. Die Gottesdienste finden in einem Allzweckraum im Erdgeschoss statt. Ein Teil des Raums ist mit einem Vorhang abgetrennt und eindeutig als Kapelle erkennbar. Daneben gibt es noch einen sehr kleinen Raum, der zur stillen Einkehr, zum Gebet oder einfach nur dazu dient, für ein paar Minuten der Hektik der Außenwelt zu entfliehen. Jeder kann diesen Raum nutzen. Es mag heutzutage seltsam anmuten, dass die Heilsarmee sich immer noch militärische Bezeichnungen gibt – eine Gemeinde ist ein Korps, die Mitglieder sind Soldaten –, doch unterm Strich zählt der Einsatz für den Menschen.

Ein Herz für Senioren ...

... die sich das Luxus-Senioren-Domizil gleich um die Ecke nicht leisten können, haben die Mitarbeiter des Alten- und Service-Zentrums Isarvorstadt in der Hans-Sachs-Straße 14. Neben einer Cafeteria, in der man

Obdachlose im Jahr 1920: Das Heim des katholischen Kirchenbauvereins St. Korbinian, Thalkirchner Straße, war am Aufnahmetag mal wieder überfüllt, wie das Schild rechts belegt. Neuankömmlinge mussten in die Entenbachstraße ausweichen.

gemütlich Kaffee und Kuchen genießen, neue Leute kennenlernen, seine Zeitung lesen oder ein Schwätzchen mit den Nachbarn abhalten kann, gibt es auch den Mittagstisch, wo für knapp 6 € ein Drei-Gänge-Menü erhältlich ist. Zu den klassischen Aufgaben eines ASZ gehört neben der Beratung in allen Lebensdingen auch ein umfangreiches Kursangebot. Ob Singen, Kochen, Malen oder der Besuch der neuen Synagoge am Jakobsplatz – es ist für jeden etwas dabei, auch für Migranten.

Ein Spielplatz für die kalte Jahreszeit

Für die ganz Kleinen von 0 bis 3 gibt es seit dem Winter 2007 noch etwas ganz Besonderes: den Winterspielplatz. In den Räumen der Evangelisch-Freikirchlichen Gemeinde in der Holzstraße 9 finden Eltern für ihre Sprösslinge gemütlich eingerichtete Kuschelecken, aber auch für ausreichend Bewegung wird gesorgt. Es gibt einen Sinnesgarten, eine Ecke zum Bauen und Basteln, einen Ess- sowie einen Wickel- und Stillbereich. Die Funktion des klassischen Spielplatzes wird perfekt erfüllt: Während die Kinder spielen und sich austoben, können die Eltern Kontakte knüpfen.

Mimikry, Marikas und Condrops

Hilfe der besonderen Art bieten die Beratungsstellen des Evangelischen Hilfswerks München: Während Mimikry sich um weibliche Prostituierte kümmert, tut Marikas dasselbe für junge, heranwachsende Männer, die sich ihr Geld als Stricher verdienen. Die Anlaufstelle befindet sich in der Dreimühlenstraße 1, wo sich die Frauen oder Männer tagsüber aufhalten, sich duschen und ihre Wäsche waschen, essen oder einfach reden können. Darüber hinaus betreiben die Mitarbeiter der beiden Beratungsstellen Prävention: In einschlägigen Kneipen, auf Straßenfesten und im Internet machen sie ihr Angebot bekannt, verteilen Kondome, Gleitgel und Infobroschüren, klären auf über HIV und andere ansteckende Krankheiten, vermitteln Ärzte.

Und Drogenabhängige finden bei Condrops in der Maistraße 37 eine Tagesklinik, die sie in der harten Zeit des Entzugs unterstützt. ●

Rechte Seite: Waschbecken im Schlachthof.

die ISARVORSTADT arbeitsam

Mitten im Arbeiterviertel

Die Agentur für Arbeit und ihre Vorläufer, die städtischen Arbeitsämter, residierten von Anfang an in der Isarvorstadt. Auch die Gewerkschaften hatten ihre Einrichtungen dort, wo viele einfache Arbeiter und Angestellte lebten.

Text: Martin Arz

Ein Haus für Arbeiterangelegenheiten: Die Übersichtskarte des Arbeitsamts in der Thalkirchner Straße mit Erklärungen erschien im Jahr 1915.

Ich erinnere mich an eine Maifeier. In jenem Jahr war es der deutschen Sozialdemokratie zum erstenmal gestattet worden, einen Umzug zu veranstalten, aber nur unter der Bedingung, dass man Ansammlungen innerhalb der Stadt vermeide und die Feier außerhalb veranstalte«, schrieb Nadeshda Krupskaja, die Ehefrau der russischen Revolutionärs Wladimir Iljitsch Lenin, über ihre Münchner Zeit von 1901 bis 1903. »Und nun zogen die deutschen Sozialdemokraten in ziemlich großen Kolonnen, mit Kind und Kegel und mit den üblichen Rettichen in der Tasche, schweigend im Eilmarsch durch die Stadt, um später in einem Vorortrestaurant Bier zu trinken. Es gab keinerlei Fahnen oder Plakate. An eine Demonstration aus Anlass des Weltfeiertages der Arbeiterklasse erinnerte diese ›Maifeier‹ in keiner Weise.« Harte Worte einer Klassenkämpferin, die in Schwabing lebte. Sie erwähnt zwar nicht, in welches Lokal die Arbeiter zogen, aber die Vermutung liegt nahe, dass es sich dabei um eine Wirtschaft im Arbeiterviertel Isarvorstadt gehandelt hat.

Aus gutem Grund wählte daher auch die Stadt München die Isarvorstadt als Sitz des ersten städtischen Arbeitsamts, das am 1. November 1895 seinen Betrieb aufnahm. Der Südbau der leerstehenden Alten Isarkaserne auf der Kohleninsel (heute Museumsinsel) bot dafür den idealen Raum. Für Männer gab es zwei Vermittlungsschalter, für Frauen drei. Sieben Beamte arbeiteten zunächst dort.

Schnell expandierte das Amt, 1905 kam eine Zweigstelle in der Hohenzollernstraße 13 hinzu, 1910 eine in der Blumenstraße 57. Um die Energien zu bündeln, beschloss der Magistrat 1911, dass ein Neubau vonnöten sei. Schon drei Jahre später wurde das neue

Arbeitslose mussten auf die Insel: Wo heute das Deutsche Museum Millionen Besucher anlockt, stand ab 1895 das erste städtische Arbeitsamt Münchens.

Moderne »Arbeiterburg«: die Agentur für Arbeit an der Kapuzinerstraße.

Echte Arbeiterin: Die Sendlinger-Tor-Resl war Straßenkehrerin und ein echtes Original (Foto um 1900).

Arbeitsamt in der Thalkirchner Straße 54 eröffnet. Wegen der hohen Arbeitslosigkeit wurden schnell Zweigstellen in anderen Stadtteilen eingerichtet. 1921 kam eine Berufsberatungsstelle für schulentlassene Jugendliche hinzu. 1927 trat dann das Gesetz über Arbeitsvermittlung und Arbeitslosenversicherung in Kraft, damit schied das Arbeitsamt nach 33 Jahren aus der Münchner Kommunalverwaltung aus.

Prominentester Mitarbeiter des Arbeitsamts zu jener Zeit war der Münchner SPD-Vorsitzende Thomas Wimmer (später von 1948 bis 1960 Münchner Oberbürgermeister). Ein weiterer bedeutender Sozialdemokrat, Eduard Schmid (von 1919 bis 1924 Erster Bürgermeister Münchens) lebte übrigens in der Jahnstraße 46.

Die Isarvorstadt LITERARISCH

»Als Anna ihren Herrn Reithofer kennenlernte, dämmerte es bereits. Das war in der Nähe der Thalkirchner Straß vor dem Städtischen Arbeitsamt. Auch der Herr Reithofer war nämlich arbeitslos ...«
Aus *Der ewige Spießer* von Ödön von Horvath, Frankfurt, 2001

Mühsamer Neuanfang

Kurz vor der Machtergreifung Hitlers hatte sich die Zahl der Arbeitslosen auf 85.000 so dramatisch gesteigert, dass es vor dem Haus in der Thalkirchner Straße regelmäßig zu Unruhen und Ausschreitungen kam. Im März 1933 besetzten zwei Abteilungen der SA das Arbeitsamt, in ihren Augen ein Hort der Kommunisten und Sozialisten, und nahmen alle »Marxisten« fest. Die Bomben des Zweiten Weltkriegs trafen das Gebäude 1943 und 1944 schwer, der Westtrakt lag komplett in Schutt und Asche.

Doch kaum hatte der Krieg ein Ende, nahm das Amt seine Tätigkeit in dem zu gut zwei Dritteln zerstörten Haus wieder auf. Gute fünf Jahre zog sich der Wiederaufbau hin. 1952 wurde die Bundesanstalt für Arbeitsvermittlung und Arbeitslosenversicherung errichtet, das Arbeitsamt München war fortan Bundesbehörde. Ständig wuchsen die Aufgaben und das Angebot – der Platz im Haus an der Thalkirchner Straße reichte bald nicht mehr aus. Man lagerte aus, was nur ging. Zuletzt arbeiteten mehr Mitarbeiter in den neun ausgelagerten Standorten, als an der Thalkirchner Straße.

Die Behörde suchte nun händeringend nach einem Standort für ein neues Dienstgebäude. 1975 kaufte man von der Stadt München einen 2,1 ha großen Teil des Schlachthofgrundstücks an der Kapuzinerstraße für 15.570.000 DM. Sechs Jahre später begannen die Bagger mit dem Aushub der Baugrube. 1987 feierte das neue Arbeitsamt, das nach Plänen des Architekturbüros GKK & Partner entstand, offizielle Eröffnung. In 838 Räumen bietet die Behörde seitdem ihr umfangreiches Angebot an. Ein Teil des Gebäudes wurde an die Stadtbücherei vermietet.

Die »Arbeiterburg«

Dass die Isarvorstadt ein klassisches Arbeiterviertel war, zeigte sich auch daran, dass die Gewerkschaften hier ihre Zentralen einrichteten. Den Landesverband Bayern und der Ortsausschuss München des christlich orientierten DGB, den Gasthof Christliches Gewerkschaftsheim und eine Bibliothek fand man ab 1928 in der Reisingerstraße 10. Im Rückgebäude des Nachbarhauses Reisingerstraße 11 residierte die KPD. Im Gegensatz zum DGB ging es in der »Arbeiterburg«, dem 1912 erbauten vierstöckigen Gewerkschaftshaus in der Pestalozzistraße 40/42, sozialistisch zu. Hier hatten der Allgemeine Deutsche Gewerkschaftsbund (ADGB) mit seinen Einzelgewerkschaften seinen Sitz, ebenso die Münchner SPD, die Volksfürsorge-Versicherung, die Gastwirtschaft zum Gewerkschaftshaus sowie mehrere gewerkschaftseigene Betriebe und eine große Bibliothek.

Schon 1922 geriet das Gewerkschaftshaus ins Visier der erstarkenden Nationalsozialisten. In einem Brief vom 7. November des Jahres drohte der braune Mob: »Gründet nur eure Kampforganisation, ihr Arbeitersaubande, dreckige. Wir freuen uns, Euch niederschießen zu können wie die Hunde. Schützt nur Eure Judenführer, Ihr Saubande! Auf zum Arbeitermord!«

Kaum hatte Hitler die Macht im Staat, stürmte die SA am 9. März 1933 das Gewerkschaftshaus in der Pestalozzistraße und richtete im Keller eine Folterkammer für die politisch Unliebsamen ein. Keine zwei Monate später enteignete man die Gewerkschaften, neuer Hausherr wurde die Deutsche Arbeitsfront (DAF). 1944 zerstörten Fliegerbomben das repräsentative Haus. Am heutigen Neubau erinnert eine Gedenktafel an die »Arbeiterburg«. ●

Alte »Arbeiterburg«: das Gewerkschaftshaus in der Pestalozzistraße 40/42 im Jahr 1920.

Echt patent

Ein Kasernenkomplex, der zur Erbauungszeit noch vor den Toren der Stadt München lag, wurde nach dem Zweiten Weltkrieg weggerissen, um dem Deutschen Patentamt Platz zu machen. Gleich daneben entstand auf dem Gelände eines Gefängnisses das Europäische Patentamt.

Text: Martin Arz

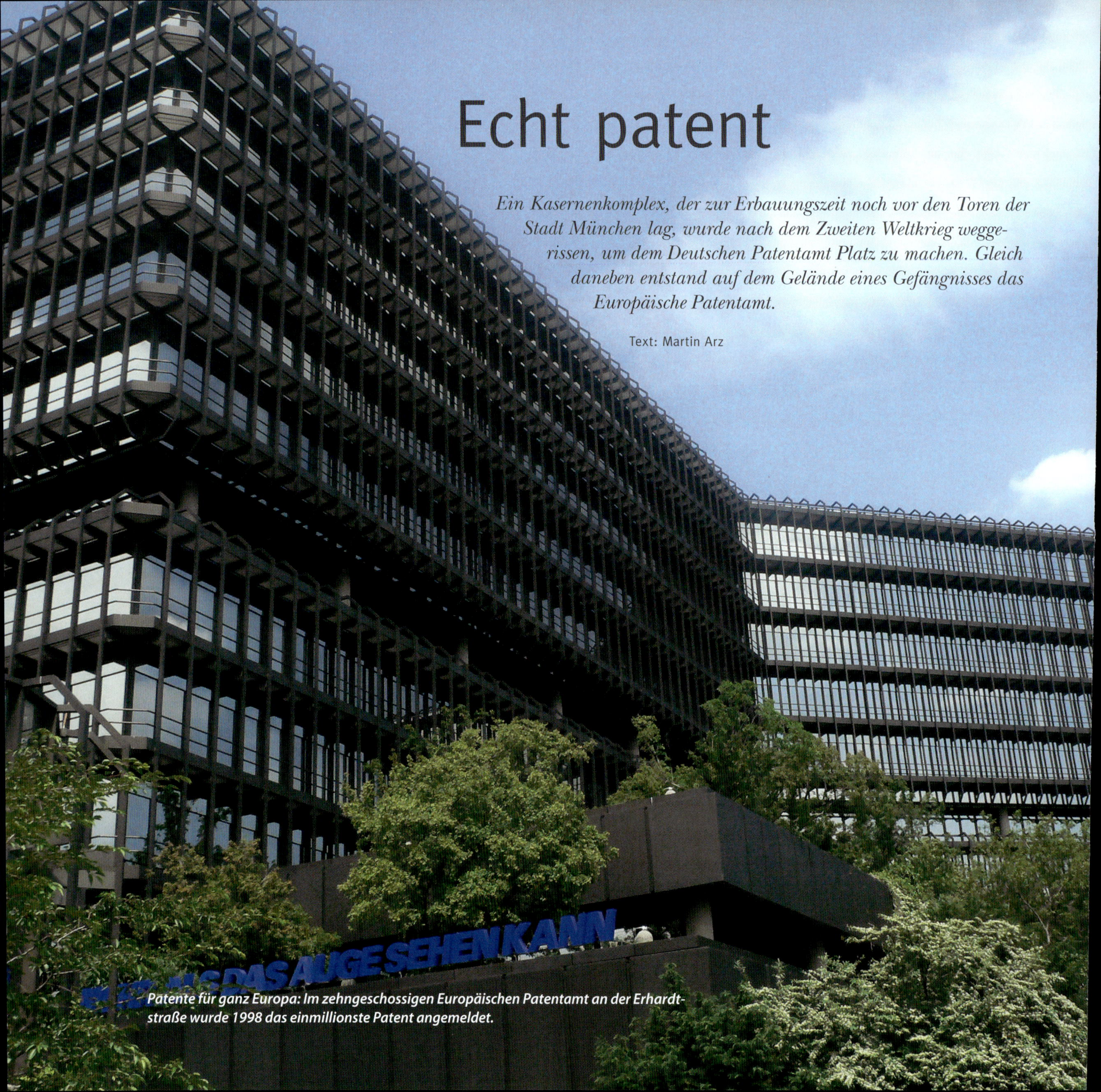

Patente für ganz Europa: Im zehngeschossigen Europäischen Patentamt an der Erhardtstraße wurde 1998 das einmillionste Patent angemeldet.

Die Englischen Fräulein freuten sich, kam doch eine satte Summe in ihre Kassen! Eben hatte der Kriegsökonomierat ihnen einen umfriedeten Garten vor dem Isartor für stolze 12.795 Gulden abgekauft. Man schrieb das Jahr 1807 und König Maximilian I. und seine Berater debattierten über einen dringend notwendigen Kasernenneubau, da die Kaserne auf der Kohleninsel, gleich gegenüber dem Grundstück, längst am Rande ihrer Kapazitäten stand. Bis dann tatsächlich der Neubau fertig wurde, vergingen einige Jahre. Am 3. Mai 1813 konnte der Kriegsökonomierat dann seiner Majestät verkünden, dass nun schon eine Unterkunft für 428 Soldaten und Stallungen für 104 Pferde fertig seien. Der gesamte Kasernenkomplex, ausgelegt für 1168 Soldaten und 359 Pferde, konnte schließlich im Herbst 1818 dem Garde-du-Corps-Regiment übergeben werden. In den Jahren 1825 bis 1854 folgten Erweitungsbauten wie die Max-II-Reitschule. Schließlich erstreckte sich die Anlage von der Zweibrückenstraße bis zur Kohlstraße.

1858 ließ König Maximilian II. die Kaserne vorübergehend komplett schließen und generalsanieren – die hygienischen Verhältnisse stanken im wahrsten Sinn des Wortes zum Himmel, Ratten fühlten sich wohler als Menschen, Epidemien rafften die Soldaten dahin. Die Renovierung half nicht viel, schon 1898 empfahl Kriegsminister von Asch, die Kaserne endgültig aufzugeben: Die Exkremente der Pferde hatten das Fundament schwer angegriffen, die dichte Bebauung der Umgegend behinderte Militärübungen. 1902 zog das 1. Schwere-Reiter-Regiment »Prinz Karl von Bayern« in die neue Kaserne auf dem Oberwiesenfeld.

Kreativität für eine ehemalige Kaserne

Im Herbst 1953 kamen die Abrissbirnen, die Neue Isarkaserne musste dem Deutschen Patentamt weichen. Das Patentamt, das sich vor dem Zweiten Weltkrieg in Berlin befunden hatte, war 1945 zerstört worden und nach vier Jahren patentamtloser Zeit 1949 nach München gezogen. Dort fanden die 423 Mitarbeiter in der Bibliothek des Deutschen Museums eine vorübergehende Bleibe. 1954 begannen die Bauarbeiten zu dem Atriumsbau und dem Hochhaus aus Backstein, das die Architekten Franz Hart und Helmuth Winkler entworfen hatten. Bei seiner Fertigstellung fünf Jahre später war das Gebäude das höchste Amtsgebäude Münchens. Ein Sgraffito über dem Durchgang des Klinkerbaus zur Straße erinnert an die ehemalige Reiterkaserne an dieser Stelle. In das Patentamt ging 1990 das Amt für Erfindungs- und Patentwesen der DDR auf. 1998 bekam die Behörde, die längst nicht mehr nur Patente erteilt, sondern auch Gebrauchsmuster, Marken und Geschmacksmuster bearbeitet, einen neuen Namen: Deutsches Patent- und Markenamt. An den Standorten in München, Jena und Berlin arbeiten heute weit über 2.000 Menschen.

In unmittelbarer Nachbarschaft entstand ab 1975 das Europäische Patentamt auf dem Gelände des Corneliusgefängnisses sowie 24 maroder Wohnhäuser. Auf einer Konferenz in München hatten mehr als 20 Staaten im Jahr 1973 die Einführung eines europäischen Patenterteilungsverfahrens beschlossen und München als einen der Standorte bestimmt. Der Stahlbetonskelettbau mit vorgehängter Glasfassade wurde von der Architektengruppe Gerkan-Marg und Partner entworfen. 1979/80 konnte die internationale Behörde den Betrieb aufnehmen. Weitere Standorte in Berlin, Den Haag, Wien und Brüssel kamen hinzu. München besitzt mit den beiden Patentämtern heute eine der größten Patentbehörden der Welt. ●

Drill statt Erfindergeist: Wo heute das Deutsche Patentamt an der Zweibrückenstraße steht, befand sich früher die Schwere-Reiter-Kaserne, oben illustriert von H. Adam 1829.

Firmen in der Isarvorstadt

Die Isarvorstadt war ein klassisches Arbeiterviertel, zog doch die Isar mit ihrer Wasserkraft vor allem Fabriken an. Neben den vielen Firmen, die hier aus Platzgründen ungenannt bleiben müssen, soll eine Handvoll vorgestellt werden, die das Viertel nachhaltig geprägt hat.

Text: Ann E. Hacker

125 Jahre Backen in der Isarvorstadt: Rischarts Backhaus

Morgens mit dem Duft frischer Semmeln aufwachen – wer möchte das nicht? Aber Tag für Tag, Monat für Monat, jahrein, jahraus? Muss man nicht, selbst wenn die Backstube direkt im Nachbarhaus liegt.

Es riecht fantastisch im Backhaus von Rischart, in der Buttermelcherstraße 16. In zwei Monaten ist Weihnachten und die Produktion der Plätzchen läuft auf Hochtouren. Daneben gibts aber natürlich das Standardsortiment: Brot, Semmeln, Croissants und was die verwöhnten Münchner halt sonst noch gerne zum Kaffee essen. Alles wird mehrmals täglich gebacken – frische Semmeln gibts alle eineinhalb Stunden – und sofort an die Filialen in der Innenstadt ausgeliefert. Das war schon immer eine wichtige Strategie von Rischart: Backhaus und Verkauf so nahe wie möglich beieinander zu lassen, dann bekommen die Kunden immer frische Ware, ohne dass sie im Laden noch einmal aufgebacken werden muss.

Es gibt wohl kaum einen Münchner, der die Rischart-Werbung für den Zwetschgendatschi nicht kennt. Man möchte immer gleich reinbeißen in das Plakat, so gut schaut er aus. Was aber die wenigsten wissen: Rischart ist nicht etwa ein vornehmer französischer Name, sondern ein bayerischer. Max Rischart kam 1872 aus Pöcking am Ammersee nach München. Als sich 1883 die Gelegenheit ergab, eröffnete der gelernte Bäcker in der Ickstattstraße 7 eine Bäckerei. Das Geschäft florierte von Anfang an, denn München boomte und die Einwohner wollten täglich frische Backwaren. 1894 zog Rischart in einen größeren Laden in der Ickstattstraße 12 um; als 1896 in der damals sehr belebten Fraunhoferstraße 44 eine Bäckerei schließen musste, kaufte Rischart kurzentschlossen das ganze Haus und richtete zusätzlich zur Bäckerei noch einen Laden ein. Noch heute befindet sich dort ein Rischart-Laden.

Mit einem eigenen Haus gehörte Rischart zur obersten Riege der Münchner Bäckereien. Die Backstube befand sich im Keller, im Erdgeschoss wurden die Backwaren verkauft, in den oberen Stockwerken wohnten die Familie Rischart sowie die Angestellten. 1906 stieg der Sohn Max Rischart jun. in das Geschäft ein. Er führte moderne Maschinen ein und ließ 1910 sogar ein Telefon installieren, damit die Kundschaft die Ware vorbestellen konnte. Außerdem erweiterte der gelernte Konditor die Produktlinie unter anderem um feine Backwaren und Speiseeis.

Als er 1932 mit der Filiale am Marienplatz 18 einen Laden für die Laufkundschaft eröffnete, hielt ihn die Konkurrenz für verrückt. Eine Bäckerei direkt am Marienplatz? Doch Max Rischart jun. legte damit den Grundstein für den weiteren Erfolg. Nicht einmal die Zerstörung von Backstube und Hauptgeschäft gegen Ende des Zweiten Weltkrieges konnte dies verhindern. Tochter Marianne und ihr Mann Franz Müller, ebenfalls Spross einer angesehenen Bäckerfamilie aus dem Westend, begannen nach dem Krieg von vorn: In einem Behelfsladen am Marienplatz verkaufte Marianne das Brot, das ihr Mann im Keller einer stillgelegten Bäckerei in der Hans-Sachs-Straße 18 buk. Prominentester Kunde war der damalige Zweite Bürgermeister Thomas Wimmer, der sich jeden Morgen eine Brezn auf Marken holte. Die Müllers konnten das Haus am

ckhaus mit Geschichte: Noch recht übersichtlich ging
1911 in der Backstube der Bäckerei Rischart zu.

Alte Bäckerei: Stolz posiert die Belegschaft von Rischart im Jahr 1911 vor dem Laden, damals noch Fraunhoferstraße 30.

Marienplatz schließlich erwerben und es 1953 fertigstellen.

Sohn Gerhard Müller-Rischart, 1943 geboren, stieg 1967 in das Unternehmen ein und konzentrierte sich erst einmal auf den Neubau am Marienplatz. Darüber hinaus änderte er die Strategie des Unternehmens: Qualität vor Quantität. »… ich muss das Produkt optimieren, dann kommen die Zahlen von selbst.«

In den 1970er Jahren expandierte Gerhard Müller-Rischart und gründete mehrere Filialen. Das Backhaus in der Fraunhoferstraße konnte allerdings mit der Produktion nicht mehr mithalten. Doch während andere produzierende Firmen auf die grüne Wiese umzogen, übernahm Rischart kurzerhand die Tresorfabrik Leicher in der Buttermelcherstraße 16. Das Mittelgebäude wurde vom Münchner Architekten Uwe Kiessler erhalten und umgebaut; die alte Maschinenhalle ersetzte er durch ein mehrfach preisgekröntes Stahl-Glas-Gebäude. Das anbrechende Tageslicht, das durch das Glasdach hindurchscheinen würde, sollte die Bäcker motivieren und ihnen die Freude an der Arbeit geben. Die Fabrik gilt als eine der modernsten ihrer Art in Europa, was sicher auch dazu führt, dass sich keiner der Nachbarn über Geruch oder Lärm beschwert. Nur wenn der Mehltransporter auf der engen Buttermelcherstraße rangieren muss, wirds etwas nervig. Zum Glück kommt er nicht so oft.

Gerhard Müller-Rischart hat sich auch einen Namen in der Kunstszene gemacht. Seit 1983 sponsert er regelmäßig Kunstprojekte und wurde dafür mit der Medaille »München leuchtet« ausgezeichnet. Die Firma Rischart hat außerdem ein Herz für Bedürftige: Backwaren vom Vortag werden entweder an das benachbarte Herz-Jesu-Kloster gegeben oder im eigenen Laden »Gutes von Gestern« (Baaderstraße 78) zum halben Preis verkauft.

2008 feiert Rischart sein 125-jähriges Firmenjubiläum. Magnus Müller-Rischart steht schon in den Startlöchern, um die Firma von seinem Vater zu übernehmen.

Vom Handlungsreisenden zum Weltkonzern: Die Firma Rodenstock

Diese Geschichte beginnt eigentlich in Thüringen, wo Josef Rodenstock 1845 geboren wurde. Mit 14 Jahren musste er zum Unterhalt der Familie beitragen und wurde vom Vater als Handlungsreisender losgeschickt. Josef zeigte so viel Verkaufsgeschick, dass der Vater schließlich mitzog, um sich vom Sohn die Tricks zeigen zu lassen. 1865 riet man ihnen, auch Brillen ins Sortiment aufzunehmen, weil deren Verkauf von der Jahreszeit unabhängig war. Josef war fasziniert von den Sehhilfen, beschäftigte sich fortan mit der Ophthalmologie und beschloss, neben den Messgeräten auch Brillengläser und Fassungen herzustellen.

Am 1. Dezember 1877 (manche Quellen nennen auch den 1. Januar 1878) gründete er die Feinmechanische Werkstatt für selbst konstruierte Messinstrumente und Brillenfassungen. Als Standort wählte er Würzburg, weil sich dort viele Brauereien befanden, denen er seine Messgeräte fürs Bierbrauen verkaufen

»Durch unsere Spezialität der Diaphragmaaugengläser, (...) die Erfindung der gelben Schutzbrillengläser an die Stelle der grauen und blauen Gläser (...) und vieler anderer Neuheiten hatten wir bereits einen kleinen Weltruf erreicht, der sich stets erweiterte und so wurden wir in gewissem Sinne nach München berufen, um dort ein Optisches Geschäft zu errichten«, schreibt Josef Rodenstock 1931 in seiner Biografie.

Rodenstock im Jahre 1898: Noch fließt der Bach offen neben dem Werk an der Isartalstraße, Reiter tränken ihre Pferde darin.

konnte. Doch in Würzburg gab es nicht genug Fachkräfte, weshalb er 1883/84 nach München umsiedelte, vorerst jedoch nur mit einem Verkaufsladen am Karlstor. Es war der erste Laden mit Untersuchungsraum und den ersten maßgefertigten Brillen. Die Produktion blieb zunächst in Würzburg.

Nach der Trennung der Firma in Produktion und Vertrieb wurde der Transport der Ware von Würzburg nach München unrentabel; außerdem gab es in München das bessere Personal. Josef zog den richtigen Schluss daraus und legte Verkauf und Produktion in München zusammen. 1886 kaufte er in der Staubstra-

Unternehmer mit Nachwuchs: Patriarch Josef Rodenstock (Mi. sitzend) feierte seinen 75. Geburtstag im Krei[s] seiner Familie 1921.

ße (später Isartalstraße) ein Gelände, wo er die Wasserkraft der Isar nutzen konnte. Bereits 1900 musste die Fabrik um einen Eckbau an der Isartal-/Ehrengutstraße erweitert werden.

Man könnte meinen, es habe sich kaum etwas geändert in München, denn Rodenstocks Forderungen Anfang des 20. Jh. klingen recht modern. So verlangte er Nachtschalter von der Post, um Pakete und Briefe rund um die Uhr abliefern zu können. Außerdem beschwerte er sich generell über die schlechte Post- und Verkehrsverbindung. Vor allem aber machten ihm die schwankenden Wasserstände der Isar zu schaffen. War das Wasser zu niedrig oder wurden die Kanäle gereinigt, stand die Produktion still.

1905 trat Sohn Alexander in die Firma ein. Wie schon sein Vater war er ein überzeugter Unternehmer, der »mit seinem Kapital voll verantwortlich« sein soll. Alexander Rodenstock engagierte sich auch politisch: Von 1919 bis 1925 saß er im Münchner Stadtrat für die Bayerische Volkspartei; 1923 begründete er den Arbeitgeberverband der Bayerischen Metallindustrie mit, dessen Vorstand er bis 1933 war.

1906 bis 1908 wurde die Fabrik an der Isartalstraße erneut erweitert, außerdem baute Alexander ein Wohnhaus Ecke Ehrengut-/Isartalstraße, in dem er auch selbst mit seiner Familie wohnte. Die Rodenstocks sahen sich ihren Mitarbeitern gegenüber in der Pflicht, und deshalb gründete Alexander am 1. Januar 1908 eine Betriebskrankenkasse. Zusammen mit dem späteren Betriebsleiter Karl Koch reformierte er zudem den bis dahin sehr uneffektiven Arbeitsablauf und führte unter anderem den Achtstundentag ein.

Nach dem Ersten Weltkrieg verzichtete die Firma Rodenstock auf die Nutzung der Wasserkraft und erhielt dafür täglich 365 kWh Strom von der Stadt. Damit war die Produktion endlich unabhängig vom Wasserstand der Isar. Die Fabrik wurde um weitere 500 m^2 erweitert. Der steigenden Inflation konnte Rodenstock durch innovative Produkte in Fototechnik und Optik gegensteuern. 1940 trat Alexanders Sohn Rolf in die Firma ein. Genauso wie sein Vater hätte er lieber etwas anderes gemacht, aber er beugte sich der Familienpflicht. 1944 wurde die Fabrik bei einem Bombenangriff schwer beschädigt.

Die Naziherrschaft und der Zweite Weltkrieg brachten zwar Rüstungsaufträge, doch dank der herzlichen Abneigung Alexander Rodenstocks gegen die Nazis entwickelte sich der Betrieb nie zur Rüstungsfirma.

Die Isarvorstadt LITERARISCH

»... ich wurde am Bahnhof von zwei Negern angesprochen, sie steigen mir in die Tram nach und fangen Gespräch an, ich soll mit ihnen ›drinken‹. Also warum nicht. Steige am Sendlinger Tor aus, und wir ›drinken‹ bis drei Uhr in verschiedenen Bars und Teesalons, ich in Weiß zwischen zwei schwarzen Kerlen. Erregen einige Sensation.«
Aus *Tagebücher* von Franziska zu Reventlow, München/Wien, 1971

Wachstum einer Firma: 1886 kaufte Josef Rodenstock das alte Haus an der Staubstraße 1 ½ (heute Ehrengut-/Ecke Isartalstraße). Vorne fließt der Westermühlbach, links die Bäume des Roecklplatzes. Das Haus ist auf der historischen Darstellung S. 165 noch gut zu erkennen (rechts neben dem schwarzen Tor). Es wurde bei Erweiterung der Firma 1906 abgerissen.
Die Luftaufnahme von 1985 (u.) zeigt die heutige Ausdehnung des Rodenstockgeländes. Der Parkplatz in der unteren Bildhälfte wurde inzwischen mit Wohnhäusern bebaut.

Deshalb erhielt er bereits am 25. Mai 1945 die Betriebserlaubnis von der amerikanischen Militärregierung. Nach massiven Aufräumarbeiten begann man bereits im Juni 1945 wieder mit einer Notproduktion. 1950/51 wurde das beschädigte Gebäude Isartalstraße 43 durch einen vierstöckigen Neubau ersetzt. Noch heute befindet sich hier der Haupteingang der Rodenstock-Werke.

Rolf machte den Namen Rodenstock international bekannt. Zwischen 1948 und 1960 wurden insgesamt 20 Mio. DM investiert, darunter auch in die Münchner Fabrik. 1973 entstand ein neuer sechsstöckiger Bau mit fast 10.000 m^2. Die Firma wuchs jetzt vor allem durch die Einführung von Kunststoffgläsern. In den 1980er Jahren geriet die Firma durch die Gesundheitsreform in eine schwere Krise. Es rächte sich, dass bei Rodenstock immer noch alte Strukturen herrschten: Der Unternehmer hatte das Sagen bei allem, was in der Firma lief. Nach einem Verlust von über 40 Mio. DM baute Randolf Rodenstock, der 1990 in den Betrieb einstieg, den produktorientierten Industriebetrieb in einen kundenorientierten Dienstleister um. Die Mitarbeiter mussten schwere Einbußen hinnehmen: Arbeitsplätze wurden verlegt oder abgebaut, schließlich verlagerte man auch den Rest der Produktion ins Ausland. Geschäftsfelder wurden abgestoßen, man konzentrierte sich voll auf die Brille.

2002, 125 Jahre nach Gründung, wurde Rodenstock in eine GmbH umgewandelt; ein Jahr später nahm Rodenstock mit dem Eintritt eines Finanzinvestors zum ersten Mal fremdes Kapital auf. Heute ist Rodenstock wieder ein weltweit bekanntes und florierendes Unternehmen, dessen Hauptsitz immer noch in der Isartalstraße 43 ist.

Zahnräder waren sein Leben: Carl Hurth

Carl Hurth, 1866 in Sindelfingen als zweitältester Sohn eines Textilmachers geboren, absolvierte eine Mechanikerlehre in Esslingen und kam auf seinen Wanderjahren auch nach München, wohin ihn sein Meister empfohlen hatte. Abends lernte Carl neben der Arbeit Technisches Zeichnen an der Volkshochschule im Rosental. Dabei faszinierten ihn vor allem die Berechnung und das Zeichnen von Zahnrädern. Nach ein paar Jahren in Sachsen und Berlin kehrte er 1890 endgültig nach München zurück, wo er Dorothea Laichinger ehelichte, die Schwester des Werkzeugmachers Ludwig Laichinger. Er arbeitete als Schlosser im Betrieb des Schwagers und wohnte im Hinterhaus in der Klenzestraße 30.

Der Schwager war dem aufgeschlossenen Carl Hurth zu bieder, und so gründete er 1896 im Rückgebäude in der Frauenstraße 19 seine eigene Werkstätte –

Verschwunden: Das Gebäude der Firma Hurth kurz vor dem Abriss 1982 vom Holzplatz aus gesehen.

Die Holzstraße verändert sich: Bei einem Wassereinbruch in der Firma Hurth am 24.6.1937 (l.) musste die Feuerwehr anrücken und abpumpen. Mit dem Abbruch des Werksgeländes im November 1983 bekam die Straße ein völlig neues Gesicht.

Grundstein für die Maschinen- und Zahnradfabrik Carl Hurth. Fünfzehn Jahre lang arbeitete Hurth in der Frauenstraße und stellte vor allem Werkzeuge für Gold- und Silbeschmiede her, außerdem für Dentisten und Ziseleure. Alle Maschinen mussten mit Muskelkraft angetrieben werden, erst kurz vor der Jahrhundertwende wurde der erste Motor mit 2 PS angeschafft.

1903 stellte Hurth sein erstes Zahnrad her. Die Firma spezialisierte sich fortan auf die Zahnradproduktion und war damit so erfolgreich, dass die kleine Werkstatt in der Frauenstraße viel zu klein wurde. 1911 zog die Firma um in die Holzstraße 19, wo in den folgenden 25 Jahren nach und nach die Nebengebäude übernommen wurden; außerdem ließ Carl Hurth anbauen. Hurths ältester Sohn Hans begann in den 1920er Jahren mit der Produktion von Motorradgetrieben und war damit genauso erfolgreich wie sein Vater. Die Belegschaft wuchs auf 800 Mitarbeiter an.

Carl Hurth, nach wie vor an Neuem interessiert, arbeitete unter anderem eng mit der amerikanischen Maschinen- und Werkzeugfabrik Gleason zusammen. Er reiste häufiger in die USA und bot auch seinen Mitarbeitern die Möglichkeit dazu. Als Carl Hurth 1958 im Alter von 93 Jahren starb, übernahmen seine drei Söhne und eine Tochter die Leitung der Firma. In den frühen 80ern konnte man die Auslieferung der 100.000sten Zahnradschabmaschine feiern. Die Fabrik in der Holz- und Westermühlstraße wurde zu klein, man zog in die Moosacher Straße um. Mitte der 1990er Jahre kaufte die Gleason Corporation die Firma Hurth auf, die heute zu den führenden Herstellern von Feinschlichtmaschinen und Werkzeugen zur Herstellung von zylindrischen Zahnrädern gehört.

Alles in Stahl: Toni Neuber Stahlgroßhandel und Josef Wallner Lohnhärterei

Der Kaufmann Toni Neuber heiratete 1919 Therese, die Tochter des selbstständigen Werkzeugmachers Josef Wallner, der eine gutgehende Werkzeugfabrik in der Holzstraße 11 aufgebaut hatte. Wallner hatte überschüssiges Geld in Immobilien gesteckt, und so konnte Neuber 1921 in der Jahnstraße 24 auf einem Grundstück des Schwiegervaters eine Vertretung für Stahl und branchenverwandte Produkte gründen.

Stahlharte Jungs: Die Belegschaft der Firma Toni Neuber um die Jahrhundertwende (r.). Die Stahlfirma mitten in der Jahnstraße ist auch heute noch Teil des Viertels (l.).

Die Härterei Wallner lief so gut, dass man auch im Auftrag produzierte; Wallner übergab seinem Schwiegersohn 1937 also einen florierenden Betrieb. Doch bereits zwei Jahre später verstarb Toni Neuber und hinterließ Frau Therese mit dem 13-jährigen Sohn Kurt. Therese Neuber schaffte es mit Hilfe treuer Freunde und Mitarbeiter, die Firma durch die Wirren des Zweiten Weltkrieges zu führen. Kurt stieg in die Firma ein und baute sowohl die Härterei als auch den Vertrieb kontinuierlich aus. 1954 wurde der Platz in der Holzstraße zu klein; da jedoch in der Jahnstraße noch ausreichend Platz zur Verfügung stand, legte man beide Firmen zusammen. In den 1960er Jahren riet man der Firma Wallner, es mit dem Vakuumhärten zu probieren. Trotz Anlaufschwierigkeiten erwies sich der Tipp als richtig: Heute besitzt die Härterei fünf moderne Vakuumanlagen und kann jeden Wunsch der anspruchsvollen High-Tech-Kunden erfüllen. Seit 1978 leitet Toni Neuber jr. beide Firmen erfolgreich und setzt dabei – wie Großvater Neuber bzw. Urgroßvater Wallner – neben der Qualität vor allem auf Kundennähe und Flexibilität.

Es werde (elektrisches) Licht: Alois Zettler und Leo Benz

Es war ein Mittwoch, jener 18. April 1877, als der gerade einmal 23 Jahre junge Alois Zettler sein Kleinmechanikergewerbe beim Magistrat der Stadt München anmeldete. Zettler, der aus einer Müllerfamilie stammte, hatte eine Lehre bei einem Optiker- und Mechanikermeister abgeschlossen, studierte nebenbei noch Maschinenbau, Mathematik, Chemie und Physik – und als ob das nicht genügen würde, finanzierte ihm der Vater auch noch Privatunterricht bei Prof. Zottmeyer. Als Geselle ging Alois vier Jahre auf die Walz, die ihn u. a. nach Frankreich und in die USA führte, wo er die Elektrotechnik kennenlernte. Zettler war fasziniert: Was für neue Möglichkeiten! Zurück in München eröffnete er 1877 seine Feinmechanischen Präzisionswerkstätten in der Zweibrückenstraße 3. Damit er nebenbei weiterhin studieren konnte, nahm er nur Einzelaufträge an. Der studierende Jungunternehmer bot Nivellierinstrumente, Kippregler, Luftpumpen, Telefone nach Bell-Technik und vieles mehr an.

Sein großer Durchbruch wurde die Erfindung des brauchbaren Spannungsreglers, denn die schwankende Spannung der Stromversorgung sorgte immer noch für große Probleme. 1881 begegneten sich Zettler und Oskar von Miller. Miller regte eine große internationale Elektrizitäts-Ausstellung an, an der sich Zettler begeistert beteiligte. Nach der Ausstellung wurden das Königshaus, das Militär und die Post seine Kunden. Ludwig II. machte ihn zum Ersten Hofilluminator. Und Zettler erfand und erfand: Die erste elektrische Kassensicherung, den selbstregistrierenden Wasserstandsanzeiger, Feuermeldeapparate und und und. Als sich 1891 der Geheime Kommerzienrat Roeckl als

Königliche Möbelmacher: Die Möbelfabrik Pössenbacher zog 1866 in die Jahnstraße 45 und erwarb schon sechs Jahre danach die Zimmerei Reifenstuel in der Baumstraße 3 für 70.000 Gulden. Pössenbacher stattete die neuen Schlösser Ludwigs II. mit Möbeln aus. So waren z. B. für das neugotische Schlafzimmer in Neuschwanstein allein 60 Holzschnitzer eineinhalb Jahre lang beschäftigt. Die Firma Pössenbacher existierte bis 1951, danach übernahm die Firma Zettler das Werksgelände zwischen Jahn- und Klenzestraße. Das Foto stammt vom 28. August 1903.

PS statt nur Pferde: In der ehemaligen königlichen Reitschule, Kohlstraße 2, betrieben die Brüder Beissbarth 1912 ein Autohaus.

Heute ein Altenheim: Das Gelände der Firma Zettler, Werk II, im Jahr 1952. Nur noch das historische Gebäude ganz rechts ist heute erhalten. Auf dem ehemaligen Werksgelände entstand das Tertianum, eine Seniorenresidenz.

einer der ersten Privatpersonen elektrische Beleuchtung leistete und die Elektrizität fortan die Münchner Haushalte eroberte, boomte die Firma Zettler wie nie zuvor. Doch Zettler wollte erfinden, nicht verwalten. Er wollte eine elektrische Eisenbahn von Gmund nach Westerham bauen. Also verkaufte er seine Firma 1899 an die Sächsischen Elektrizitätswerke, mit der er eine Aktiengesellschaft gründete, aus der die elektrotechnische Fabrik Alois Zettler hervorging.

1904 stiegen die Sächsischen Elektrizitätswerke aus der AG aus. Der Schweizer Ingenieur Leo Benz übernahm die Leitung und erwarb die Westermühle, wo er auf dem Gelände zwischen Holzstraße und Pestalozzistraße das neue Werk bauen ließ. Für den Betrieb nutzte man die Wasserkraft des Westermühlbachs. Vor dem Ersten Weltkrieg fanden rund 200 Menschen Arbeit bei Zettler. Man produzierte u. a. Motoren, Dynamos, Staubsauger, Heizkörper. Absoluter Verkaufschlager waren die von Zettler entwickelten Lichtrufanlagen, mit denen z. B. Kranke die Schwester rufen konnten. Dazu kamen laufend neue Erfindungen. Die Beschäftigtenzahl stieg bis 1939 auf 400.

Nach dem Zweiten Weltkrieg mussten die Zettleraner erst die teilweise zerstörten Produktionsanlagen an der Holzstraße neu aufbauen. Doch die Firma florierte schnell wieder, baute Niederlassungen in mehreren deutschen Städten. Umsatz brachten die Relais, der Lichtruf und der Anlagenbau. Auch in München expandierte Zettler. Leo Benz kaufte 1951 die Möbelfabrik Pössenbacher in der Jahnstraße 45 und errichtete dort das Werk II. Nach einem Großauftrag von Siemens eröffnete Zettler 1971 noch ein Werk in der Maistraße 14.

1977, zum hundertjährigen Betriebsjubiläum, zeigte sich die Firma Zettler extrem großzügig: Sie übernahm die Kosten für die Renovierung einer der berühmtesten Barockkirchen Bayerns, der Asamkirche in der Sendlinger Straße. Nach dem Tod von Leo Benz jr. 1998 veräußerten die Erben die Firma Zettler an einen amerikanischen Konzern. Die Zettler-Gebäude, die jahrzehntelang die Isarvorstadt geprägt hatten, wurden verkauft. An der Jahnstraße befindet sich heute ein Seniorenheim. Das historische Gebäude in der Holzstraße wurde Ende 2007 zum Medienhaus umgebaut.

Die Kunst des Handschuhmachens: Die Firma Roeckl

Im Jahre 1839 eröffnete der Handschuhmachermeister Jakob Roeckl in der Kaufingerstraße 19 eine Werkstätte und einen Laden. Später kamen noch eine Gerberei und Färberei hinzu. Der findige Münchner wurde bald zum Königlich Bayerischen Hoflieferanten ernannt, und es galt unter Prinzen und Adeligen als chic, Handschuhe von Roeckl zu tragen. Selbst Kai-

Frauenarbeit: Um die Jahrhundertwende gab es für Frauen wenig Verdienstmöglichkeiten. Die Nähstube bei Roeckl bot vielen eine gute Arbeitsstelle.

serin Sissi und König Ludwig II. bestellten ihre Handschuhe bei Jakob Roeckl.

1870 errichtete Sohn Christian eine große Fabrik in der Isartalstraße und gründete Verkaufsfilialen in Berlin, Wiesbaden, Frankfurt, Köln und Bremen. Später wurde der nahe Platz zu Ehren der Familie in Roecklplatz umbenannt. Christians Sohn Heinrich musste 1890 nach dem frühen Tod des Vaters mit 24 Jahren

Handschuhfabrik Roeckl: Das Firmengelände an der Isartalstraße im Winter 1900. Geblieben ist nur die Mauer um das Areal und das Münchner Kindl auf der Säule.

die Leitung des Unternehmens übernehmen. Weitere Filialen wurden gegründet, der Export nach Amerika auf den Weg gebracht.

Nach dem Zweiten Weltkrieg baute Sohn Dr. Heinrich Franz Roeckl die Leder- und Handschuhproduktion sowie das Filialnetz wieder neu auf. 1966 stieg mit Stefan Roeckl die fünfte Generation in die Firma ein. 1967 gelang mit der Entwicklung eines neuen, patentierten Handschuhschnittes (»*patented cut*«) der Aufbau der Sporthandschuh-Linie. Mitte der 1970er verlegte Roeckl die Produktion aus der Isartalstraße, das alte Fabrikgebäude wurde abgerissen, moderne Wohnhochhäuser entstanden auf dem Gelände, nur der Hauptfirmensitz blieb hier. Auch heute gehört Roeckl zu den führenden Handschuhherstellern der Welt. Anette Roeckl und Stefan Roeckl jr. führen die Geschäfte in sechster Generation.

Bierstadt München

Das Ende des 19. Jh. war geprägt von rasantem Wachstum. Münchens Einwohnerzahl verdoppelte sich, der Bedarf an Nahrungsmitteln stieg und besonders im Arbeiterviertel Isarvorstadt wurde auch der Durst immer größer. Zahllose Brauereien entstanden zwischen 1880 und der Jahrhundertwende, die meisten brauten gerade mal 2.000 hl im Jahr und machten nach ein, zwei Jahren wieder zu. Aber einige Brauereien gibt es noch heute, auch wenn sie teilweise nicht mehr unter ihrem alten Namen firmieren..

Thomasbräu und Paulaner Bräuhaus

So z. B. das Thomasbräu. Eugen und Carl Thomaß, Söhne des Juweliers Carl Thomaß, der an der Gründung von Löwenbräu beteiligt war, lernten in Pilsen das Handwerk des Braumeisters. Sie kehrten nach München zurück, kauften im März 1889 das Münchner Bräuhaus am Kapuzinerplatz und nannten es fortan »Gebrüder Thomaß Bierbrauerei zum Thomas-

Brauerei von hinten: Das Gelände des Thomasbräu im Jahr 1906 von der Maistraße aus gesehen (vorne Hausnummer 38).

bräu München OHG«. Dass Brauereien aufgekauft wurden, war damals nichts Neues; neu war jedoch das Bier, das die Brüder brauten: Es hatte die Farbe von Bernstein und perlte frisch in den Krügen. Die Gäste zeigten sich begeistert – das Helle war fortan nicht mehr von den Wirtshaustischen wegzudenken. Die Thomaß-Brüder waren damit so erfolgreich, dass sich die Brauerei bald über das gesamte Areal vom Kapuzinerplatz bis zur Maistraße erstreckte.

1923 gingen der Thomasbräu und die Paulaner-Salvator-Brauerei AG eine Interessengemeinschaft ein, woraus 1928 eine Fusion wurde. Nach dem Zweiten Weltkrieg sollten beide Brauereien wieder aufgebaut werden. Da Paulaner weniger zerstört war als Thomaß, hatte Paulaner mehr Geld für Investitionen – die Brauerei übernahm Thomasbräu und nannte das Haus am Kapuzinerplatz Paulaner Bräuhaus.

1989, genau hundert Jahre nachdem die beiden Thomaß-Brüder das Haus gekauft hatten, wurde es renoviert. Bis dahin ein reines Gasthaus für die Bevölkerung, führte man es wieder seiner ursprünglichen Bedeutung zu: Es wurde eine Brauerei. Die Innenräume wurden nach historischem Vorbild restauriert und geben dem Gasthaus ein gemütliches Ambiente. Hauptanziehungspunkt sind sicher die großen, kupfernen Braukessel, die gleich links neben dem Eingang stehen. Führungen durch die Minibrauerei sind bei in- und ausländischen Touristen sehr beliebt. Das Bier im Paulaner Bräuhaus aber heißt immer noch Thomas Zwickl (Zwickl ist ein spezieller Schlüssel, mit dem der Hahn des Biertanks geöffnet wird) und der Braumeister Ulrich Schindler fühlt sich der Tradition verpflichtet. Will heißen: Er experimentiert. So gibt es neben dem naturtrüben, unfiltrierten Hellen und Weißbier im Sommer die leichtere Pauline, im Winter den Paulus-Bock und zu Fasching schon mal ein Münsch (analog zum Kölsch).

Es ist gar nicht so einfach, die Strukturen im Paulaner Bräuhaus auseinander zu halten: Besitzer ist die Paulaner Brauerei; Pächter die R&K Gastronomie GmbH mit Klaus Rehklau an der Spitze; das Bräuhaus wird von Herrn Brandfass geleitet. Der Braumeister gehört zwar zu Paulaner, fühlt sich aber zur Bräuhaus-Familie zugehörig. Man überlegt gemeinsam, welche Speisen man zum neu gebrauten Bier anbieten könnte: »Der Gast bekommt ein abgerundetes Angebot.«

Die regelmäßigen Führungen locken zwar die Touristen ins abgelegene Viertel, aber zum Glück lebt das Haus vor allem vom Stammpublikum. Der Stammtisch ist bereits mittags besetzt, und manch einer weiß eine Anekdote aus alten Zeiten zu berichten. Oder erzählt, wie im Zweiten Weltkrieg das Haus von einer Bombe

Brauer-Gruß: Die Weißbierbrauerei Schramm an der Thalkirchner Straße 50–52/Ecke Waltherstraße, die sich aus einer 1850 gegründeten Spirituosen fabrik entwickelte, verschickte zum Neujahr 1901 diese Grußpostkarte.

getroffen wurde, die direkt durch seine Wohnung ging (die Familie war zum Glück im Luftschutzbunker). Dieser Teil des Hauses musste abgerissen werden und dient heute als Parkplatz. Im Sommer lockt der Biergarten hinterm Haus, der übrigens aus der Not geboren wurde: Um das Bier im Keller so kühl wie möglich zu halten, wurden darüber Kastanien gepflanzt. Die breiteten sich mit ihren Wurzeln aus und spendeten Schatten für das wertvolle Nass – und tun es heute vor allem für die Münchner, die darunter das Thomas Zwickl genießen.

Klein aber fein: Die Weißbierbrauerei Schramm

Zu den eher kleineren Brauereien gehörte die Weißbierbrauerei Schramm. Die Familie war weit über die Grenzen Münchens hinaus berühmt für ihre Malzproduktion; als eine der ersten wurden die Produkte über den Brenner gebracht. 1880 entschloss sich Johann Baptist Schramm, eine Weißbierbrauerei in der Thalkirchner Straße 50–52 zu gründen. Im Gegensatz zu heute wurde damals verhältnismäßig wenig Weißbier produziert. Grade mal um die 1,5 % betrug der Weißbieranteil an der Münchner Gesamtproduktion. Die Brauerei Schramm stieß jährlich ca. 7.000 hl aus und etablierte sich damit neben der Weißbierbrauerei Schneider & Sohn immerhin als zweitgrößter Produzent.

Im Laufe der Jahre wurde die Brauerei mehrmals umbenannt; mal war es ein Mathias, dann ein Max, dann wiederum ein Matthäus Schramm, der der Firma den Namen lieh. Über die Verwandtschaftsverhältnisse der Herren ist leider nichts bekannt. 1933 wurde sie zur Brauerei M. Schramm GmbH. Über den weiteren Verlauf der Firma gibt es unterschiedliche Quellen: Zum einen soll Schneider & Sohn den Konkurrenten übernommen haben; zum anderen wurde Schramm in die Brauerei-Betriebsgesellschaft mbH umgewandelt. ●

Die Isarvorstadt LITERARISCH

»Seit sie vor einigen Jahren vom tristen Moosach mitten ins Herz von München gezogen war, konnte sie sich über mangelnde Auswahl an Haarkünstlern nicht mehr beklagen. Das Glockenbachviertel besaß die wohl größte Friseurdichte pro Quadratmeter in Europa, wenn nicht gar in der Welt. Egal, welcher alteingesessene Laden zwischen Sendlinger Tor und Auenstraße auch dichtmachte, ob Drogerie, Änderungsschneider, Reisebüro, Gemüseladen oder Schuhmacher – stets eröffnete einige Wochen später ein Coiffeur seine Pforten in den Räumen. Nicht nur Annabella fragte sich, wie sich die Friseure bei dem Konkurrenzdruck überhaupt halten konnten.«
Aus *Reine Nervensache* von Martin Arz, Leer, 2004

Rechte Seite: Der Zuschauerraum des Neuen Arena Kinos in der Hans-Sachs-Straße.

die ISARVORSTADT
legendär

Institutionen und Legenden

Manche sind weit über hundert Jahre alt, andere blutjung – und doch haben sie eins gemeinsam: Sie prägen durch Unvergleichlichkeit die Isarvorstadt. Sie sind Institutionen und Legenden des Viertels.

Texte: Martin Arz

Bekannt aus Film und Fernsehen ...

Eigentlich war es nur eine Wirtschaft – eine richtig deftige mit ebenso deftiger Kundschaft: Metzger und Viehhändler gehörten von Anfang an zur Hauptkundschaft im Wirtshaus im Schlachthof, das die Stadt München gemeinsam mit dem neuen Schlacht- und Viehhof 1875 mitten auf die Felder zwischen der Isarvorstadt und dem Dorf Sendling bauen ließ. Hier fanden die Viehauktionen noch mit Handschlag statt, hier besiegelte man die Geschäfte mit einem Bier und einer zünftigen Mahlzeit – Fleisch von dem Vieh, das man kurz zuvor verkauft oder geschlachtet hatte.

Fast hundert Jahre dämmerte der Backsteinbau vor sich hin und wäre wohl nie zu der bundesweit bekannten Institution geworden, die es heute ist. Doch dann kam der Regisseur Franz Xaver Bogner und drehte ab 1986 für den BR seine Serie *Zur Freiheit*. 44 Folgen lang konnten die Zuschauer die kleinen und großen Probleme von Wirtin Paula (Ruth Drexl) und dem Kometen-Sepp (Toni Berger) in dem fiktiven Gasthaus Zur Freiheit verfolgen. Der Erfolg war überwältigend, *Zur Freiheit* wurde Kult und erlebte zahllose Wiederholungen. Und auch der Drehort war plötzlich berühmt und avancierte zum Szenetreff. Die Bühne etablierte sich zum Top-Veranstaltungsort. Rock- und Popkonzerte lockten das Publikum ebenso an wie Kabarettveranstaltungen und Off-Theaterproduktionen. Ab 1994 übernahm Günter Knoll, der schon mit dem Hinterhoftheater jahrzehntelang für kulturelle Highlights im Münchner Norden gesorgt hatte, die Leitung des Kulturbetriebs. Im kleinen Nebenraum Ox feierten die Prollblödler Erkan und Stefan erste Erfolge, in der Sportbar flimmerte auf Bildschirmen DSF, und im Biergarten gabs an lauen Sommerabenden praktisch keine Sperrstunde, denn »Rinderhälften«, so freute sich Knoll über seine Nachbarn, »beschweren sich nicht über Lärm«. Und auch der BR blieb dem Wirtshaus treu, er nutzte den großen Saal als Übertragungsort für Talk- und Musikformate wie *Live aus dem Schlachthof*, *Schlachthof in Concert*, *Schmidbauer's* oder *Ottis Schlachthof*.

Seit Oktober 2006 ist das Wirtshaus unter neuer Leitung des Wirtsehepaars Norbert und Evi Kraft. Monatelang wurde umgebaut und renoviert. Löwenbräu spendierte original alte Lampen aus dem Jahr 1890, die den Charme der Gaststätte noch verstärken. Aus dem Theater im Schlachthof wurde Kultur im Schlachthof, deren Programmgestaltung nun in den Händen von Claudia Theurer liegt. ●

Kult-Serie: Im BR lief die im Wirtshaus im Schlachthof gedrehte Serie Zur Freiheit *erstmals von 1987/88, wurde x-mal wiederholt und sahnte jede Menge Preise ab. Die Stars: der Solo (Ernst Hannawald), die Radl-Anne (Michaela May), die Paula Weingartner (Ruth Drexl) und der Kometen-Sepp (Toni Berger), Bild oben v. l. Regie führte Franz Xaver Bogner, Bild li. Mitte.*

Kult-Sendung: 638 Ausgaben der Jugendsendung Live aus dem Alabama *sendete der BR zwischen 1984 und 1994. Als die Alabamahalle abgerissen wurde, zog die Sendung von 1988 bis 1991 ins Wirtshaus und hieß folgerichtig* Live aus dem Schlachthof. *Das Format war ein Muss, sorgte regelmäßig für Aufreger und entpuppte sich als Talentschmiede für TV-Stars. Es moderierten u. a.: Günter Jauch, Amelie Fried, Giovanni di Lorenzo und 1988 auch Sandra Maischberger (r.).*

Kult-Kabarett: Seit 1995 sendet Ottfried Fischer Ottis Schlachthof *aus dem Wirtshaus (r.). Auch der fränkische Verbalakrobat und »Cordhütli«-Träger Erwin Pelzig alias Frank-Markus Barwasser ist mit seinem* Aufgemerkt! Pelzig unterhält sich … *hier zu Hause (u.).*

Künstlertreff mit Tradition

Ein Toter war der Tief- und gleichzeitig Wendepunkt: 1994 hatte sich ein Gast im Hotel der Deutschen Eiche den Goldenen Schuss gesetzt und wurde erst nach Tagen gefunden. Damit stand für Sepp Sattler und Dietmar Holzapfel, die neuen Besitzer des traditionsreichen Hauses, fest: Es muss sich gewaltig was ändern. Sie hatten die Deutsche Eiche erst 1993 übernommen, um sie zu retten. Denn das Haus sollte nach dem Willen der alten Eigentümerin, der Monachia, Immobilienfirma der Löwenbräu, entkernt und gewinnbringender gestaltet werden. Weltweit rauschte der Blätterwald voller Empörung – schließlich war die Deutsche Eiche nicht irgendeine Kneipe, sondern eine internationale Institution!

Wie die meisten Häuser im Gärtnerplatzviertel wurde auch das Wirtshaus 1864 errichtet, ab 1871 ist der Name Deutsche Eiche nachweisbar. Nach dem Sieg im deutsch-französischen Krieg und der deutschen Reichseinigung wollte man mit solchen Namen patriotische Gesinnung demonstrieren. 1896 übernahm Emil Reichenbach das Anwesen, das fortan für fast genau 100 Jahre von der Familie betrieben wurde. 1944 brannte eine Phosphorbombe fast das ganze Haus ab. Da verkehrte der, der die Bomben gebracht hatte, längst nicht mehr hier: Adolf Hitler hatte ganz früher in der Ecke bei den Käfigen mit Singvögeln am »Vogerltisch« gegessen.

Die Wirtsfamilie Reichenbach vor ihrem Lokal ca. 1930 (o.). Für die Faschingsfete »Moulin Rouge« im Jahr 1961 wurde der Kachelofen als Mühle umgestaltet. Ella Reichenbach und ihre Schwägerin Toni (v. l.) waren als Cancan-Tänzerinnen verkleidet.

Erst in den 1950ern begann die Legende, als Tänzer des nahen Gärtnerplatztheaters die Eiche zum Stammlokal erkoren und Faschingsfeste veranstalteten, die das katholische München noch nicht gesehen hatte. Im Schlepptau von Schwulen und Künstlern traf sich bei Wirtsenkelin Ella Reichenbach, deren Tochter Sonja und Schwägerin Toni bald das »Who's who« – von Curd Jürgens über Maria Schell und Donna Summer bis Franz Beckenbauer, und natürlich Rainer Werner Fassbinder, Freddie Mercury sowie die »Geschwister Fürchterlich« Barbara Valentin und Elisabeth Volkmann. Fassbinder drehte hier sogar Filmszenen, in denen Sonja Reichenbach mitspielte. Doch die Eiche behielt immer Bodenhaftung, blieb Seelsorgestation und wurde ganz münchen-untypisch kein Promitreff mit Klatschspalten-Dauerplatz.

In den 1980ern begannen die Probleme. Ella Reichenbach starb, der Pachtvertrag sollte gekündigt werden. Sattler und Holzapfel übernahmen schließlich die »problematische Immobilie« von Löwenbräu, die aber vorerst unter der Leitung von Sonja Reichenbach blieb. Nach den Ereignissen um den toten Junkie renovierten die Besitzer zunächst das Hotel komplett, anschließend die Gaststube, nachdem sich die letzte Reichenbach 1995 endgültig zurückzog. Der berühmte grüne Kachelofen wurde nach Kanada verkauft. In mehreren Rückgebäuden entstand ab 1995 eine der modernsten und größten Herrensaunen Europas, die heute zum Weltruf der Eiche beiträgt und rund 10.000 Besucher im Monat anzieht. ●

Uralt und trotzdem blutjung

Am Anfang war eine Bäckerei, die seit Jahrhunderten die wenigen Bewohner der Isarvorstadt mit Backwaren versorgte. Ein einstöckiges Häuschen mit Vorgarten. Im Herbst 1774 ersuchte Andreas Rankl beim »wohllöblichen Magistrat der churfürstlichen Haupt- und Residenzstadt München«, in diesem »als Beck- oder Brodhäusl benannten Anwesen außerhalb am Iserthor an der Bleichen, allwo man in die Au zu gehen pflegt, eine Bierzäpflerey« eröffnen zu dürfen, »auch wenn alldort bisher ausschließlich und seit undenklichen Zeiten Beck am Brodmachen gewest sind.« Da sich in unmittelbarer Nähe die Mühle zur Säldenau (die Mahlmühle) befand, rechnete sich Rankl regen Zulauf aus. Die Münchner Bäckerzunft tobte, doch die Stadt genehmigte vorläufig die Bierwirtschaft Zum Brodhäusl am Stadtbleichanger.

Rankl hatte nichts von seinem Sieg, denn die »Kaspar Huberischen Eheleute« kauften das Anwesen, schenkten Bier aus und servierten Kleinspeisen. Noch bis 1797 bekämpfte die Bäckerzunft das Brodhäusl, dann erst erteilte die Stadt die endgültige Ausschankgenehmigung, die Biergerechtsame. Im März 1821 kaufte der Küchelbäcker Michael Vollnhals das Anwesen. Wieder regte sich bei der Bäckerzunft Widerstand: Vollnhals musste sich entscheiden: Kuchlbäckerei oder Wirtschaft. Vollnhals verlegte sich komplett auf die Gastronomie und baute sich vom Brodhäusl aus ein Imperium von einem Dutzend Wirtshäusern in ganz München auf.

Als es richtig gut lief, verkaufte Vollnhals die nun Tafernwirtschaft Vollnhals genannte Gaststätte samt Schankrechtsame 1841 dem Bierbräu Matthias Pschorr für 10.000 Gulden. Pschorr hatte zunächst wenig Glück mit dem Lokal, denn die Pächter wechselten häufig, kaum einer hatte richtige Gastronomieerfahrung. Sogar ein Haarpuderer war unter denen, die sich als Wirt versuchten. In ruhigeres Fahrwasser kam das Wirtshaus erst ab 1850 unter H. Rechl, der seinen Rechlwirt elf Jahre führte. 1874 wurde neu gebaut, das bis heute existierende Haus mit klassizistischer Fassade entstand. Die Gaststätte hieß weiterhin Rechlwirt.

1891 entstand eine Kegelbahn, in der ab 22 Uhr aus Lärmschutzgründen mit Gummikugeln gekegelt werden musste. Ein Jahr später verkaufte Pschorr das Anwesen an den Metzger Franz Strittner. 1896 übernahm der ehemalige Thomasbräukellerwirt Heinrich Treffler das Lokal, baute an und um, vergrößerte das Restaurant, das nun nach der Straße, an der es lag, Fraunhofer genannt wurde.

1905 kaufte die Spaten Brauerei das Haus Fraunhoferstraße 5. Der zuständige Bezirksinspektor beschrieb 21 Jahre später das Fraunhofer so: »Die Wirtschaft ist eine der bestgehendsten im Bezirk und wird zu allen Tageszeiten gut besucht, hauptsächlich von anwohnender Bevölkerung ...« Mit der Neunummerierung der Fraunhoferstraße bekam das Wirtshaus 1935 die Nummer 9. Im Zweiten Weltkrieg erlitt es kaum Schäden – außen wie innen. 1974 übernahmen Uwe Kleinschmidt, Werner Winkler und Beppi Bachmaier die Wirtschaft, die damals eigentlich ein Wienerwald werden sollte. Da einer der neuen Wirte ein Antiquitätengeschäft betrieb, flogen die Resopalbestuhlung und alles Plastik raus. Das gemütliche Fraunhofer, wie man es heute kennt, entstand. Denn das Fraunhofer ist immer noch ein klassisches Wirtshaus, deftig und urig, mit reichlich Patina, Nachbarschafts- und Künstlertreff, Studentenkneipe und einfach ein gutes Speiselokal. ●

Im Planet der Affen …

Ein Saurier hat überlebt. Heute ist München voller Kneipen, die besonders sein wollen. Damals, 1985, sah das anders aus. Da gab es höchstens das Größenwahn in Haidhausen, das Café Freiheit und das Ruffini in Neuhausen – und eben das Baader Café im völlig unschicken Gärtnerplatzviertel. Als Klaus und Philip ihren Laden mit dem »Planet der Affen«-Wandbild eröffneten, stürzte sich das Volk ausgehungert hinein. Manchmal kam man nicht mehr rein, weils so brechend voll war. Legendär waren nicht nur die Anzeigen, die die Künstler des ComicStrichs entwarfen, sondern auch der Sonntagsbrunch, die Alk-Abstürze und der Baader Cup für Freizeit-Fußballmannschaften. Besonders die Musiker-Szene schätzte das Baader. 1995 erschien zum 10-Jährigen das Jubiläums-Album *Schales Bier*. Im gleichen Jahr führte man das Ereignisbuch ein, in dem alles festgehalten wurde, war sich ereignete. Das las sich dann mitunter so: »Mittwoch 23-8-95: nix passiert! Donnerstag 24-8-95: nix passiert! Freitag 25-8-95: nix passiert! …« Passiert ist dennoch was: Das Baader ist längst eine Institution geworden. ●

Der Lebensretter

An der Auen- Ecke Fraunhoferstraße, direkt an der Reichenbachbrücke, tobt vor allem in lauen Sommernächten das Leben. Nein, nicht, weil es hier eine bekannte Bedürfnisanstalt als beliebte Klappe gab – die ist längst geschlossen. Aber hier gibt es Rettung, wenn die Party auszutrocknen droht, der Wochenendeinkauf verschlafen wurde oder der One-Night-Stand unbedingt auf eine eigene Zahnbürste besteht. Geduldig stehen sie Schlange für Bier, Wein, Schnaps, Gummifrösche, Zigaretten, Nutella, Hundefutter, Wurst, Käse, frische Landeier, Duschgel, Grillanzünder, Eis, die Süddeutsche oder Le Monde – was man halt rund um die Uhr so brauchen kann. Denn der Kiosk kennt keinen Ladenschluss. Außergewöhnlich für München – aber kein Wunder, denn der Betreiber ist Berliner. ●

Die Mutter aller Schrauben

Eine Senkschraube mit Innensechsrund, zwei Zylinderkopfschrauben mit Längsschlitz, eine Ansatzschraube M3? Oder doch diese komische Schraube für die Schrankwand, von der man absolut keine Ahnung hat, wie die heißt und woraus die besteht? Da geht man zu Obi und kauft ein Großgebinde – oder aber man geht in die Ickstattstraße 12. Denn da verspricht schon der Name fachkundige Hilfe: Schrauben Mutter. Und fast alles gibt es noch einzeln, Schrauben und Muttern. Fachunkundige Hobbybastler nehmen einfach eine Musterschraube mit, und werden ausgiebig beraten. Falls mal was nicht auf Lager ist, wird es bestellt. Ganz wie früher, damals in den 1950ern, als Wilhelmine Mutter das Geschäft am Sendlinger Tor gründete. In den 1970ern zog das Geschäft in die Ickstattstraße und versorgte beispielsweise die U-Bahnbauer mit Schrauben aller Art. Die Gründerin ist längst verstorben. Der heutige Besitzer, der Schraubengroßhändler Harald Grainer, betreibt das Geschäft seit den frühen 90ern und ist den Geschäftsprinzipien treu geblieben. ●

Im Süden der Stadt

Gleich links neben dem Eingang wartet ein fettes, braunes Ledersofa. Erst mal reinfläzen und ankommen. Eine Südmilch genießen, die es nur hier nach streng gehütetem Geheimrezept gibt. Seit Mai 1993 ist die Südstadt in der Thalkirchner Straße ein Fixstern für das Schlachthofviertel, für viele ein zweites Wohnzimmer. Lecker Essen, Kickern, Chillen, Absacken – alles ganz unaufgeregt und verschont vom üblichen Muzak und Szene-Chichi. Denn hier legen wechselnde DJs auf, ohne dass es extra Eintritt kostet – von melancholisch bis heftig, jeden Tag ein anderes Motto. Intime Sofa-Klub-Konzerte und Bandallnighter runden das Programm ab. Beliebt bei Plattenfreaks ist die zweimonatliche Südstadtbörse, bei der getauscht und gefeilscht wird. Und an Aschermittwoch ist das traditionelle Fischstäbchen-Essen, bei der es die berüchtigte »Dösbaddel Pladde« gibt, ein Muss. ●

Lebendige Leinwand seit 1912

Ganz München ist im Multiplex-Wahn. Ganz München? Nein, in der Hans-Sachs-Straße trotzt ein kleines Stadtteilkino erfolgreich dem Kommerzdruck. Im Neuen Arena flimmern schon seit 1912 bewegte Bilder über die Leinwand. Anspruchsvolle Erstaufführungen, Nischenproduktionen, Filme in Originalsprache, Raritäten und thematische Filmreihen locken Cineasten aus ganz München an. Seit Mitte der 1980er Jahre füllten Nina Becker und Christoph Ott das Kino mit einem lebendigen Programm. Ab 1994 engagierte sich auch der bekannte Regisseur Joseph Vilsmaier für das Neue Arena und half so manche Durststrecke zu überwinden. 2005 belohnte der Kinoprogrammpreis der Landeshauptstadt München die harte Arbeit. Anfang 2006 übernahmen dann zwei neue engagierte Kinomacher das Ruder: Markus Eisele, Ex-Geschäftsführer der Inselkinos im Forum am Deutschen Museum, und Christian Pfeil von den Monopol Kinos in Schwabing sorgen nun dafür, dass das Projektorlicht nicht erlischt. Christoph Ott blieb als dritter Gesellschafter. ●

Kaschemme des Kintopps

»In der Fraunhoferstraße verbirgt es sich: ein Kleinod des Abwegigen, eine Katakombe des Sehens, eine Kaschemme des Kintopp«, schrieb Hans Schifferle in der Süddeutschen Zeitung. 1974 schockte Rainer Pongratz seine Saufkumpanen im Fraunhofer mit einer Vision: Er wollte ein Kino gründen. »Wo das Kino einmal sein sollte, hatte Rainer schon ausgemacht. Das Kellerloch, in dem er hauste und das sein Bett, einen Schreibtisch sowie die alte NSU, an der er dauernd herumbastelte, barg, sollte den Projektionsraum abgeben, die angrenzende Kegelbahn des Fraunhofers den Kinosaal«, erinnert sich Erich von Wagner, der letzte Überlebende der Gründercrew. Pongratz wohnte noch bis 1977 im Vorführraum in der Fraunhoferstraße, zusammen mit dem 16-mm-Projektor Siemens2000, später mit einem 35-mm-Projektorenpärchen Ernemann VII B. Das Programm damals wie heute: alles ist erlaubt, bloß keine politically correctness – Trash, Agitprop, Gewalt und Porno. Oft genug waren Polizei und Staatsanwalt zu Gast. Im Bedarfsfall übernachteten die Mitarbeiter im Kinosaal, um das Werkstattkino vor An- und Übergriffen zu schützen. ●

Die Gmiastandlerin

Mittwochmorgen: Wenn Irene Tendel mit ihrem grauen Mini-Lkw an einem ihrer sechs Verkaufsplätze im Glockenbachviertel steht, läuft sie immer eine kleine Runde durch die Straße und die Hinterhöfe – laut bimmelnd mit ihrer Glocke. Spätestens jetzt reißts die letzten Langschläfer aus den Federn. Seit über 50 Jahren schon versorgt der mobile Verkaufsstand des in Daglfing beheimateten Familienbetriebs das Viertel. Früher waren ihr Onkel und ihre Tante in Sachen Gemüse unterwegs. Vor 14 Jahren hat Irene mit ihrer Cousine den Lkw übernommen. Das Geschäft ist mühsam geworden; die Cousine stieg wieder aus. Aber eine ernährt der Verkauf von kontrolliert angebautem Obst und Gemüse aus der Region weiterhin eher schlecht und recht. ●

Jede Menge Substanz

Wie viel Substanz steckt im Substanz? Massig! Die Erfolgsstory begann mit einer inoffiziellen Punk-Fete am 10. März 1990, kurz vor der offiziellen Eröffnung. Die Party sorgte für Wirbel und das richtige Image. Seitdem rockten über 700 Bands – darunter die Sportfreunde Stiller oder Jesus Lizard – den Laden von Jürgen Franke, der zunächst zusammen mit seinem Studienfreund Frank Bergmeier (heute BSE-Chef) das Substanz in der Ruppertstraße leitete. Ein literarischer Kult-Event ist der Poetry Slam, der jeden zweiten Sonntag im Monat über die Bühne geht. Der Zündfunker Karl Bruckmaier brachte die poetische Schlacht 1994 aus New York mit nach München. Seit 1996 leiten Rayl Patzak und Ko Bylanzky (Planet Slam) den Kampf der Wörter, Silben und Buchstaben. Neuestes Erfolgsrezept des Substanz: The English Comedy Club, den Dagmar Brocksema seit Ende 2004 organisiert. Inspiriert durch Londons angesagte Stand-Up-Comedy-Szene präsentiert sie jeden ersten Sonntag im Monat Comedians von jenseits des Ärmelkanals und des großen Ozeans. Witzig, bissig und ohne jegliche Tabus, aber ausschließlich auf Englisch. ●

Einst und heute

Wo in der Baaderstraße 6 im Jahre 1905 noch kleine Häuschen standen, befindet sich heute ein Parkhaus, das 2006 durch einen grausamen Mord an der Besitzerin, die im Penthaus lebte, traurige Berühmtheit erlangte.

Wenn man 1942 von der Hans-Sachs-Straße in die Müllerstraße einbog, sah man das Panorama rechts. Heute hat die Straße eine ganz andere Optik.

Das Eckhaus Holzstraße/Am Glockenbach im Jahr 1905 und heute.

Der Krablergarten ist kaum wiederzuerkennen. 1905 eine romantische Gartenwirtschaft, heute versteckt im Innenhof eines nüchternen Geschäftshauses. Früher befand sich hier wirklich ein Garten und im Haus gegenüber in der Müllerstraße betrieb ein gewisser Johan Krabler von 1863 bis 1869 eine Gaststätte. 1875 wurde aus dem Garten eine Wirtschaft, die eigentlich Zum Weißen Adler hieß. Doch der Volksmund erinnerte sich zu gern an vergangene Zeiten und nannte die Wirtschaft fleißig Krablergarten. Nach dem Zweiten Weltkrieg stand bis 1978 nur ein Behelfsbau, der Neubau stammt von 1981.

Die Ecke Fraunhofer-/Müllerstraße 1942 und heute, im Hintergrund die Hans-Sachs-Straße. Auf dem alten Foto erkennt man noch, dass es die Papa-Schmid-Straße damals nicht gab. Die Verbindung zwischen Fraunhoferstraße und Blumenstraße wurde erst nach dem Zweiten Weltkrieg geschaffen.

Statt der Mühlräder der Rumfordmühle (das Foto stammt von 1933) drehen sich heute Billardkugeln in einem Spielsalon im Haus Rumford-/Ecke Klenzestraße.

Die traditionsreiche Gaststätte Rumpler an der Ecke Baumstraße/Am Glockenbach lag 1910 noch an der Pesenbachstraße. Man erkennt, dass früher die Bebauung an der Geyerstraße und Am Glockenbach noch komplett anders war.

Von der prächtigen Fassade des Hauses Utzschneider-/Ecke Reichenbachstraße (rechts ein Foto von 1943) ist beim modernen Bau nichts geblieben.

Das Haus Fraunhofer-/Ecke Auenstraße musste am 7. Juli 1926, als die Aufnahme rechts entstand, gestützt werden, damit es nicht zusammenbrach. Und seinen Käse konnte man direkt auf der Brücke kaufen. Beides hat sich heute geändert.

Die Auenstraße mit Blick Richtung TSV 1860 und St. Maximilian im Jahr 1905 und heute.

Rechte Seite: Der Westermühlbach zwischen Kapuziner- und Holzstraße.

die ISARVORSTADT
gelistet & gezählt

Bäche und Mühlen

Wo stand welche Mühle? Wo floss welcher Bach? Hier die Antworten!
Text: Martin Arz

Angermühle

Die *Angermul*, wohl zwischen Müller- und Blumenstraße am Angertor gelegen, wird neben drei weiteren Mühlen 1331 von Kaiser Ludwig dem Bayern gestiftet, anlässlich einer Seelenmesse für seine Gattin Beatrix. 1471 kauft die Stadt München die Mühle, reißt sie ab und verlegt sie wegen Befestigungsbauten. Caspar Freisinger wird ein Jahr später Müller der *neuen Angermul*. Doch 1639 kommt das endgültige Aus, die *Obere Stadt- oder Ahamer mühl*, damals betrieben durch die Müllerin Sabine von Ahamb, wird zum »*fortificationsgepeu*«, also für Befestigungsanlagen, abgebrochen.

Bleicherbächl

Das Bleicherbächl gab es zweimal an beinahe ein- und derselben Stelle. Seinen Namen verdankte das alte Bleicherbächl der Oberen Bleiche. Es floss vom **Westermühl**- in den **Mahlmühlbach**. Ab den 1730er Jahren taucht es auf Stadtplänen nicht mehr auf. 1807 findet man es dann frisch angelegt wieder. Es betrieb das Wasserrad einer neuen Bleiche. Diesmal wurde es in Höhe des »Totenstegs«, des Bachübergangs zum Alten Südlichen Friedhof, aus dem Westermühlbach abgeleitet, speiste in der Hans-Sachs-Straße das Schaitlersche Bad und floss wieder zurück in den Westermühlbach. 1872 füllte man das Bleicherbächl auf.

Blererbächl

Das Blererbächl wurde vermutlich Anfang des 19. Jh. zur Verstärkung der Wasserkraft der **Mittleren Pulvermühle** am **Pesenbach** angelegt. Es zweigte bei der Jahnstraße 42 aus dem **Mahlmühlbach** und mündete bei der Pulvermühle in den Pesenbach (heute die Ecke Westermühl-/Baumstraße). Das Bächl wurde 1901 eingefüllt.

Brudermühle

Die auch Eggolfsmühle genannte Mühle an der Isartalstraße 50 ist seit 1289 als *Ekolzmul* bekannt gewesen. 1331 ist die *Ekkoltzmul* im Besitz des Angerklosters, ab 1517 wird sie als *Prudermull* bezeichnet, weil sie einer geistlichen Bruderschaft gehört. 50 Jahre später verkaufte das Angerkloster die Mühle an die Stadt München. Im 19. Jh. diente die Mühle als Blatternhaus. 1897 wütete ein Feuer im Gebäude, das daraufhin komplett abgerissen wurde.

Dreimühlenbach

Er gehörte nur zum Teil zur Isarvorstadt. 1331 noch *Mulpach*, ab 1735 *millbach der dreyen miller*. Ursprünglich ein Seitenarm der Isar, versorgte er drei große Mühlen (darunter die 1289 beurkundete **Brudermühle** sowie die Au- oder Mittermühle, Schäftlarnstraße 28), floss von Thalkirchen fast parallel zum **Großen Stadtbach** unter der Großmarkthalle und Bahndamm hinein ins Viertel, gab der heutigen Dreimühlenstraße Form und Verlauf und mündete schließlich an der Ecke Dreimühlen-/Isartalstraße in den **Westermühlbach**. 1670 war der Bach vollkommen verschüttet und die Isar musste neu angestochen werden. An der Ecke Ehrengut-/Dreimühlenstraße arbeiteten die fünf Mahlgänge der **Oberen Kaiblmühle**. 1921 ließ man den Dreimühlenbach auf und füllte ihn 1952 ein.

Glockenbach

Nein, der Bach, der heute im Viertel offen plätschert, ist nicht der Glockenbach, sondern der **Westermühlbach**. Der Glockenbach zweigt unter dem Haus Pestalozzistraße 35 vom Westermühlbach ab, läuft unterirdisch bis zur Blumenstraße und fließt in den **Westlichen Stadtgrabenbach**. Früher versorgte er über den Angerbach die Innenstadt mit Wasser. Den Namen verdankt er einer Glockengießerei, die hier von 1476 bis 1671 vermutlich an der Pestalozzistraße beim *Gotzacker* (Alter Südlicher Friedhof) in der Nähe des Kalkofens stand. Nach anderen Quellen befand sie sich vor dem Sendlinger Tor bei der heutigen Kreissparkasse.

Hainmühle

Die bei der **Heiliggeistmühle** gelegene Hainmühle ist ab 1369 nachgewiesen. Ihr Name hat ursprünglich nichts mit einem Hain zu tun, sondern stammt von einem Müller namens Heimo. 1410 schenken die Herzöge Ernst und Wilhelm die im Krieg niedergebrannte *Haimmul* dem Heiliggeistspital. Sie muss, wie die Angermühle, 1638 den Befestigungsanlagen von Kurfürst Maximilian I. weichen.

Heiliggeistmühle

Die zuletzt auch Rumfordmühle genannte wird 1321 erstmals als *Griesmuhl* erwähnt. Der Grieß, also das sandige Kiesgelände an der Isar, gab den Namen. 1380 wird die Mühle dem Heilig-

'o heute der Viktualienmarkt steht: Carl August
·bschée aquarellierte 1852 die Gegend an der heu-
jen Frauenstraße. Der Roßschwemmbach umfließt
e Befestigung und den mächtigen »Scheibling«.
ı der Stelle, an der Wäscherinnen zu sehen sind,
urden die Pferde zum Schwemmen in den Bach
eführt. Links beginnt die Isarvorstadt.

Sind wir noch in München? Anrainergarten am Westermühlbach.

geistspital verkauft. Im Mühlbuch von 1538 ist die Mühle als *Lottmühle*, nach dem Müller Hans Lod, verzeichnet. Erst ab 1646 setzte sich auch der Name *Hl. Geistmill* durch. Die Mühle mit ihren zehn Rädern wurde 1944 bei einem Luftangriff zerstört.

Heiliggeistmühlbach

Der Namensgeber dürfte die **Heiliggeistmühle** (heute Rumfordstraße) gewesen sein. Davor kannte man ihn um 1377 als des Strobels und des Peysenwürffels Bach. Er begann an der Ecke Ickstatt-/Baaderstraße, wo sich der **Pesenbach** in Heiliggeistmühl- und **Kaiblmühlbach** teilte, floss nordöstlich in Richtung Gärtnerplatz und vereinte sich an der Rumfordstraße wieder mit dem Kaiblmühlbach zum Stadthammerschmiedbach. 1966 ließ man ihn auf.

Die Isarvorstadt ERINNERUNG

»Die seit dem 14. Jahrhundert hier bestandene, den Landesfürsten von Bayern zu Beutellehen rührende Neudeckmühle, von Anfang des 16. Jahrhunderts nach Sigmund Kälb ›Untere Kälblmühle‹ benannt, kam 1673 bis zum 18. Jahrhundert in den Besitz des kurfürstlichen Hofkammerrats J. G. Huefnagel unter dem Namen Huefnagelmühle. An Stelle des hier bestandenen im Jahre 1889 abgebrochenen Wohngebäudes erbaute die Behausung Simon Westermayr Anno Domini 1890.«
Text der Gedenktafel an die Untere Kaiblmühle, Buttermelcherstraße 16, bis zum Ende des Zweiten Weltkriegs

Kaiblmühlbach

Der Kaiblmühlbach begann wie der **Heiliggeistmühlbach** an der Ecke Ickstatt-/Baaderstraße, wo sich der **Pesenbach** teilte und begleitete den Heiliggeistmühlbach beinahe parallel bis zur Wiedervereinigung im **Stadthammerschmiedbach**. Den Namen bekam er um 1529 vom Müller Kälbl und dessen **Unterer Kaiblmühle** (Buttermelcherstraße 16). Um 1377 hieß der Bach noch Strobels Bach, weil ein Müller namens Strobel die Untere Kaiblmühle bewirtschaftete. Wie sein Parallellauf Heiliggeistmühlbach wurde er 1966 aufgelassen.

Kaiblmühle, Obere

Kaiser Ludwig der Bayer erlaubte dem Kloster Schäftlarn 1343 eine Mühle auf den Schwalbenstein-Acker am **Dreimühlenbach** zu errichten. Schon drei Jahre später trägt sie zu Ehren des Schäftlarner Propsts Konrad Sachsenhauser den Namen Sachsenmühle. Ab 1422 ist sie als *Ruchsenmul* oder *Rueck
smul* bekannt. Als sie 1566 von Herzog Albrecht V. an die Stadt München verschenkt wird, geht man zurück zu den Wurzeln und nannte sie plötzlich wieder Schwalbensteinmühle. Michael Kälbl, Müller der **Unteren Kaiblmühle**, kann 1584 die Mühle übernehmen und ihr den endgültigen Namen geben. 1898 kauft die Stadt München die Mühle an der Dreimühlenstraße 30 und lässt sie abbrechen. Angeblich soll Jakob Balde, der bayrische Horaz, dieser Mühle eine Ode gewidmet haben. *(Anm.: Als Abrissdatum wird in fast allen Quellen 1890 angegeben, beurkundet im Stadtarchiv München ist aber 1898)*

Kaiblmühle, Untere

Die Mühle am **Kaiblmühlbach** an der Buttermelcherstraße 16 findet erstmals 1353 in die Annalen, damals betreibt sie der Müller Ott, genannt der *Neydegker*. Weil sie nun Neudeckmühle heißt, kommt es in den folgenden Jahrhunderten immer zu Verwechslungen mit der Neudeckmühle in der Au. Das ändert sich auch nicht, als man sie ab 1458 zwischenzeitlich Gäntersmühle nennt. 1529 übernimmt Siegmund Kälbl die Mühle und gibt ihr den bis heute bekannten Namen. Versuche eine Neubenennung (1760 Doßische Mühle, 1773 Neudeck- oder Huefnaglmühle) scheitern. Nach Betriebsende der achträdrigen Mühle 1880 entsteht an der Stelle ein Wohnhaus.

Katzenbach

Wo sich der **Lazarettbach** an der Rumfordstraße teilte, begann neben dem **Roßschwemmbach** auch der Katzenbach. Er floss zwischen Rumford- und Frauenstraße, bevor er nach Norden abbog und die Altstadt mit Wasser versorgte. Seinem ursprünglichen Namen nach ist er der »kalte« Bach und kein Gewässer für Stubentiger. 1967 erfolgte die Auflassung. Seine Fortsetzung in Richtung Innenstadt hieß ursprünglich Hochbruckmühlbach, 1301 erstmals erwähnt, 1375 *Horpruckpach* genannt. *Horprugk* bedeutete im Mittelhochdeutschen »Schmutz, Kot«, da hier der Unrat in den Stadtbach geschüttet wurde.

Krankenhausbächl

Das Krankenhausbächl versorgte ursprünglich die Stadtbefestigungsanlagen zwischen Angertor und Einlaß mit Wasser. Hierfür hatte man den **Glockenbach** angezapft. Kurz nach der Reichenbachstraße mündete das Krankenhausbächl in den **Roßschwemmbach**. Zur Wasserversorgung des Allgemeinen Krankenhauses regulierte und beschlächtete man den

Nah am Wasser gebaut: Pesenbach und Westermühlbach fließen im Jahr 1925 noch dicht an dicht neben der Zimmerei Ebner & Reicheneder in der Kapuzinerstraße 47.

Gedenkbrunnen: Ein kleiner Brunnen aus drei alten Mühlsteinen im Innenhof des Hauses Dreimühlenstraße 14 erinnert an die Mühlen-Vergangenheit des Viertels.

Bach 1812 neu. Das Krankenhausbächl wurde 1896 eingefüllt.

Kupferhammerbach

Benannt nach dem um 1522 errichteten Kupferhammer (Isartal-/Auenstraße), zweigte er vom **Großen Stadtbach** in Höhe der Ehrengutstraße ab und mündete in den **Pesenbach**. Mit dem Bau des Isarkraftwerks III ließ man den Kupferhammerbach 1922 auf.

Lazarettbach

Das Militärlazarett, ab 1777 an der Müllerstraße, gab dem Bach seinen Namen. Der Lazarettbach entstand durch den Zusammenfluss von **Westermühl-** und **Mahlmühlbach** in Höhe der Fraunhoferstraße und endete in der Aufspaltung in **Roßschwemm-** und **Katzenbach** nahe der Rumfordstraße. Er versorgte das Hospital ungewöhnlicherweise mit Trinkwasser und entsorgte das Abwasser inkl. der Fäkalien. Um 1875 bezog ihn die Stadt in die Kanalisation mit ein, danach versorgte er noch das Heizkraftwerk Müllerstraße mit Kühlwasser, bis er 1968 aufgelassen wurde.

Mahlmühlbach

Wo heute der Kinderspielplatz Am Glockenbach zum Toben einlädt, befand sich einst die Obere Lände für die Flößer, an deren nördlichem Ende der Mahlmühlbach vom **Westermühlbach** abzweigte. Er floss in etwa dem Verlauf der heutigen Jahnstraße entlang, bog an der Kolosseumstraße nach Norden ab und vereinigte sich an der Fraunhoferstraße wieder mit dem Westermühlbach zum **Lazarettbach**. Den Namen hat er von der ab 1369 nachgewiesenen Mollmühle (**Mahlmühle**). Der Mahlmühlbach hieß im 15. Jh. nach einer Müllerfamilie auch Pötschnerbach und später – nachdem die Armee 1817 die Mühle kaufte – Militärmahlmühlbach. 1961 floss sein letztes Wasser.

Mahlmühle

An der Kolosseumstraße 1 (damals noch Mühlgasse) befindet sich ab 1369 die Mühle des Müllers Marquart zu Säldenau. Säldenau ist ein alter Flurname und bedeutet »Seligkeit bringende Au«. 1436 erhält der junge Patrizierspross Peter Pötschner die Säldenaumühle als herzogliches Lehen. Mit dem Müller Hanns Moll, der ab 1523 die Pötschnermühle bewirtschaftet, endet der Namenshickhack: Fortan heißt sie Mollmühle. Erst eine Lautverschiebung macht daraus die Mahlmühle. 1817 kauft die Armee die Mühle mit ihren acht Rädern, um dort eine Proviantbäckerei einzurichten. Nach 1871 wird eine Marmorschleiferei aus der Mühle. Ein Jahr später folgt der Abbruch.

Neumühle

Ganze 20 Jahre lang existiert die Neumühle des Georg Benno Schobinger: von 1678 bis 1698. Schobinger lässt direkt neben der **Mahlmühle** eine Mühle mit drei Gängen errichten und stirbt ein Jahr nach Baubeginn. Kurfürst Max Emanuel befiehlt ihren Abbruch, da sie der Mahlmühle das Wasser entzog.

Pesenbach

Während der **Westermühlbach** die Inneren Stadtbäche speiste, war der Pesenbach nach seinem Ausfluss aus dem **Großen Stadtbach** in Höhe Dreimühlen-/Isartalstraße für alle Äußeren Stadtbäche zuständig. In Höhe des Karl-Heinrich-Ulrichs-Platz floss er ein Stück Richtung Isar über die Baumstraße bis zum Beginn der Baaderstraße, wo er sich in **Heiliggeist-** und **Kaiblmühlbach** aufteilte. Der Bach verfügte sogar bis zum Ende des 19. Jh. an dieser Stelle über einen Abfluss in die Isar. Dem Namen nach war es der »böse« Bach, wohl weil er bei Hochwasser gefährlich war. Gelegentlich ist er als Garnsiederbach

Ausgedreht: Auch dieses alte Mühlrad musste 1909 bei den Abrissarbeiten eines Betriebs in der Dreimühlenstraße 55 weichen.

erwähnt. Am Pesenbach befanden sich die **Mittlere Pulvermühle** und ab 1844 große Militärwerkstätten. Später ließen sich die Schreiner Reifenstuel und Pössenbacher sowie die Firma Zettler hier nieder. Unterhalb der Ickstattstraße zweigte kurzzeitig der Pesenbach-Gipsmühlkanal ab, der in den **Kaiblmühlbach** floss und die Kalkmühle an der Fraunhoferstraße versorgte. Der Kanal wurde 1952 stillgelegt, 1965 ließ man den gesamten Pesenbach auf.

Pettenkofer-Brunnhauskanal

Der Kanal wurde 1866 extra für das Brunnhaus an der Isartalstraße 56 erbaut. Er erhielt sein Wasser aus dem **Dreimühlenbach** und floss in diesen zurück. Mit der Auflassung des Dreimühlenbachs 1921 verschwand auch der Pettenkofer-Brunnhauskanal.

Pulvermühl-Ausläufer

Um die **Untere** (Königliche) **Pulvermühle** an der Baaderstraße gegenüber der Maximilianskirche mit mehr Energie zu versorgen, ließ man 1833 den Kanal zwischen Klenze- und Westermühlstraße vom **Pesenbach** ableiten. Der Ausläufer endete nach der Mühle zwischen Westermühl- und Ickstattstraße wieder im Pesenbach. 1885 wurde er aufgelassen.

Pulvermühle, Obere, Mittlere und Untere

Gleich drei Mühlen zermahlten die zur Schwarzpulverherstellung notwendigen Zutaten Holzkohle, Schwefel und Salpeter zu einer explosiven Mischung. Alle drei lagen am **Pesenbach**. Die Obere Pulvermühle befand sich bei der Firma Rodenstock am Roecklplatz, die Mittlere an der Stelle, an der der Karl-Heinrich-Ulrichs-Platz auf Am Glockenbach stößt, in unmittelbarer Nachbarschaft zu den Artilleriewerkstätten. Die Untere (auch Neue oder Königliche) Pulvermühle stand am Beginn der Baaderstraße gegenüber St. Maximilian.

Roecklkanal

Den Namen der Handschuhfirma, die er mit Energie versorgte, trug er erst ab 1872, davor war es der Stadtbach-Fabrikkanal. Er kam bei der Braunauer Brücke aus dem **Großen Stadtbach** und mündete in Höhe der Ehrengutstraße in den **Rodenstockkanal** (Unterer Gipsmühlkanal). Seit 1921 ist er nicht mehr existent.

Rodenstockkanal

Offiziell hieß er Unterer Gipsmühlkanal, der den **Roecklkanal** fortsetzte. Ihn trennte nur eine Bretterwand vom **Westermühlbach**. Als die Firma Rodenstock an der Isartalstraße 1907 größere Umbaumaßnahmen vornahm, wurde der Kanal aufgelassen.

Roßschwemmbach

Wie der **Katzenbach** speiste er sich aus dem **Lazarettbach**. Der Roßschwemmbach verband die Isarvorstadt mit der Altstadt in Höhe der Frauenstraße, floss über den Viktualienmarkt und hieß ab der Sparkassenstraße Pfisterbach. Vermutlich zählte er zu den Bächen, die die älteste Stadtbefestigung Münchens umspülten. Im 14. Jh. entsorgte er vor allem die Fleischabfälle der hier ansässigen Metzger. Um 1392 hieß er Veistbach, seinen neuen Namen bekam er 1416 nach der dort eingerichteten Roßschwemme, weil der Bach breit und tief genug war, um hier die Pferde schwimmen zu lassen. Das besorgten Burschen, die mit den Pferden in den Bach ritten. Da der Bach mitten in der Stadt eine große Wasserfläche bildete, wurde er Mitte des 19. Jh. überbaut, um den Viktualienmarkt zu schaffen. Seit 1968 fließt kein Wasser mehr durch ihn.

Sägemühlkanal an der Oberen Kaiblmühle

Vom **Dreimühlenbach** ab- und wieder zu ihm zugeleitet versorgte der Kanal die Sägemühle der **Oberen Kaiblmühle** in der Dreimühlenstraße 30. 1890 kam mit dem Abriss der Mühle das Aus für den Kanal.

Schiffhüttenkanal

Dieser Nebenkanal des **Pesenbachs** lässt sich heute nicht mehr lokalisieren, er muss bereits vor 1869 aufgelassen worden sein.

Stadtbach, Großer

Er belieferte und beliefert bis heute alle Stadtbäche links der Isar mit Wasser. Früher verlief er von Thalkirchen bis zur Zweigung **Westermühl-** und **Pesenbach**. Bis Ende des 19. Jh. mussten Flößer, die die Obere Lände an der Geyerstraße ansteuerten, die Isar verlassen und in den Großen Stadtbach einfahren, daher durften an ihm auch keine Wasserräder angebracht werden. Seit 1976 ist der Große Stadtbach, massiv verschmälert und verkürzt, nur noch Wasserlieferant für das Isarwerk III und den Westermühlbach.

Stadtbach-Gipsmühlkanal, Oberer

Ihn trennte nur eine Bretterwand vom **Großen Stadtbach,** aus dem er sich speiste. Den Namen verdankt er der Gipsmühle am Thomassteg. 1890 kam sein Ende.

Stadtgrabenbach, Östlicher

Er wurde im 15. Jh. neu angelegt, um die Stadtbefestigung zu umspülen. Sein Wasser kam aus dem **Glockenbach**. Den Verlauf des Östlichen Stadtgrabenbachs kann man heute noch gut nachvollziehen: praktisch die Blumenstraße ab Sendlinger Tor über die Frauenstraße bis Isartor. Er wurde nach der Entfestigung Münchens schon früh überbaut und 1966 endgültig aufgelassen.

Stadtgrabenbach, Westlicher

Wie der Östliche Stadtgrabenbach wurde er aus dem **Glockenbach** gespeist und gehörte seit dem 15. Jh. zur Stadtbefestigung. Sein Verlauf entspricht ab Sendlinger Tor beinahe dem Altstadtring in nördlicher/östlicher Richtung bis zum Odeonsplatz (von wo er unter dem Hofgarten bis zur Staatskanzlei fließt und dort als Köglmühlbach ans Tageslicht kommt). Auch er wurde nach der Entfestigung beinahe komplett überbaut, fließt aber bis heute.

Stadthammerschmiedbach

Er entstand aus dem Zusammenfluss von **Heiliggeist-** und **Kaiblmühlbach** in der Rumfordstraße, von wo aus er über den Isartorplatz ins Lehel floss und dort einen der wichtigsten Energielieferanten für das dortige Gewerbegebiet darstellte. Mit der großen Auflassungswelle kam sein Ende 1966.

Utzschneiderkanal

Der Geheime Rat Joseph von Utzschneider ließ ihn 1830 für die Glasschleifmühle des Optischen In-

Auf Wasser gebaut: Unter dem Haus Kapuzinerstraße 33/35 von 1906 fließt der Westermühlbach. Die Architekten Heinrich Stengel und Paul Hofer mussten 5 m unter dem Wasserspiegel eine 2 m breite Fundamentsohle anlegen und mit Eisen verstärken. 2007 wurde neben dem Bach eine Fußgängerunterführung ausgebaut.

Ansicht von oben: Auf dem Luftbild, das zwischen den beiden Weltkriegen entstand, erkennt man noch das ˈuitpoldgymnasium an ˈer Müllerstraße (1), wo ˈeute das Heizkraftwerk ˈht, und das ehemalige Schlösschen mit Park ˈMilly-Kerzenfabrik) an der Fraunhoferstraße (2), an dem sich heute das Postamt befindet.

stituts ausheben. Der Kanal zweigte aus dem **Lazarettbach** in Höhe der Reichenbachstraße ab und endete im **Roßschwemmbach**, kurz nach dessen Abspaltung vom **Katzenbach**. 1876 floss das letzte Mal Wasser.

Westermühlbach

Obwohl er heute der einzige sichtbare Bach im Glockenbachviertel ist und den **Glockenbach** selbst speist, trägt das Viertel ungerechterweise nicht seinen Namen. Der Westermühlbach ist eine Fortführung des **Großen Stadtbachs**, von dem er sich in Höhe Isartal-/Dreimühlenstraße abteilt. Er versorgte früher alle Inneren Stadtbäche (alle Bäche, die durch die Stadtbefestigung in die Altstadt hineinflossen) mit Wasser. Seinen Namen verdankt er der **Westermühle** an der Holzstraße 28. Der Westermühlbach versorgte die **Obere Pulvermühle** nahe dem späteren Roeckl-Gelände sowie im 19. Jh. zwei Glasurmühlen in der Holzstraße, eine Gewürzmühle und die Bäder (z. B. Wöstermaiersches Bad) in der Müllerstraße. Bis 1896 befuhren Flöße den Westermühlbach bis zur Oberen Lände. 1967 legte man das Teilstück zwischen Holz- und Fraunhoferstraße trocken. Heute mündet der Westermühlbach unterirdisch in den Glockenbach.

Westermühle

An der Holzstraße 28 stand eine der bekanntesten Münchner Mühlen: die Westermühle. 1345 darf das Heiliggeistspital mit Genehmigung des Kaisers Ludwig der Bayer hier eine Mühle errichten, die fortan den Namen des ersten Müllers trägt: Peckstainmühle. Sie besitzt ein Mühlrad, ein Sägerad und ein Stampfrad zur Futtermittelgewinnung. Zwischenzeitlich ändern sich die Namen kurz in Spital- oder Schrafnagelmühle (1383 bzw. 1460). Doch Peckstain bleibt immer gegenwärtig und verwandelt sich: Erst wird 1523 daraus die *Pechstain Mull*, die verkürzt man 1606 zur *Pestermill*, nennt sie 1670 *Pöstermill*, macht schließlich 1697 die *Westamill* daraus und dann die Westermühle. Der Name hat also nichts mit der Himmelsrichtung zu tun. An Stelle der zuletzt achträdrigen Westermühle entsteht 1904 die Fabrik der Firma Zettler. ●

Daher der Name

Was war der Lindwurm nur für ein Drache? Wer bekam Einlass am Einlaß? Warum hat ein Gärtner einen eigenen Platz bekommen? Und wer zum Geier war Herr Geyer? Hier die Bedeutungen der Isarvorstädter Viertel- und Straßennamen.

Text: Martin Arz

Die Viertel

Isarvorstadt: Die ersten Stadtteile, die außerhalb der mittelalterlichen Stadtbefestigung entstanden, tragen alle den Zusatz »Vorstadt«, wie Max-, Ludwigs-, Schönfeld- und St.-Anna-Vorstadt. Wegen ihrer Lage **zwischen Altstadt und Isar** wird die Isarvorstadt als solche erstmals am 14. Dezember 1812 erwähnt, zuvor trug das Gebiet meist den Namen Heilig-Geist-Anger oder Äußeres Anger-Viertel und wurde dem Angerviertel (zwischen Sendlinger Tor und Viktualienmarkt) zugerechnet.

Wahrzeichen: Die Doppeltürme von St. Maximilian bestimmen seit 1901 die Optik der Auenstraße.

Gärtnerplatzviertel: Nach dem erfolgreichen Neubauprojekt Maxvorstadt sah der Erweiterungsplan von 1861 die Bebauung weiterer leerer Flächen mit Wohneinheiten vor – so auch dieses brach liegende Gebiet zwischen Fraunhoferstraße und Viktualienmarkt. Der Name Gärtnerplatzviertel setzte sich erst im 20. Jh. durch und trägt dem das Viertel prägenden **Gärtnerplatz** (heißt so seit 1863) mit seinem Theater Rechnung. Zuvor sprach man meist vom Reichenbachviertel, davor vom Eichthal-Anger, nach Baron Eichthal, dem Besitzer des Geländes.

Glockenbachviertel: Das Viertel zwischen Fraunhofer- und Kapuzinerstraße verdankt seinen Namen dem **Glockenbach**, der es durchfließt und dessen Name seit 1575 belegt ist. Offiziell ging »Glockenbachviertel« 1954 in den Namen des damaligen Stadtbezirks 11 ein: Isarvorstadt-Glockenbachviertel.

Schlachthofviertel: Wie der Name verrät, beherbergt dieses Viertel den **städtischen Schlachthof**. Ab 1954 trug der damalige Stadtbezirk 10 den Namen »Isarvorstadt-Schlachthausviertel«. Heute hat sich statt »Schlachthaus« der »Schlachthof« durchgesetzt. Teile des Viertels südlich der Thalkirchner Straße pochen außerdem darauf, das Dreimühlenviertel zu sein.

Die Straßen

Adlzreiterstraße (seit 1886): Der Jurist **Johann Adlzreiter von Tettenweis** (1596–1662) diente Kurfürst Maximilian I. ab 1625 als Hofkammerrat, Leiter des Geheimarchivs und Geheimer Rat. Nach dem Tod des Kurfürsten zählte er zu den Vormunden des Kronprinzen Ferdinand Maria.

Am Einlaß (seit 1829): Nur durch das einst hier stehende **Einlaßtor** konnte man nach Torschluss noch die befriedete Stadt betreten.

Am Glockenbach (seit 1912): Die **Glockengießerei**, die ab 1476 in der Nähe des Alten Südlichen Friedhofs lag, gab dem Bach, der sie mit Energie versorgte, den Namen Glockenbach. Die heutige Adresse hat aber keinen direkten Bezug zum Glockenbach, der unterirdisch ab der Holzstraße fließt. Am Glockenbach plätschert heute der Westermühlbach. Früher die Pesenbachstraße.

Arndtstraße (seit 1888): Der Dichter **Ernst Moritz Arndt** (1769–1860) kämpfte

Café statt Holzstapel: Am Holzplatz wurden früher Baumstämme gelagert, heute gibt hier die Gastronomie den Ton an.

Innenstadtgefängnis: In der Corneliusstraße 33/ Ecke Baaderstraße gab es ein Gefängnis (Foto von 1954), das ursprünglich von den Militärs der nahen Kasernen genutzt wurde. Mitte der 1970er Jahre musste das alte Gebäude dem Neubau des Europäischen Patentamts weichen.

als Sohn eines Leibeigenen vehement gegen die Leibeigenschaft von Bauern und gegen die napoleonische Herrschaft sowie für die deutsche Einigung, wozu er das deutsche Nationalgefühl mobilisierte. Die Nazis missbrauchten Arndt deshalb für ihre Propaganda. Die nach ihm benannte Straße hieß früher Pechstraße.

Auenstraße (seit 1874): Kein bedeutender Mensch, sondern die **Isarauen** dienten als Namensgeber.

Augsburgerstraße (um 1823): Der Bote Josef Palmberger, von allen nach seiner Heimatstadt nur der **»Augsburger«** genannt, lebte Anfang des 19. Jh. in dem kleinen Sträßlein vor dem Sendlinger Tor, das heute seinen Namen trägt.

Aventinstraße (seit 1887): **Johannes Aventinus** (1477–1534) hieß eigentlich Johann Georg Turmair, nach seinem Heimatort »Abensberger« genannt, was er zu Aventinus latinisierte. Der Geschichtsschreiber gab die *Annales ducum Boiariae*, die *Baierische Chronik* und die erste *Gesamtkarte Bayerns* heraus.

Baaderplatz/-straße (seit 1878): Tausendsassa **Franz Xaver von Baader** (1765–1841), studierter Mediziner und erfolgreicher Bergbauingenieur, verdiente später gutes Geld mit einem Glasschmelzverfahren und engagierte sich als Sozialreformer für das Proletariat, dozierte als Honorarprofessor über Philosophie und kämpfte gegen den kirchlichen Absolutismus. Hieß früher Badstraße.

Baldeplatz/-straße (seit 1877): Der Jesuit **Jakob Balde** (1604–1668) galt lange als bedeutendster Dichter Bayerns, als bayrischer Horaz. Der Hofprediger gründete 1638 die Gesellschaft der Mageren (auch: Ritter vom dürren Orden), die in Zeiten des Schönheitsideals der rubensschen Üppigkeit gegen Übergewicht und Fettleibigkeit kämpfte.

Leere Straßen: Die Auen-/Ecke Baaderstraße im Jahr 1903.

Derblecker: In der Dreimühlenstraße lohnt sich ein Blick über die Türstürze der Hausnummern 16 bis 24, denn da schneiden einige Gipsköpfe wilde Grimassen.

Baumstraße (seit 1894): Sie reichte früher bis an die Obere Floßlände am Westermühlbach heran (heute heißt das Teilstück Am Glockenbach), wo die **Baumstämme** aus dem Wasser geholt und gelagert wurden.

Blumenstraße (seit 1874): Ab 1843 fand jährlich von Josefi (März) bis Theres (Oktober) der **Blumenmarkt** am östlichen Ende des Rosentals statt, was der langen Straße den endgültigen Namen gab. Vorher hieß sie ab 1585 ganz oder in Teilen: Züchtigers Gassl, Scharfrichtergassl, Abdeckgassl, Henkergässchen, Dultständzwinger, Glockengasse.

Boschbrücke (seit 1959): **Johann Bosch** (1873–1932) leitete u. a. das Neubaubüro für das Deutsche Museum.

Buttermelcherstraße (um 1823): Früher lebten viele Milchmänner in der Isarvorstadt und boten ihre Milchprodukte an, einer von ihnen soll der »Butter-Melchior« gewesen sein. Einer wahrscheinlicheren Deutung nach ist Buttermelcher durch Lautverschiebung von **Buttermilch** entstanden. Auf dem Stadtplan von 1812 ist der Buttermilchgarten eingetragen, ein beliebter Ausflugsort, der später Buttermelchergarten genannt wurde.

Corneliusbrücke/-straße (seit 1903): Der Maler **Peter von Cornelius** (1783–1867) – nicht zu verwechseln mit seinen beiden nichtadeligen Namensvettern, dem Komponisten und Professor an der kgl. Musikhochschule München sowie dem österreichischen Liedermacher – leitete trotz enormer Querelen mit Ludwig I. zeitweise die Akademie der Bildenden Künste, bevor er sich mit dem Regenten ganz überwarf und nach Berlin zog.

Deutingerstraße (seit 1927): Die beiden **Martin Deutingers** (1789–1854 und 1815–1864) waren Onkel und Neffe und beide Theologen. Der ältere Deutinger erwarb sich Meriten als Domprobst und Historiker zur Geschichte des Erzbistums München-Freising. Der jüngere Deutinger bekam immer wieder Schwierigkeiten mit der Kirche durch seine kritische Haltung und machte sich König Ludwig I. zum Feind, weil er öffentlich die Beziehung des Monarchen zu Lola Montez brandmarkte.

Dreimühlenstraße (vor 1833): Als noch der Dreimühlenbach durch die Isarvorstadt floss, trieb er die Mahlwerke von **drei Mühlen** an: die Bruder- oder Eggolfsmühle, die Au- oder Mittermühle sowie die Obere Kaiblmühle oder Schwalbensteinmühle. Sie hieß früher Sandstraße.

Ehrengutstraße (seit 1894): Der Zimmerermeister **Anton Ehrengut** (1840–1890) führte für Ludwig II. zahlreiche Zimmererarbeiten in den neuen königlichen Schlössern Neuschwanstein, Linderhof und Herrenchiemsee aus. Sein beträchtliches Vermögen stiftete er dann der Förderung der Kunst, denn er wollte die Lebensbedingungen von jungen Künstlern verbessern. Früher: Oberkaiblmühlweg.

Emil-Muhler-Torweg (seit 1969): Der Pfarrer **Emil Muhler** (1982–1963) der Gemeinde St. Andreas im Schlachthofviertel saß nicht nur vor und nach dem Zweiten Weltkrieg mehrfach im Münchner Stadtrat, er besaß auch genug Rückgrat, um sich gegen den Naziterror zu stellen. Dafür kam er mehrfach in Haft, zuletzt ins KZ Dachau.

Erhardtstraße (seit 1891): **Alois von Erhardt** (1831–1888) leitete 17 Jahre lang als Erster Bürgermeister die Geschicke der Stadt München. In seine Amtszeit fiel u. a. der Ausbau des Kanalnetzes und die Errichtung des zentralen Schlacht- und Viehhofs. Die Straße hieß um 1613 Bei den Sauställen, danach Wasserstraße und auch

ußgängerzone: Nur ein Radler stört das Fußvolk zwischen Thomasbräu nd Schlachthofeingang n Kapuzinerplatz 1905.

Magazinstraße und war sogar Teil der Auenstraße.

Fleischerstraße (seit 1877): Der Name erklärt sich durch die Lage am städtischen **Schlacht- und Viehhof**.

Fliegenstraße (um 1820): Einst existierte an der Straße die beliebte Gartenwirtschaft **Fliegengarten**.

Frauenlobstraße (seit 1899): Der Dichter und neben Walter von der Vogelweide berühmteste Minnesänger Heinrich von Meißen (um 1250–1318) nutzte den Titel eines seiner Lieder gleich als Künstlernamen: **Frouwenlop**. Wobei die gelobte Frau natürlich die Jungfrau Maria war, der er sein berühmtestes Leich (= mittelalterliche Liedform) widmete.

Frauenstraße (seit 1810): Sie verdankt ihren Namen vermutlich nur **der ausgleichenden Gerechtigkeit**, weil es auch eine Herrnstraße gab.

Fraunhoferstraße (seit 1830): Der Optiker und Physiker **Joseph von Fraunhofer** (1787–1826) revolutionierte nicht nur den Fernrohrbau durch neue Linsen und Montagetechniken, er entdeckte die nach ihm benannten Linsen im Sonnenspektrum und die ebenfalls nach ihm benannte Beugung des Lichts an optischen Gittern und erfand das Spektroskop.

Gärtnerplatz (seit 1863): Der Baumeister **Friedrich von Gärtner** (1792–1847) gab dem nördlichen Teil der Ludwigstraße ihr Gesicht, indem er Ludwigskirche, Staatsbibliothek, Universität, Feldherrenhalle und Siegestor im Auftrag Ludwigs I. erbaute. Auch der Palast des neuen griechischen Königs (Ludwigs I. Spross Otto I. saß 1832

Die Isarvorstadt LITERARISCH

»Am Bache unten lag das freundliche Haus eines bekannten Musikers, mitten in einem hübschen Garten. Jetzt ist der Bach überwölbt, die Aussicht von einer öden Reihe hoher Mietskasernen versperrt, und wo die gepflegten Rosen des Musikers blühten, sind gepflasterte Höfe, darüber Küchenaltanen, auf denen man Teppiche ausklopft. (...) Jetzt gähnt uns eine Steinwüste an, Haus neben Haus und eine Kirche aus dem Anker-Steinbaukasten.«
Aus *Autobiographisches, Ausgewählte Aufsätze* von Ludwig Thoma, München, 1968

Das letzte seiner Art: Ein kleiner Abstecher in den Hinterhof der Isartalstraße 20 lohnt sich, denn hier steht das letzte Haus, das einst in die grüne Wiese gebaut wurde. Der Fachwerkbau mit der Ziegelfassade stammt aus dem Jahr 1883, die unteren Räume dienten einst als Stallungen, unterm Dach befand sich der Heuboden. Seit 1891 das Vorderhaus entstand, ist auch das alte Häuschen ein reines Wohnhaus.

bis 1862 als erster Regent auf dem griechischen Thron, daher sind die griechischen Nationalfarben auch heute noch bayrisch Weiß-Blau) entstand nach seinen Plänen.

Geyerstraße (seit 1904): Der Hofchirurg **Dominikus Geyer** besaß im 18. Jh. ein Schlösschen mit großzügigem Park am Westermühlbach, in etwa an der Stelle, an der sich heute die Tankstelle und die Hong-Kong-Bar befinden. Sie gehört zu den ersten Siedlungen des Viertels.

Goetheplatz (seit 1865): Zu Deutschlands Dichterfürst Nr. 1 **Johann Wolfgang von Goethe** (1749–1832), der in allen Literaturgattungen schlafwandlerisch sicher zu Hause war, muss an dieser Stelle nichts mehr gesagt werden.

Häberlstraße (seit 1876): Der Arzt **Franz Xaver Häberl** (1759–1846) leitete bis 1828 das neu gebaute Allgemeine Krankenhaus vor dem Sendlinger Tor.

Hans-Sachs-Straße (seit 1897): Der Nürnberger Schuhmacher **Hans Sachs** (1494–1576) galt zu seiner Zeit als Meistersinger. Er verfasste mehr als 400 geistliche und weltliche Lieder, über 80 Fastnachtspiele sowie rund 130 Komödien und Tragödien. Zu seinen wichtigsten Werken zählt die *Wittenbergische Nachtigall*, in der er die Lehre Luthers populär aufbereitete.

Holzplatz/-straße (seit Urzeiten): Wie die Baumstraße verdanken Holzstraße und -platz ihren Namen der nahen Oberen Lände, an der die Flöße anlegten. Entlang der Holzstraße befanden sich die **Holzlager**. Sie gehört mit Müller-, Geyer- und Palmstraße zu den Ur-Ansiedlungen der Isarvorstadt.

Ickstattstraße (seit 1897): Der Jurist **Johann Adam von Ickstatt** (1702–1776) erzog zunächst den Kurfürsten Maximilian III. Joseph, beriet dann Kaiser Karl VII. und leitete und reformierte ab 1746 die Universität Ingolstadt. Sein Hauptanliegen war eine grundlegende Reform des allgemeinen Schulwesens, vor allem zugunsten der Landbevölkerung.

Isartalstraße (seit 1900): Sie liegt im und heißt nach dem **Isartal**. Früher war ihr Name Staubstraße und Am Moor.

Jahnstraße (seit 1877): Der populär als Turnvater bekannte **Friedrich Ludwig Jahn** (1778–1852) gründete die deutsche Turnerbewegung und galt als Revolutionär, weil er sich gegen die napoleonische Fremdherrschaft und für die Einheit Deutschlands als Nationalstaat einsetzte. Turnen war für ihn ein Teil der »patriotischen Erziehung zur Vorbereitung auf den Befreiungskrieg«. Früher war das der Fabrikweg.

Kapuzinerplatz/-straße (seit 1867): Die **Kapuziner**, die sich während der Säkularisation auflösen mussten und sich 1826 mit königlicher Erlaubnis neu gründen durften, bauten ab 1846 ein neues Kloster direkt neben der Schmerzhaften Kapelle, die seit Jahrhunderten an der Straße nach Thalkirchen stand.

Karl-Heinrich-Ulrichs-Platz (seit 1998): Der Jurist und Publizist **Karl Heinrich Ulrichs** (1825–1895) forderte die Straffreiheit von gleichgeschlechtlichen Beziehungen unter Männern auf dem Deutschen Juristentag 1867 in München und legte damit den Grundstein für die deutsche Schwulenbewegung und -emanzipation. Früher, als der Pesenbach noch offen floss, hießen Platz und die folgende Straße Pesenbachstraße (heute Am Glockenbach).

Klenzestraße (seit 1830): Der Baumeister **Leo von Klenze** (1784–1864) prägte das Münchner Stadtbild mit seinen klassizistischen Bauten, u. a. verdankt ihm die Stadt den Königsplatz und die Glyptothek, den Odeonsplatz, Teile der Brienner- und der Ludwigstraße, die Alte Pinakothek, die Ruhmeshalle und die Propyläen.

Körnerstraße (seit 1888): Der Schriftsteller **Karl Theodor Körner** (1791–1813) schuf zwar zahlreiche Dramen und Theaterstücke, machte sich aber vor allem einen Namen als bedeutendster Dichter der Befreiungskriege gegen Napoleon. Gemeinsam mit Friedrich »Turnvater« Jahn kämpfte er im Lützowschen Freikorps. Er fiel 1813 in Mecklenburg.

Kohlstraße (um 1823): Früher befanden sich hier über die Badgasse (Baaderstraße) bis in den Pechwinkel (Palmstraße) hinein zahlreiche Gärtnereien, die u. a. auch **Kohl** anbauten.

arakterfassade: das
khaus Ehrengut-/Drei-
ihlenstraße.

Kolosseumstraße (seit 1875): Franz Kil errichtete hier 1874 Münchens größtes und berühmtestes Varietétheater, **Kils Kolosseum**, das bis 1961 bestand.

Lindwurmstraße (seit 1878): Sie hieß früher Sendlinger Weg bzw. Sendlinger Hauptstraße. Ihren heutigen Namen verdankt sie nicht einem Drachen, sondern dem erfolgreichen Bekämpfer von Typhus plus Syphilis und Direktor der Universitätsklinik für Innere Medizin **Josef von Lindwurm** (1824–1874).

Ludwigsbrücke (seit 1828): Sie ist die Nachfolgerin der Isarbrücke, die 1158 zur Gründung des Stadt München führte. Ihren heutigen Name trägt sie zu Ehren von **König Ludwig I.** (1786–1868), der die Brücke nach schweren Hochwasserschäden neu aufbauen ließ.

Maistraße (seit 1824): Sie soll ihren Namen tatsächlich dem **Monat Mai** verdanken, denn früher zogen die Jugendlichen zum Maifest durch diese Straße zum Flaucher.

Morassistraße (um 1800): Der Gastwirt **Johann Baptist Morassi** betrieb bis 1767 hier seine Wirtschaft Morassigarten.

Müllerstraße (seit ewigen Zeiten). Sie ist wohl die älteste Straße der Isarvorstadt und verdankt ihren Namen den zahlreichen **Mühlen** der Gegend.

Museumsinsel (seit 1908): Früher war sie die Kohleninsel, heute heißt sie nach dem **Deutschen Museum**, das auf ihr steht.

Palmstraße (seit 1890): Der Buchhändler und Verleger **Johann Philipp Palm** (1786–1806) veröffentlichte 1806 die anonyme antifranzösische Flugschrift *Deutschland in seiner tiefsten Erniedrigung*, und zahlte dafür vor einem napoleonischen Militärgericht mit seinem Leben. Früher war diese Straße der Pechwinkel, eine der ältesten Siedlungen der Isarvorstadt.

Papa-Schmid-Straße (seit 1950): Der Marionettenspieler **Josef Leonhard Schmid** (1822–1912) betrieb seit 1900 im heutigen Gebäude sein beliebtes Puppentheater, tatkräftig unterstützt und gefördert vom »Kasperlgraf« Franz von Pocci.

Pestalozzistraße (seit 1897): Der schweizer Pädagoge und Sozialreformer **Johann Heinrich Pestalozzi** (1746–1827) vertrat die zu seiner Zeit revolutionäre Auffassung: »Wenn die Persönlichkeitsentwicklung des Kindes gelingen soll, so müssen ihm seine Eltern Zeit, Zuwendung und Zärtlichkeit schenken.« Seine ganzheitliche Pädagogik nahm viele moderne Ansätze vorweg. Früher hieß die Straße Am Glockenbach oder Glockengassl.

Täglicher Untergang: Die Unterführung für Fußgänger und Radler unter der Reichenbachbrücke.

Pfarrer-Rosenberger-Straße (seit 2000): Der Stadtpfarrer **Josef Rosenberger** (1910–1993) leitete von 1937 bis 1973 die Pfarrei St. Maximilian und kümmerte sich energisch um den Wiederaufbau der Kirche nach dem Krieg.

Reichenbachbrücke/-platz/-straße (seit 1831/seit 1935/seit 1862): Entgegen der weit verbreiteten Meinung, die Straße verdanke ihren Namen den einstigen Wirtsleuten der Deutschen Eiche, den Reichenbachs, ist der Mechaniker und Ingenieur **Georg von Reichenbach** (1771–1826) der Namenspatron. Reichenbach entwickelte zusammen mit Fraunhofer optische Geräte und gründete mit Utzschneider das Mathematisch-Feinmechanische Institut. Er gilt als Wegbereiter der Dampfmaschine in Bayern.

Reifenstuelstraße (seit 1890): Der herzogliche Hofbaumeister **Hans Reif(f)enstuel** (1548–1620) baute gemeinsam mit seinem Sohn Simon 1619 die Soleleitung mit sieben Brunnhäusern von Reichenhall bis Traunstein – quasi die erste Pipeline.

Die Abrissbirne wartet: Das alte Häuschen aus dem Jahr 1907 in der Palmstraße 7 wird vermutlich mit Erscheinen dieses Buchs nicht mehr stehen. Der Abriss ist beschlossene Sache.

Hinterhofidylle: Hinter den Hofeinfahrten der Rumfordstraße verbergen sich noch heute ein paar Kleinode.

Reisingerstraße (seit 1906): Der Mediziner **Franz Reisinger** (1787–1855) vermachte der Universität München 300.000 Gulden zur Ausbildung des Ärzteschaft. Die Uni dankte es ihm durch den Neubau der Poliklinik an der Sonnenstraße (im Zweiten Weltkrieg zerstört) und die Universitäts-Polikliniken an der Pettenkoferstraße.

Ringseisstraße (seit 1887): Der Medizinprofessor **Johann Nepomuk von Ringseis** (1785–1880), Leibarzt von Kronprinz Ludwig, veranlasste 1826 die Verlegung der Universität von Landshut nach München.

Roecklplatz (seit 1915): Die Familie **Roeckl** baute hier 1870 ihre Leder- und Handschuhfabrik auf.

Rothmundstraße (seit 1897): Der Professor und Direktor der Chirurgischen Abteilung **Franz Christoph von Rothmund** (1801–1891) galt als Spezialist für Bruchoperationen.

Rumfordstraße (um 1837): Der britisch-amerikanische Physiker **Sir Benjamin Thompson, Graf von Rumford** (1753–1814) untersuchte die Reibungswärme und erkannte, dass Wärme nicht stofflich ist. 1784 kam er nach München, förderte die Errichtung von Schulen, Armenhäusern und Suppenküchen und erfand hierzu extra die günstig herzustellende und besonders nahrhafte Rumford-Suppe, die von den Münchnern aber abgelehnt wurde. Nicht abgelehnt wurde sein Englischer Garten, den er ab 1789 anlegte.

Ruppertstraße (seit 1897): Der städtische Magistratsrat **Kaspar von Ruppert** (1827–1893) gehörte als Abgeordneter der Zentrumspartei zeitweise dem Bayerischen Landtag und dem Berliner Reichstag an.

Schmellerstraße (um 1881): Der Germanist **Josef Andreas Schmeller** (1785–1852) erforschte den bayrischen Dialekt und widmete ihm u. a. das vierbändige *Bayrische Wörterbuch*.

Sendlinger-Tor-Platz (vor 1837): Das **Sendlinger Tor**, Teil der alten Münchner Stadtbefestigung, wurde 1319 erstmals als *Porta Sentlingeriorum* erwähnt.

Stephansplatz/-straße (seit 1873): 1674 begannen die Bauarbeiten zu der Kirche am Alten Südlichen Friedhof, die 1681 dem **Heiligen Stephan** geweiht wurde.

Thalkirchner Straße (seit 1911): Die Straße von München **nach Thalkirchen**, einem beliebten Wallfahrtsort, der 1900 zu München eingemeindet wurde.

Theklastraße (um 1881): Im damaligen Militärlazarett an der Müllerstraße gab es eine kleine, 1778 geweihte **Theklakapelle**. Die heilige Thekla von Iconium war der Legende nach die erste christliche Märtyrerin.

Tumblingerstraße (seit 1877): Der Metzger und Zunftmeister **Michael Tumblinger** soll 1426 den Metzgersprung in München eingeführt haben. Dabei sprangen die ausgelernten Metzgergesellen symbolisch in die Freiheit und wurden in einen Brunnen (bis zum Zweiten Weltkrieg der Fischbrunnen am Marienplatz) getaucht.

Utzschneiderstraße (seit 1844): Der einstige Direktor des kurfürstlichen Hauptsalzamtes **Joseph von Utzschneider** (1763–1840) gehörte zu den Mitbegründern des Feinmechanischen Instituts, errichtete eine Brauerei und eine Tuchmanufaktur und diente der Stadt München drei Jahre als Zweiter Bürgermeister.

Waltherstraße (seit 1877): Der Leibarzt Ludwigs I. und Leiter der Chirurgischen sowie der Augen-Klinik **Philipp Franz von Walther** (1782–1849) veröffentlichte zahlreiche medizinische Fachbücher.

Westermühlstraße (seit langen, langen Jahren): Die **Westamill oder Pecksteinmühle** entstand 1345 ungefähr an der Stelle, an der heute die

Westermühlstraße von der Holzstraße abzweigt.

Winckelstraße (seit 1918): Der Geheime Medizinalrat **Franz von Winckel** (1837–1911) leitete als Direktor die Universitätsfrauenklinik und die Münchner Hebammenschule.

Wittelsbacherbrücke/-straße (seit 1888): Das bayrische **Adelsgeschlecht der Wittelsbacher** stellte ab 1180 die Herzöge, ab 1623 die Kurfürsten und ab 1806 die Könige Bayerns. Daneben gab es zwei Wittelsbacher als deutsche Kaiser (Ludwig der Bayer und Karl VII.) und in der Nebenlinie drei schwedische Könige.

Zenettiplatz/-straße (seit 1894): Der städtische Oberbaurat **Arnold von Zenetti** (1824–1891) führte die flächendeckende Kanalisation in München ein, ließ u. a. den Alten Nördlichen Friedhof und den zentralen Schlacht- und Viehhof erbauen.

Zenneckbrücke (seit 1959): Der Physiker **Jonathan Zenneck** (1871–1959) erfand u. a. den Wellenmesser und errichtete die erste deutsche Ionosphärenstation bei Kochel. Er war außerdem Vorsitzender des Vorstands des Deutschen Museums.

Zweibrückenstraße (vor 1812): Die Straße führte vom Isartor zur Isarbrücke, die eigentlich **zwei Brücken** war, denn eine führte zur Insel, die andere von der Insel zur anderen Isarseite. Auch heute ist die Ludwigsbrücke offiziell noch zwei Brücken (Ludwigsbrücke und Innere Ludwigsbrücke). ●

Jede Menge Holz vor der Hüttn: Mächtige Stämme liegen 1905 vor der Holzhandlung Zehere, Thalkirchner Straße 98.

…nst aus der Dose: Seit …007 verzieren poppige …raffiti die SWM-Häus…n auch in der Wittelsbacherstraße (l.) und Am Glockenbach (r.).

Das Viertel in Zahlen*

43.945 Einwohner, davon 22.600 Männer und 21.345 Frauen
33.008 Haushalte, davon 22.558 (= 68,3 %) Singlehaushalte
512 Geburten gegenüber 460 Sterbefällen
7 Volksschulen, 4 Realschulen, 3 Gymnasien und 27 Berufliche Schulen
36 Kindertageseinrichtungen mit 1.674 Betreuungsplätzen
6 Krankenhäuser mit 2.672 Betten
2 Altenheime mit 349 verfügbaren Plätzen
5 Museen, 5 öffentliche Bibliotheken, 7 Theater und 30 Kinos
2.394.172 Übernachtungen in 96 Tourismusbetrieben mit 11.857 Betten
225 Ärzte – 195 Einwohner je Kassenarzt
90 Zahnärzte – 488 Einwohner je Kassenzahnarzt
32 Apotheken – 1.373 Einwohner pro Apotheke
804 Alleinerziehende
670 Sozial- und Belegrechtswohnungen = 0,8 % aller Münchner Sozialwohnungen
135 von 1.000 Einwohnern leben unterhalb der Armutsgrenze (Münchner Mittelwert: 131)
17,84 ha Wasserflächen, 126,66 ha Wohngebäudeflächen
11,9 % sind 65 Jahre und älter = niedrigster Seniorenanteil aller Stadtbezirke
2.444 Arbeitslose
22.119 Kraftfahrzeuge, davon 1.074 Lkw und 1.592 Krafträder

Ergebnisse Kommunalwahl 2002:

SPD	38,1 %
CSU	23,7 %
Grüne	18,8 %
Rosa Liste	11 %
FDP	3,6 %

71,7 % für OB Christian Ude (SPD)

12.953 Menschen aus 141 Nationen leben im Stadtbezirk 2, die Top-5:

1. Griechen:	1.490
2. Kroaten:	1.405
3. Türken:	1.053
4. Österreicher:	958
5. Italiener:	938

***Alle Angaben gelten für Ludwigsvorstadt und Isarvorstadt gemeinsam! Stand: 2006, Statistisches Jahrbuch München**

Das Ende der Isarvorstadt: Die Eisanbahnlinie begrenzt die Isarvorstadt nach Süden. Die Thalkirchner Straße macht einen 90-Grad-Knick und führt zur Großmarkthalle weiter. Die skurrilste Lage aller Münchner Kneipen hat wohl Zur Gruam direkt am Bahndamm.

Bibliografie

Titel, die die Autoren zum Teil für dieses Buch zu Rate gezogen haben sowie eine Auswahl an weiteren Titeln zur Isarvorstadt.

75 Jahre Deutsches Museum, München 1978, Bayerland Jubiläumsausgabe, Jahrgang 80/Nummer 3

Baer, Harry: Das Mutterhaus – Erinnerungen an die Deutsche Eiche, München 2001

Bauer, Georg: Aus'm Pechwinkl – Alt-Münchner Vorstadtler-Humor, München 1921

Berchem, Egon von: Die adeligen Begräbnis-Stätten auf dem Südlichen Friedhof zu München, München 1913

Biller, Josef H. & Rasp, Hans-Peter: München Kunst & Kultur, München 2003

Bokovoy, Douglas: Versagte Heimat – Jüdisches Leben in Münchens Isarvorstadt 1914–1945, München 1994, (Ausstellungskatalog)

Chronik des Deutschen Museums von Meisterwerken der Naturwissenschaft und Technik. Gründung, Grundsteinlegung und Eröffnung 1903–1925, München 1927

Deutsches Museum (Hrsg.): Deutsches Museum im Bilde, München 1937

Deutsches Museum München (Hrsg.): 75 Jahre Deutsches Museum, München 1978, Kultur und Technik, Zeitschrift des Deutschen Museums, Jahrgang 2/Heft 2

Deutsches Museum: Circa 1903 – Artefakte in der Gründungszeit des Deutschen Museums, München 2003

Deutsches Museum: Geniale Erfindungen und Meisterwerke aus Naturwissenschaft und Technik, München 2003

Deutsches Museum: Informatik – Führer durch die Ausstellung, München 2004

Dienel, Hans-Liudger: Das Deutsche Museum und seine Geschichte, München 1998

Dollinger, Hans: Die Straßennamen der Münchner Innenstadt, München, 2005

Dyck, Walther von: Über die Errichtung eines Museums von Meisterwerken der Naturwissenschaft und Technik, Berlin 1905

Dyck, Walther von: Wege und Ziele des Deutschen Museums, Berlin 1929

Farin, Michael (Hrsg.): Polizeireport München 1799–1999, München 1999
Festschriften:
- 100 Jahre Fa. Wallner Lohnhärterei GmbH und 75 Jahre Fa. Toni Neuber Stahlgroßhandel, München 1995
- 100 Jahre Schulhaus an der Tumblinger Straße, München 1990
- 100 Jahre Schlacht- und Viehhof München 1878–1978, München 1978
- 125 Jahre Gärtnerplatztheater, München 1990
- 125 Jahre Klenzeschule, München 2001
- 20 Jahre Glockenbachwerkstatt e. V., München, 1999
- 60 Jahre Kolosseum, München 1935
- »Carl Hurth« aus Anlass der Gründung vor 100 Jahren, München 3.4.1996
- Das neue Arbeitsamt, Fest- und Informationsschrift zur feierlichen Einweihung, München 1987
- Festschrift zur 100-Jahrfeier Hauptschule an der Wittelsbacherstraße (Auszug), München 1988

Füßl, Wilhelm & Trischerl, Helmuth (Hrsg.): Geschichte des Deutschen Museums. Akteure, Artefakte, Ausstellungen, München 2003
Georgi, Matthias & Kamp, Michael: 125 Jahre Rischart's Backhaus (Vorabdruck), München 2007
Haeutle, Christian (Städtische Veterinärdirektion München): 75 Jahre Schlacht- und Viehhof München 1878–1953, München 1953
Heydenreuter, Reinhard: Kleine Münchner Stadtgeschichte, Regensburg 2007
Hilble, Fritz: Die alten Münchner Mühlen und ihre Namen, München 1968, in: Oberbayrisches Archiv, 90. Band
Hufnagl, Max Josef: Berühmte Tote im Südlichen Friedhof zu München – 500 Zeugen des Münchner kulturellen, geistigen und politischen Lebens im 19. Jahrhundert, München 1984
Ide-Schweikart, Marcella & Hofer, Veronika: Das Glockenbachviertel – Gründerzeit im Fluß, München 2000
Kerschensteiner, Hermann: Geschichte der Münchner Krankenanstalten, München 1913
Kohl, Werner: Recht und Geschichte der alten Münchner Mühlen, Stadtarchiv München, Heft 15, 1969
Krafft, Sybille: Zucht und Unzucht – Prostitution und Sittenpolizei im München der Jahrhundertwende, München 1996
Kraus, Friedrich: Geschichte aus dem Schlachthofviertel, Viehhofstraße 03, August 1876 – Ruppertstraße ab 1897, München 1994
Landeshauptstadt München & Münchner Stadtmuseum (Hrsg.): München wie geplant – Die Entwicklung der Stadt von 1158 bis 2008, München 2007 (Ausstellungskatalog)
Leistl, Christof: Fraunhofer, München 1997
Matschoß, Conrad: Das Deutsche Museum München, Geschichte, Aufgaben, Ziele, Berlin/München 1925
Mayr, Otto (Hrsg.): Deutsches Museum von Meisterwerken der Naturwissenschaft und Technik, München 1990
Mayr, Otto: Wiederaufbau – Das Deutsche Museum 1945–1970, München 2003
Maxstadt, Erni: Münchner Volkstheater um 19. Jahrhundert und ihre Direktoren, München 2002
Neumiller, Josef: Zur Orts- und Rechtsgeschichte des südlichen alten Friedhofs, München 1926/27, In: Altbayerische Monatsschrift, Band 15/Heft 3
Opel, Ferdinand: Der Städtische Schlacht- und Viehhof in München – Festschrift zum fünfzigjährigen Bestand, München 1928
Poschenrieder, Christoph: Deutsches Museum München – Das Jahrhundert der Technik, München 1998
Rädlinger, Christine: Geschichte der Münchner Stadtbäche, Herausgegeben vom Stadtarchiv München, München 2004
Rattelmüller, Paul Ernst: Ein Friedhof erzählt – Paul Ernst Rattelmüller berichtet von einem Besuch im Alten Südlichen Friedhof, München 1971, In: Bayerland, Jahrgang 73/Heft 11
Rattelmüller, Paul Ernst: Vor unserer Tür – Der Südliche Friedhof, München 1957
Reder, Dirk & Roeseling, Severin: AugenBlicke – Die Geschichte der Optischen Werke G. Rodenstock, München 2003
Röttgen, Steffi: Der Südliche Friedhof in München – Vom Leichenacker zum Campo Santo, München 1984, In: Metken, Sigrid (Münchner Stadtmuseum): Die letzte Reise. Sterben, Tod und Trauersitten in Oberbayern
Schäder, Christian: Münchner Brauindustrie 1871–1945, Marburg 1999
Scheiber, Christoph: Aus der Vergangenheit der Isarvorstadt, München 1940
Schlagintweit, Elisabeth: Der Alte Südliche Friedhof, München 1984, In: Club Bavaricum, Jahresband der Führungen 1982/83
Schwandner, Josef: Aus der Vergangenheit des Glockenbachviertels, München 1959, In: Katholisches Stadtpfarramt St. Maximilian (Hrsg.): Pfarrführer der Gemeinde Sankt Maximilian
Sprengwerk & Münchner Forum (Hrsg.): Das Glockenbachviertel. Hurth weg – und dann? Gedanken, Ideen, Vorschläge, München 1983 (Ausstellungskatalog)
Stange, Albert: Das Deutsche Museum – Von Meisterwerken der Naturwissenschaft und Technik. Historische Skizze, München 1906
Stankiewitz, Karl: Münchner Sittenbuch, München 2007
Walser, Rupert & Wittenbrink Bernhard (Hrsg.): Ohne Auftrag – zur Geschichte des Kunsthandels, Band I München, München 1989
Weiss, Anton: Denkschrift über den Umbau beziehungsweise Ausbau des Städtischen Schlacht- und Viehhofs der Landeshauptstadt München, München 1963
Zettler: Mitteilungen 40 – 100 Jahre Zettler, München April 1977

Bildnachweis

Wolfgang Aichner: 125 o. l.
Martin Arz: Cover l. + r. u., 3 (2., 3., 5. v. o.), 4 (4. v. o.), 5, 6, 18, 31, 33, 37, 39, 41, 44 l., 45 o., 46, 47, 48, 49 u., 50, 51, 52, 53, 56 l., 57, 59 o., 64 u., 67, 68, 69, 70, 71, 72 o., u. r., 73, 76, 87, 88, 89, 93 o., 102, 104, 105, 126, 127, 128, 132 r., 134, 137, 138, 139, 144, 146, 148, 152, 158 l., 160, 170 l., 174 r., 178, 182 u., 183 o., 184 u., 185 o., 186 u., 187 (2 x l.), 188 u., 189 u., 190 (2 x r.), 191 (2 x l.), 192 u., 193, 196, 198, 200, 203, 206, 208, 209, 210, 211 (2 x u.), 213, 216 o.
Harry Baer: 94, 99
BR/Foto Sessner: 179 außer r. u.
BR/Ralf Wilschewski: 179 r. u.
Baureferat München: 20
Bayrisches Wirtschaftsarchiv: 165, 166, 167
Deutsche Eiche: 4 (3. v. o.), 180
Deutsches Museum, Bildstelle: 35, 114, 115, 116/117 o., 118, 119 l., 120, 121
Irene Drexl: 125 Mi. r.
Silke Eberspächer: 125 Mi. l.
Forum für Homosexualität München: 90 o., 95 (o., 2. v. o.)
Fraunhofer: 181
Barbara Gass/Dany Keller: 124
Glockenbachwerkstatt e. V.: 4 (1. v. o.), 130, 131 l. o., l. u., r. o.
Peter Graf: 182 o.
Ann E. Hacker: 153, 216 u.
Halle 7: 112
Interfoto/Reichert: 38
Interfoto/W. M. Weber: 151
Horst Kirstein: 125 u. l. + r.
Henning Koepke: 125 o. r.
Landesamt für Vermessung und Geoinformation Bayern: 10 (Karte von München von Tobias Volckmer a .d. J. 1613), 11 (Plan von München und Umgebung a. d. J. 1812) © Landesamt für Vermessung und Geoinformation Bayern, Nr. 5586/07
Horst Middelhoff: 72 u. l., 90 u., 92, 93 u., 95 u., 96, 98, 100, 101
Neues Arena: 177, 184 o.
Toni Neuber: 170 r.
Rischart: 163, 164
Roeckl: 173
Christian Schür: 97
Staatstheater am Gärtnerplatz: 106, 107 u.
Stadtarchiv München: 3 (4. v. o.), 4 (2. v. o.), 12, 13, 15, 16, 19, 22, 23, 25, 26, 28, 30, 32, 34, 40, 42, 43, 44 o., 45 u., 55, 56 r., 59 u., 60, 61, 62, 63, 64 o., 65, 66, 75, 77, 78, 79, 80, 81, 83, 84, 85, 86, 91, 103, 107, 108, 109, 111, 117 u., 119 r., 122, 129, 132 l., 133, 135, 136, 141, 142, 143, 145, 147, 149, 154, 155, 156, 157, 158 r., 159, 161, 168, 169, 171, 172, 174 l., 175, 176, 186 o., 187 (2 x r.), 188 o., 189 u., 190 (2 x l.), 191 (2 x r.), 192 o., 197, 199, 201, 202, 204, 205, 207, 211 o., 215
Stadtmuseum München: Cover r. o., 3 (1. v. o.), 4 (5. v. o.), 7, 9, 14, 17, 21, 27, 36, 49 o., 54, 195
Substanz: 185 u.
Südstadt: 183 u.
Teamtheater: 113
Doris Wagner: 131 r. u.
Rupert Walser: 123

Traumberuf Bedienstete: Die Servierlehrkurse der Firma Brandmaiers Nachf. in der Baaderstraße 3 erfreuten sich zur Jahrhundertwende großer Beliebtheit.

Die Autoren

Martin Arz, geboren in Würzburg, lebt seit 1983 in München und seit 1993 im Glockenbachviertel. Als freier Autor schrieb er für zahlreiche Magazine (u. a. Süddeutsche Zeitung Magazin, Cosmopolitan) sowie für den Kneipenführer *München zwischen Sekt und Selters.* Dann arbeitete er als PR-Berater für den weltgrößten Systemgastronom, bevor er sich ganz den Künsten widmete: der Malerei und dem Schreiben.

In bisher vier Krimis hat er seinen Hobbydetektiv Felix von Schwind auf Verbrecherjagd geschickt (*Es ist hingerichtet!, 7 Tuben Leichenblut, Mords Rummel, Tod eines Luders,* erschienen zwischen 1999 und 2005 im Bruno Gmünder Verlag, Berlin) und sein Kriminalrat Max Pfeffer hatte bereits zwei knifflige Fälle zu lösen (*Das geschenkte Mädchen, Reine Nervensache,* erschienen im Leda Verlag, Leer). Schauplatz der Krimis ist häufig die Isarvorstadt. Arz' Gemälde waren auf vielen Ausstellungen im In- und Ausland zu sehen.
Mehr Infos unter www.martin-arz.de

Ann E. Hacker, ist gebürtige Nürnbergerin, lebt aber bereits seit 1977 in München. Nach einer Ausbildung zur Buchhändlerin arbeitete sie eine Weile im Buchhandel und bei Verlagen, wechselte dann aber in die High-Tech-Branche. Seit einigen Jahren konzentriert sie sich auf das Schreiben und arbeitet seither als Teilzeitkraft im Assistenzbereich.

Ann hat bisher vor allem Kurzgeschichten veröffentlicht und war Herausgeberin der Anthologien *Tatort Berg* (Vertigo Verlag, München, 2001) und *OPUS 2003* (singer verlag, München, 2003). Zur Zeit schreibt sie an ihrem ersten Roman. Ann E. Hacker ist außerdem freie Mitarbeiterin bei autorenforum.de, wo sie unter anderem Expertin für Schreibhandwerk und Schreibgruppen ist.
Mehr Informationen gibt es auf www.utehacker.de/ann.htm